大兴安岭岩画

政协大兴安岭地区工作委员会 编

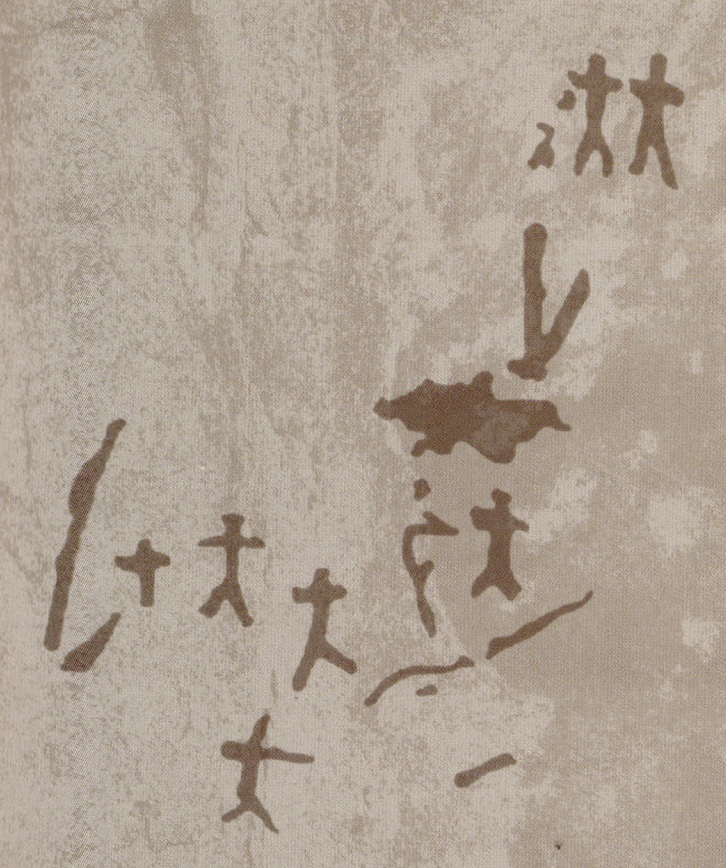

黑龙江人民出版社

图书在版编目（CIP）数据

大兴安岭岩画/政协大兴安岭地区工作委员会编.
—哈尔滨：黑龙江人民出版社，2021.7
ISBN 978-7-207-12160-8

Ⅰ.①大… Ⅱ.①政… Ⅲ.①岩画—美术考古—研究
—大兴安岭地区 Ⅳ.①K879.424

中国版本图书馆CIP数据核字（2021）第147741号

责任编辑：姜新宇 王 莉 张 巍
装帧设计：张 涛

大兴安岭岩画
政协大兴安岭地区工作委员会 编

出版发行	黑龙江人民出版社
地　　址	哈尔滨市南岗区宣庆小区1号楼
邮　　编	150008
网　　址	www.longpress.com
电子邮箱	hljrmcbs@yeah.net
印　　刷	黑龙江龙江传媒有限责任公司
开　　本	880×1230　1/16
印　　张	24.25
字　　数	380千字
版　　次	2021年7月第1版　2021年7月第1次印刷
书　　号	ISBN 978-7-207-12160-8
定　　价	368.00元

版权所有　侵权必究　　　　举报电话：（0451）82308054
法律顾问　北京市大成律师事务所哈尔滨分所律师赵学利、赵景波

编委会

主　任：张宝伟

副主任：钟志林　李佰铮　白永清　曹国志

委　员：王微伟　刘福军　陈　涛

主　编：钟志林

副主编：李佰铮　白永清　曹国志　刘福军
　　　　金　跃

编　委：朱剑飞　刘海英　王诗璐　李忠伟
　　　　曹　伟

序言

大兴安岭是内蒙古高原与松辽平原的分水岭，北起黑龙江省漠河市北部的黑龙江畔，南至内蒙古自治区赤峰市北部的西拉木伦河上游谷地，由中低山脉组成，东北—西南走向，全长1 400多千米，原始森林茂密，是我国重要的林业基地之一。

2011年以来，在大兴安岭地区三县四区8.46万平方千米地域的山岩上，陆续发现了彩绘岩画。2012年，大兴安岭地委宣传部与黑龙江省文物考古研究所组成联合考察队，在大兴安岭地区范围内先后发现和调查记录了50个岩画地点约4 160幅岩画。这一发现在该区域的考古史上具有里程碑的意义，填补了大兴安岭岩画发现与研究的空白。

据调查发现，大兴安岭彩绘岩画的分布东起呼玛县金山乡察哈彦迎门砬子，西到呼中区碧水镇北山洞，南至加格达奇区老道口，北达漠河市，分布广泛，蕴含着丰富的历史文化信息。这里发现的岩画均为红色颜料彩绘，线条简洁，构图明快。据初步研究，绘画颜料是由氧化铁粉和动物鲜血等调和而成，用手指或羽毛在温暖季节绘制。调查发现，绘制岩画的山岩正前方大多有一经过修整的地面，与周围的山体及碎石形成鲜明对比，岩画的制作可能与某种集体性礼仪活动有关。目前所知的岩画内容主要有：成组的人形和船体，反映生殖崇拜的箭形图案；发现的动物形象以鹿为主，另有虎、狼、野猪、青蛙等图案；反映图腾崇拜的有"S"形鹿角龙岩画，线条优美，身躯无爪，头部用4根鹿角代替，极具美感。此外还有天象、日月星云、树木、高山、河流等图案，内涵十分丰富。

岩画以各种图像构成了文字发明以前原始社会最初的"文献"，反映了史前人类社会的物质生活和对精神世界的追求，即便是在进入文字产生以后的历史时期，岩画仍然是人类社会宗教信仰、社会风俗、生业方式等诸多方面的重要记录。岩画因所在地的自然环境、生业模式、文化传统和年代的不同而表现出较大的差异。在地处欧亚草原东端大兴安岭这一广袤的地域范围内，岩画遗存的共同性和差异性并存，尤其以红色颜料绘制的岩画所表达的文化寓意，对于我们还原古代先民在大兴安岭地区交流与互动的历史具有重要的意义。

2014年8月，黑龙江省文物考古研究所试掘了大兴安岭碧水镇的北山洞遗址，获得了较为丰富的地层遗存信息。2015年9月初，由黑龙江省文化厅主办，黑龙江省文物考古研究所承办，大兴安岭地委宣传部、呼中区委宣传部协办的"大兴安岭岩画与北山洞遗址考古成果研讨会"在呼中区召开。我与夏正楷、乔梁、汤惠生、崔剑锋等国内知名学者在田野考察的基础上参加了本次研讨会。与会专家就北山洞的发掘成果和大兴安岭岩画反映的文化面貌进行了充分的讨论并形成一致意见：第一，通过北山洞遗址的发掘，确认遗址内至少包含鲜卑时期和新石器时代的两大阶段不同时期的文化遗存。确认新石器时代遗存在大兴安岭地区首次发现，在一定程度上对大兴安岭地区考古学文化的编年体系的构建具有填补空白的意义。第二，目前在大兴安岭地区发现的大量彩绘岩画是对我国岩画类型的

新补充，反映了森林游猎人群丰富多彩的精神世界。第三，根据野外实地考察，北山洞基岩为基性岩浆岩，所以不同于常见的石灰岩和花岗岩洞穴，可能代表了一种新的成洞类型。其演变过程与古人类利用方式值得进一步探讨，也应当作下一步工作的重点。第四，北山洞碳十四测年数据取得了一定的成果，但由于反映各时代的年代数据偏少，还需要测定更多的样本，建立系列科学测年数据。对岩画颜料进行的碳十四测年是对岩画断代手段的新探索。第五，大兴安岭地区考古及岩画研究具有国际性的意义，特别是在东北亚地区考古中更具重要的影响。有必要对北山洞遗存做进一步的考古发掘，引入更精确的考古方法和多学科的介入，特别是考古遗址微环境及多种测年手段的应用，将考古学文化遗存与岩画的相互关系进一步明确。

2016年8月中旬，在黑龙江省文物考古研究所所长张伟、省文化厅文物处副处长吴疆和大兴安岭地委宣传部的安排下，我第二次来到大兴安岭碧水林场考察岩画，并商讨和安排北山洞遗址的考古发掘事宜。9月，由黑龙江省文物考古研究所和中国人民大学北方民族考古研究所联合对北山洞遗址进行了第二次考古发掘，获得了新石器时代至鲜卑时期几个阶段的考古学文化的地层关系和出土遗物。北京大学科技考古实验室崔剑锋教授提供的相关测定数据表明，洞内个别碳类遗存的年代可能早到距今10 000年以上，但在洞底后部基岩发现的颜料则可能晚至辽金时期。而对大兴安岭地区岩画颜料的年代测定则在距今2 800年~2 400年阶段，基本相当于春秋战国阶段的东胡和鲜卑时期。

近十年来，大兴安岭地区积极推进文物保护管理、学术研究交流、旅游开发运营"三位一体"并行驱动，融合发展。有关部门以特有的执着和坚守，守护史前文化遗产，传承民族文明根脉，推动了大兴安岭地区岩画的保护和研究工作，在岩画保护研究、传承利用方面取得了显著成果，积累了宝贵经验。这些成绩的取得，除了大兴安岭地委宣传部的同志、政协大兴安岭地区工作委员会的领导和民族宗教文史处的同志，以及一些岩画工作者和爱好者所付出的艰辛努力之外，也离不开中国岩画学会、中共黑龙江省委宣传部、省文旅厅及大兴安岭地委、行署领导的支持，离不开世界岩画组织和国内岩画研究专家的无私指导和帮助。

国家主席习近平指出："要保护好文物，让人们通过文物承载的历史信息，记得起历史沧桑，看得见岁月留痕，留得住文化根脉。"

为达到历史文化存史、资政、启迪、传承的目的，如实记录大兴安岭地区发现的每一幅岩画，集中展现大兴安岭岩画研究保护的成果，政协大兴安岭地区工作委员会组织编撰了《大兴安岭岩画》一书，对大兴安岭地区岩画的分布、内容、保护管理、研究交流和开发利用等进行了梳理和编撰，内容丰富、图文并茂，是一部向世人展示大兴安岭岩画发现和保护研究发展历程的珍贵历史文化书籍，也是目前该区域第一部以岩画为主题的专业书籍。可以说，《大兴安岭岩画》一书的问世，是继我国《阴山岩画》《乌兰察布岩画》《贺兰山与北山岩画》《中卫岩画》《新疆岩画》之后的又一部地域岩画研究的力作。《大兴安岭岩画》的出版，让我真正感觉到：在大兴安岭这片古老而又年轻的神奇土地上，不仅有茂密的森林、秀美的风光，还有古老的历史文化。

2021年3月，政协大兴安岭地区工作委员会的几位同志专程来到北京邀我为《大兴安岭岩画》作序，踌躇许久，一直没有动笔。一者我对彩绘岩画所知甚少，只参加过几次与此同类的花山岩画的学术会议；二来大兴安岭作为北方民族不断兴起的摇篮，有着深厚的历史文化底蕴，一时不知从何说起。在《大兴安岭岩画》即将付梓之际，我由衷地感到大兴安岭地委、行署和政协实在是办了一件非常了不起的事情，为大兴安岭岩画的保护、研究和利用留下了宝贵的历史记录，意义重大，值得称赞和敬佩！

在此我特向长期以来关心、支持大兴安岭岩画保护的各级领导、各位专家、社会各界致以诚挚的谢意！并谨此向中国共产党建党100周年献礼！向中国现代考古学走过的百年历程致敬！

遵嘱写下以上文字，是为序。

2021年6月3日

魏坚，中国人民大学考古文博系主任，教授、博士生导师，北方民族考古研究所所长。国务院学位委员会考古学科评议组成员，中国元史研究会副会长、中国岩画协会副会长。

目 录

上篇 文化之根 兴安之魂

第一章 绪论 / 003

第一节 自然地理环境 / 005
一、地理位置 / 006
二、地形地貌 / 006
三、气候条件 / 007
四、土壤植被 / 008
五、河流湖泊 / 010

第二节 历史探考 / 011
一、寻觅大兴安岭先人遗迹 / 011
二、走进大兴安岭远古时代 / 013
三、鲜卑族的历史脉络及贡献 / 018
四、北魏王朝的历史脉络及贡献 / 020

第三节 历史文化遗址 / 026
一、漠河市老沟遗址 / 026
二、塔河十八站旧石器时代晚期文化遗址 / 027
三、呼玛江湾农场旧石器时代晚期文化遗址 / 027
四、松岭大子扬山古人类文化遗址 / 027
五、碧水北山洞古人类文化遗址 / 027

第二章　大兴安岭岩画的分布、内容、特点及价值　/ 029

第一节　大兴安岭岩画概述　/ 031

第二节　呼玛县岩画的分布及内容　/ 035
　　察哈彦村迎门砬子岩画点　/ 035

第三节　塔河县岩画的分布及内容　/ 045
　　岩画点1　塔河西戈岩画　/ 045
　　岩画点2　十八站瓦干岩画　/ 046

第四节　漠河市岩画的分布及内容　/ 049
　　岩画点1　漠河岩画　/ 049
　　岩画点2　仙人洞岩画　/ 050
　　岩画点3　三人纹岩画　/ 054
　　岩画点4　阿木尔依西岩画　/ 056
　　岩画点5　阿木尔依林岩画　/ 057

第五节　呼中区岩画的分布及内容　/ 066
　　岩画点1　苍山岩画　/ 066
　　岩画点2　碧水岩画　/ 067
　　岩画点3　碧水北山洞岩画　/ 072
　　岩画点4　呼中镇岩画　/ 079

第六节　新林区岩画的分布及内容　/ 082
　　岩画点1　塔源岩画　/ 082
　　岩画点2　碧洲佛山岩画　/ 084
　　岩画点3　碧洲车站岩画　/ 086
　　岩画点4　塔哈尔河岩画　/ 088
　　岩画点5　翠岗岩画　/ 098
　　岩画点6　翠岗铁路岩画　/ 107
　　岩画点7　塔尔根岩画　/ 110

第七节　加格达奇区岩画的分布及内容 / 111
　　岩画点1　加林局大子扬山岩画 / 111
　　岩画点2　加林局半拉山岩画 / 112
　　岩画点3　加林局翠峰林场天台山岩画 / 113
　　岩画点4　加林局讷尔克气岩画 / 116
　　岩画点5　白灰窑岩画 / 117
　　岩画点6　白灰窑南山岩画 / 125
　　岩画点7　老道口岩画 / 125

第八节　松岭区岩画的分布及内容 / 130
　　岩画点1　古源苗圃岩画 / 130
　　岩画点2　飞龙山岩画 / 134
　　岩画点3　劲松西山天书台岩画 / 143
　　岩画点4　劲松壮志南线石壁岩画 / 150

第九节　大兴安岭岩画的主要特点和重要价值 / 155
　　一、大兴安岭岩画的主要特点 / 155
　　二、大兴安岭岩画的重要价值 / 155

第三章　碧水北山洞遗址考古与岩画的发现 / 157

第一节　大兴安岭呼中碧水北山洞遗址考古发掘的新收获与认识 / 159
　　一、地层堆积及包含物 / 159
　　二、出土遗物概述 / 161
　　三、分期与年代 / 161
　　四、结语 / 162

第二节　大兴安岭呼中碧水北山洞遗址发掘简报 / 163
　　一、堆积层位与文化分期 / 166

二、第一期文化遗存 / 168

　　三、第二期文化遗存 / 171

　　四、第三期文化遗存 / 175

　　五、第四期文化遗存 / 182

　　六、第五期文化遗存 / 184

　　七、第六期文化遗存 / 186

　　八、结语 / 188

第三节　大兴安岭呼中北山洞遗址碳十四
　　　　年代和岩画颜料科学分析报告 / 194

　　一、大兴安岭呼中北山洞碳十四测年 / 194

　　二、大兴安岭彩绘岩画颜料科学分析 / 196

　　三、结论 / 197

第四节　呼中碧水北山洞岩画考古背后的故事 / 200

　　一、岩画考古，引出万年遗迹 / 200

　　二、抢救挖掘，发现惊人秘密 / 202

　　三、专家把脉，科学测年鉴定 / 204

　　四、中印研讨，展现岩画魅力 / 206

　　五、二次发掘，再现重要遗存 / 206

下篇　守护遗产　传承根脉

第四章　大兴安岭岩画的考察与研究 / 211

第一节　大兴安岭彩绘岩画研究 / 213

第二节　大兴安岭岩画与北山洞遗址考古研究 / 219

第三节　大兴安岭彩绘岩画分析论证 / 221

　　一、松岭区彩绘岩画意义重大 / 221

　　二、专家提出岩画保护利用相关建议 / 222

第四节　松岭区彩绘岩画研究 / 224
　　一、岩画的内容及特征 / 224
　　二、岩画的相关研究工作 / 225
　　三、岩画的抢救性保护 / 226
　　四、文旅融合惠及民生 / 226
第五节　中外岩画专家深入大兴安岭地区考察 / 228
　　一、国际岩画专家组深入漠河市考察 / 228
　　二、国际岩画专家组深入新林区考察 / 230
　　三、国际岩画专家组深入呼中碧水北山洞考察 / 234
第六节　寻根问路总关情
　　　　——赴宁夏贺兰山岩画遗址考察 / 236
　　一、文物说话，历史讲述 / 239
　　二、岁月失语，惟石能言 / 240
　　三、艺术天堂，千古守望 / 245
　　四、岩画技法，兴安相通 / 248

第五章　大兴安岭岩画的文化特征及保护利用 / 251

第一节　大兴安岭岩画的文化特征 / 253
第二节　大兴安岭岩画的损毁 / 256
　　一、自然损毁 / 256
　　二、人为损毁 / 257
第三节　大兴安岭岩画的保护利用 / 258
　　一、设立防护栏、标志和界标 / 258
　　二、做好防风化工作 / 258
　　三、其他保护措施 / 259

第六章　大兴安岭岩画数字化信息采集与系统建设　/ 263

第一节　松岭区彩绘岩画数据采集和地理信息测绘　/ 265
第二节　加林局彩绘岩画数据采集和地理信息测绘　/ 266
第三节　大兴安岭岩画数字化信息系统建设　/ 268
　一、保护与利用措施　/ 268
　二、建设内容　/ 269
　三、成果应用展望　/ 280
第四节　大兴安岭岩画数字化信息系统建设成果　/ 282
　一、漠河市岩画拓片　/ 282
　二、呼中区岩画拓片　/ 287
　三、新林区岩画拓片　/ 289
　四、呼玛县岩画拓片　/ 300
　五、塔河县岩画拓片　/ 300
　六、松岭区岩画拓片　/ 301
　七、加格达奇区岩画拓片　/ 316

附　录　/ 325

黑龙江流域岩画的研究现状和艺术特色　/ 327
　一、黑龙江流域岩画带分布概况　/ 327
　二、黑龙江流域岩画艺术的研究现状　/ 328
　三、黑龙江流域岩画的艺术特色　/ 330
文化结点上的大兴安岭龙形岩画解读　/ 332
文化视域中的大兴安岭生殖崇拜岩画图式解读　/ 339
　直观型——生殖崇拜舞蹈纹　/ 339
　隐喻型——弓箭纹　/ 343
　互变型——蛙形人纹　/ 344

萨满文化视域下的大兴安岭飞龙山岩画解读 / 347
  一、飞龙山岩画的空间分布 / 348
  二、飞龙山岩画地点的选择 / 350
  三、飞龙山船形岩画与萨满宇宙观 / 355

参考文献 / 363

后 记 / 367

上篇

文化之根 兴安之魂

第一章 绪 论
第二章 大兴安岭岩画的分布、内容、特点及价值
第三章 碧水北山洞遗址考古与岩画的发现

大兴安岭岩画
DAXING'ANLING YANHUA

第一章

绪论

  我国是世界上最早发现和记录岩画的国家，也是岩画最丰富的国家之一。北魏地理学家郦道元的《水经注》记载："河水又东北历石崖山西，去北地五百里，山石之上，自然有文，尽若虎马之状，粲然成著，类似图焉，故亦谓之画石山也。"比欧洲发现并记录岩画早了500多年。

  在中国最北部边疆地区，有一座神奇而美丽的山脉，它雄浑壮丽、巍峨耸立，东北—西南走向，形成了一道天然绿色屏障，庇护着华北、东北和松嫩平原，阻挡住了寒流风沙的侵袭，它就是美丽神奇的大兴安岭。这里是我国北方游牧民族通往中原地区的交通要道，这里留下了各民族活动的丰富遗迹。

  大兴安岭的神奇还在于原始先民先后在这里繁衍生息了上万年，并且将他们最宝贵的生产、生活、战争、祭祀等真实的历史场景，用原始古朴的艺术创作手法记录下来，这就是保留至今依然熠熠生辉的绘画于山崖石壁上的大量彩绘岩画。这些充满幻想与意境的岩画遗存，是祖先向我们传递的信息。

  大兴安岭岩画作为环太平洋岩画带的重要节点，为研究中国北方民族历史文化的变迁及与北美大陆的文化交流提供了鲜活的素材。大兴安岭及黑龙江流域是许多中国北方民族的发祥地，从旧石器时代起，黑龙江流域古先民就在这里栖息、繁衍，并创造了丰富的史前文化。近年来，在大兴安岭发现的50余处岩画遗址、4 160余单幅岩画再次证明了这一点，填补了黑龙江省相关历史缺环，在中国岩画史上具有重要地位。

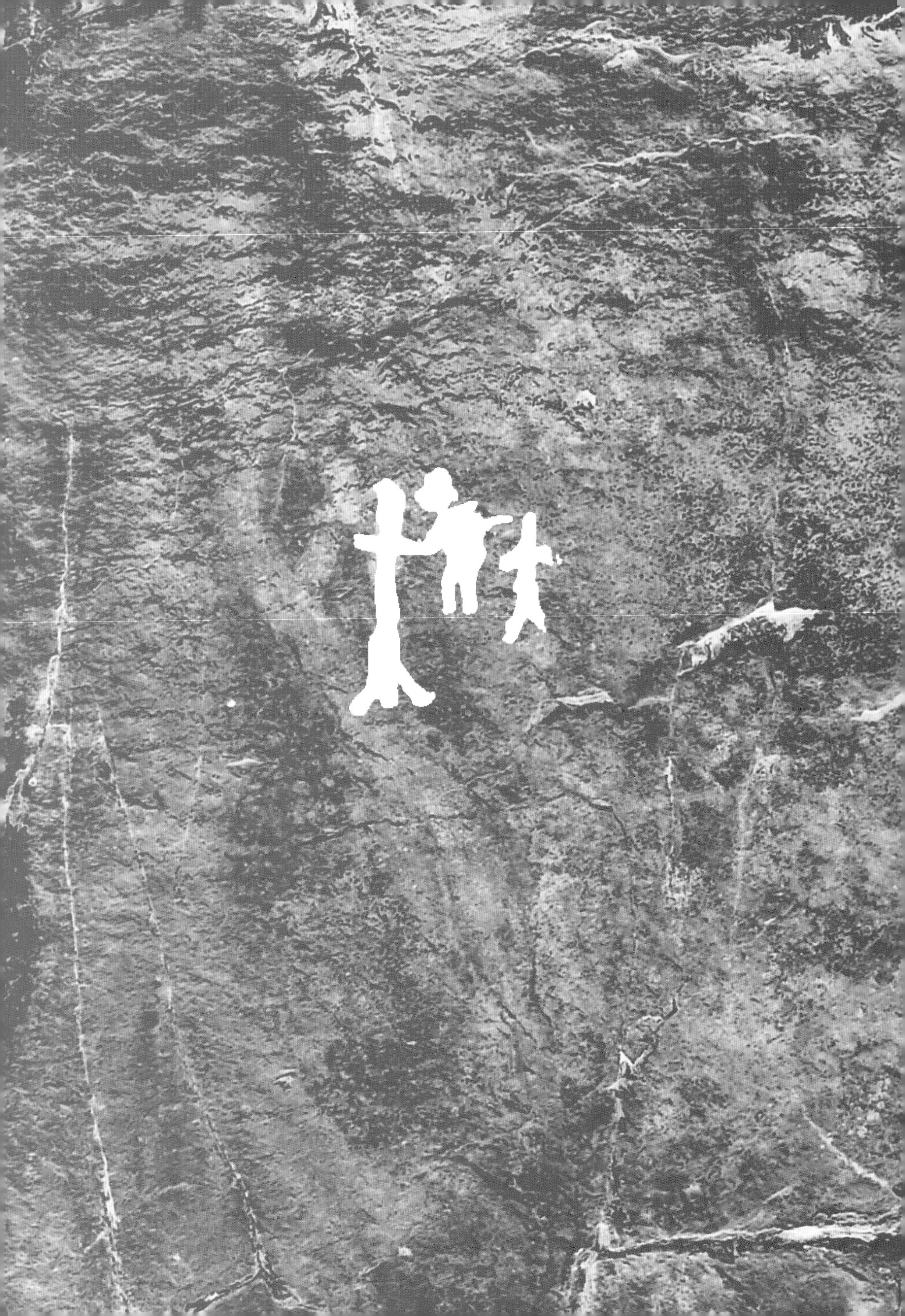

第一节 自然地理环境

大兴安岭因地处大兴安岭山脉而得名，"兴安"是满语，意为"极寒的地方"，因为气候寒冷，故得此名；"岭"即满语"阿林"，其意为"山"。大兴安岭山脉北起漠河，南至赤峰，全长1 400余千米。

大兴安岭历史悠久。早在12 000年前，古人类就在这里创造了大兴安岭的原始文化。从春秋到清代的2 000多年里，大兴安岭成为孕育中国北方民族的摇篮。东胡、匈奴、鲜卑、室韦、契丹、女真、蒙古、鄂伦春等民族在这里游猎、游牧、争战、繁衍，为统一多民族的中华民族文化积淀做出了历史性贡献。尤其是发祥于大兴安岭的拓跋鲜卑和蒙古族，相继入主中原，建立了北魏王朝和横跨欧亚两洲的蒙古帝国。先后在大兴安岭呼玛、漠河洛古河和老沟、大子扬山、十八站、呼中碧水北山洞发掘出的旧石器和新石器时代遗存，是远古先民为后人留下的宝贵财富。

大兴安岭地域辽阔。沿黑龙江的低山丘陵与河谷平原盛产大豆、小麦、玉米和马铃薯；大兴安岭山脊及伊勒呼里山南北的山地为国有林区，主要树种为兴安落叶松、白桦、樟子松和柞树；1.1万平方千米的湿地，为黑龙江和嫩江涵养了丰富的水源，成为地球之肺；黑龙江主航道中心线与俄罗斯交界的国境线在区内长786千米。

大兴安岭资源富集。大兴安岭自然资源种类多、数量大、分布广，易于统一规划和大规模开发。大兴安岭的森林、草场、水域、煤炭、农田和有色金属等资源的人均占有量均高于全国平均水平。

大兴安岭气候寒冷。大兴安岭是全国纬度最高的地区之一，寒温带大陆性季风气候特点显著。全区平均气温为–5℃~2℃，极端最低气温–52.3℃，年平均无霜期80~110天。居民生活取暖期7个月。

大兴安岭属移民地区。全区41万人口中，1964年开发建设后迁入的人口占95%以上。不同省区、不同单位、不同民族的人员和睦相处，同心协力战胜困难，创造了气壮山河的大兴安岭精神。

一、地理位置

大兴安岭地区位于祖国最北部边疆,地处黑龙江省西北部、内蒙古自治区东北部、大兴安岭山脉的东北坡,地理坐标为东经121°10′53″~127°01′21″,北纬50°07′02″~53°33′42″,东西横跨6个经度,南北纵越3个纬度,南北长365千米,东西宽335千米,总面积8.46万平方千米,相当于浙江省的面积。东接小兴安岭,西临内蒙古自治区呼伦贝尔,南濒松嫩平原,北与俄罗斯隔黑龙江相望,处于根河与嫩江两条地震大断裂带上。

二、地形地貌

大兴安岭全区地势呈西南高、东北低态势,西南部为大兴安岭山脉北段中部岭脊西岭脊雉鸡场山,中部为大兴安岭山脉北段中部东岭脊伊勒呼里山及其余脉,北部和东北部为雉鸡场山北坡和伊勒呼里山北坡余脉及黑龙江台地,东南部为伊勒呼里山南坡余脉及嫩江源流河谷地带。伊勒呼里山横亘于中部,将政区切割成岭南地区和岭北地区。

主要山脉有伊勒呼里山脉,海拔1 302米;雉鸡场山脉,主峰海拔1 297米;白卡鲁山,海拔1 396.7米;西罗尔奇山,主峰海拔1 001米;阿米尔山,海拔1 352米;大白山,海拔1 528.7米;小白山,海拔1 404.2米;卡尔加山,海拔1 249米;库纳森山,海拔1 003米;玉地山,海拔1 045米;特马山,海拔902米。

大兴安岭地貌骨架是燕山运动、喜马拉雅山运动与新构造运动造成的,山地地形绝大部分为酸性大成岩和喷出岩形成,构成境内的主要岩石北部多为花岗岩,南部多为石英斑岩和流纹岩,红武岩较少。西部为高纬寒冻地貌类型区,东部为高寒侵蚀地貌类型区。地貌由中山、低山、丘陵和山间盆地构成。中山有山脉形态,但分割较碎。低山山形圆浑,地面零碎,较丘陵分布规则。全区地形总势呈东北—西南走向,属浅山丘陵地带。北部、西部和中部高,平均海拔573米;最高海拔1 528米,系伊勒呼里山主峰——呼中区大白山;最低海拔180米,是呼玛县三卡乡沿江村。

伊勒呼里山西东走向,横卧本区,东低西高,长400千米,系黑龙江水系和嫩江水系的分水岭。中山区相对海拔300~500米,分布于本区西部和中部的新林区、呼中区、塔河县。山体由一系列宽缓复背斜组成,地形起伏大,切割深。低山区相对海拔200~300米，主要分布于岭东的呼玛县和岭南的松岭区、加格达奇区。山体浑圆，山坡和缓，坡角一般为15~30度。丘陵区相对海拔50~200米，分布于东部、南部和北部。地面呈岗阜状起伏，坡长而缓，坡角一般为10~15度。山间盆地分布于全区河谷地带，河谷宽阔，谷底狭窄，直线河谷较多。

三、气候条件

大兴安岭地区属寒温带大陆性季风气候，受蒙古冷高压和季风的扼控，早晚温差变化大。冬季寒冷干燥，日照时间短，季节漫长；夏季温凉湿润，日照时间长，季节短暂。多年平均气温 –2.4℃，南部区 –1.4℃，北部区 –5.3℃。极端最低气温 –52.3℃，极端最高气温 36.8℃。无霜期 80~110 天，多年平均降水量 460 毫米左右。平均日照时数 2 370~2 620 小时，夏季最长昼长 17 小时，时有奇寒，素有"高寒禁区"之称。

（一）地质时期气候

地质时期气候泛指 10 000 年以前的气候，又称古气候。前寒武纪时期，大兴安岭地区气候温暖干燥，处于温暖的海洋环境。

1. 古生代时期气候

早古生代时期，在大兴安岭下寒武统地层中挖掘出西伯利亚型的古槐化石，表明当时气候温暖。晚古生代时期，大兴安岭从温暖的海洋性气候逐渐演变为干热的大陆性气候。

2. 中生代时期气候

中生代初期，由于海西构造运动，地势抬高且远离海洋，出现短时期温暖干旱、半干旱气候。中生代中期，地表经过长期剥蚀而逐渐被夷平，夏季海洋暖湿气流长驱直入，气候变得温暖湿润。三叠纪末期、白垩纪中期，气候明显暖湿，植被茂盛。中生代白垩纪末期，出现高温干燥气候。

3. 新生代时期气候

新生代早第三纪时期，气候逐渐变得温暖湿润。晚第三纪时期，由于崭新世末期的地壳运动，打破气候的单一性，气温有所下降，有冰川活动。晚第三纪末期，气候一度变得温暖湿润。

4. 第四纪时期气候

第四纪时期气候变冷，其间出现过冷暖波动，总称为冰缘气候。到早更新世晚期，气候转暖，出现冰退现象。中更新世早期气候温和偏干，在有代表性的荒

山组地层下部，其堆积物由棕黄色中粗砂、中细砂和亚黏土构成，为河流沉积物，含有蒿、藜、松、桦、栎和榆等喜温种属，反映出一种温和偏干的古气候环境。中更新世时期，气温下降，气候变冷，在大兴安岭呼玛河流域和兴隆沟地区出现山谷冰川。中更新世晚期，气候变得温暖湿润，大兴安岭部分地段的山谷冰川消失，反映出气候暖湿的特征。晚更新世时期，气候演变成早期冷、中期暖、晚期冷的趋势。自中更新世末到晚更新世早期，气候转冷。

（二）历史时期气候

历史时期（又称冰后期）气候，指近10 000年以来，主要是近几千年来从人类文化开始出现到有气象仪器观测之前这一时期的气候。

早全新世时期（距今12 000～7 500年前），气候以温凉干旱为主，其中有较寒冷时段。中全新世时期（距今7 500～2 500年），气候温暖湿润。由于气候变暖，森林植被有很大发展，有机质大量堆积是大兴安岭黑土形成的重要条件。约在距今5 500～5 000年间，气候一度出现短期寒冷，随后又趋于温暖。晚全新世时期（距今2 500～1 000年）气候不断演变，总趋势是变冷变干。

（三）近代气候

大兴安岭近代气候总的趋势在逐渐变暖，其间又有许多小尺度的冷暖波动，年平均气温稳中略有上升，20世纪50年代以后降温幅度明显偏小。

1. 冷暖变化

1909—1918年为冷期，1919—1952年为暖期，其中20世纪30年代偏冷。1953—1972年为冷期，其间1958—1961年稍暖。1973—1985年较暖，特别是1980—1985年明显偏暖，冬季尤为突出。

2. 干湿变化

19世纪前半期，干湿状况基本正常。19世纪后半期至20世纪初，降水增多变湿。20世纪20年代少雨干旱；30年代较湿润；40年代初—50年代初基本正常偏干；50年代的中期—60年代中期较湿，然后降水渐渐减少并转入干期；70年代最干旱；80年代又进入湿期。

四、土壤植被

人类自诞生的那天起就与生存环境结下了不解之缘，可以说人是环境的产物，环境造就了人，人类依赖环境而生存。大自然为我们提供了优美的环境和条件，以及源源不断的能量。

（一）土壤

大兴安岭地区处于寒温带，气候冷湿，季节性冻层存在时间长，局部在岛状永冻层。全区土壤皆为季节性冻土，并有近60%的面积为多年连续冻土分布区和多年岛状冻土分布区。分布面积最大的土类为棕色针叶林土，也称漂灰土、灰化土、棕色泰加林土等。全区土壤有机质含量高，有效肥力低，土层薄，质地疏松，多含砾石，偏酸性，pH值在5～7之间，适宜森林培育。山地、丘陵分布的主要地带性土壤是棕色针叶林土，大兴安岭东坡和伊勒呼里山南坡逐渐过渡到降雨量较多的暗棕壤区，黑土只是呈小块状零星分布在江河的河谷平原上。沿江河的河谷低地和山间水线则分布有草甸土、沼泽土等非地带性土壤，在高山地区有少量的石质土分布。根据成土条件、成土过程、剖面形态和土壤属性等特征，全区土壤划分为7个土类、20个亚类。

（二）植被

大兴安岭植被主要有针叶林植被、阔叶林植被、草甸植被、沼泽植被。针叶林植被主要分布在大兴安岭地区西部、北部，按中国植物地理区划属于泛北极植物区。大兴安岭地区以兴安落叶松为主的明亮针叶林分布型属于东西伯利亚（达呼里）分布型，兴安落叶松林是亚洲东部针叶林带的主要树种。海拔1 000米以上的山地分布有兴安落叶松——偃松林，其特征是大量低温植物分布，如偃松、岳桦、高山松、岩高兰、白山蒿、林奈草等，只是此地热量不足。1 000米以下的山坡地广泛分布着兴安落叶松——杜鹃林，林下灌木层发达，以杜鹃为主，混生赤杨，灌木层下生长着越橘、红花鹿蹄草小灌木和草本植物。山坡下部缓坡、漫岗、阶地在永冻层影响下排水不良，土地沼泽化，喜潮湿小灌木杜香和藓类生长很好，形成兴安落叶松——杜香林。在山间谷地，由于沼泽化进一步发展，形成落叶松疏林沼泽。在针叶林中，除落叶松外，尚有小面积成片状分布的樟子松林和数量很少的云杉林。上述针叶林被火烧或砍伐后，常被次生林树种白桦更替，形成白桦林或兴安落叶松白桦林；在宽谷的地域则形成笃斯、越橘、苔草为主的沼泽化灌丛。在东南部，随着海拔的降低，在兴安落叶松林中出现一些落叶阔叶林种，如柞树、黑桦等，开始针叶林向落叶阔叶林的过渡，形成有柞树掺杂的落叶松林。落叶阔叶林植被主要分布在大兴安岭北部边缘及东南部丘陵区，海拔一般在400米以下。草甸植被是由中生草本植物组成的植物群落，见于林缘缓坡、林间隙地及宽谷边缘，主要有两个类型：笃斯草甸为具有丛桦、笃斯的杂类草；苔草沼泽化灌丛草甸为针叶林与落叶阔叶林过渡地带的一个相对稳定的派生类型，多见于林缘缓坡和宽谷。沼泽植被多分布在针叶林林缘和谷地、河滩。根

据其地形、部位和成因，分为高位沼泽和低位沼泽。高位沼泽是由于土壤冻层隔水引起，多见于针叶林林缘缓坡地和采伐迹地。低位沼泽是由于地下水位过高积水引起，多见于谷地、河滩。

五、河流湖泊

大兴安岭境内北部有黑龙江水系，上游地区西段有额木尔河、盘古河、西尔根气河大小南支流；上游地区东段有呼玛河、宽河、湖通河等大小南河。境内东南部有嫩江源流水系，主要有多布库尔河、那都里河、二根河、南瓮河等大小支流。西域有额木尔河和呼玛河两大水系，均在岭北地区。额木尔河流域面积16 089平方千米，主要有大林河、古莲河、老沟河、老槽河、丘古拉河等支流。呼玛河流域面积31 210平方千米，主要有卡马兰河、塔河、倭勒根河、绰纳河、古龙干河、依沙溪河、查班河等大小支流。

大兴安岭地区水系为外流流域，流入太平洋海域的黑龙江流域区，属地表流经带的湿润带与多水带。地表水资源总量为149.51亿立方米/年，地下水天然资源总量为30.05亿立方米/年，扣除河川径流量重复26.17亿立方米/年，折合总水资源量为153.39亿立方米/年。

流域面积在1 000平方千米以上河流有28条，流域面积在100平方千米以上河流有115条，流域面积在50平方千米以上河流有208条。河流总长4 410千米，水面面积142平方千米。境内较大河流有呼玛河、额木尔河、盘古河、西尔根气河、多布库尔河、甘河、那都里河等，省内地区间界河有嫩江，国际河流有黑龙江。

全区河川年径流总量149.1亿立方米（不包括黑龙江入境水），地下水储量30.05亿立方米，全地区人均年占有水量31 308立方米，是全国人均占有水量的12倍，是世界人均占有水量的3倍。

可利用水资源总量为108.82亿立方米/年。其中，地表水资源为105.12亿立方米/年，地下水可利用资源为3.7亿立方米/年。

全区水能理论储藏量78.04万千瓦，可开发建设水电站39处，电站装机容量89.6万千瓦，可年发电25.3亿度以上。其中装机在1万千瓦以上电站站址有15处，电站装机容量86万千瓦，可年发电24.2亿度以上。

第二节　历史探考

一、寻觅大兴安岭先人遗迹

大兴安岭位于大鲜卑山中部，是内蒙古高原与松辽平原的分水岭，也是中国不多见的东北—西南走向的山脉，自呼伦贝尔大草原东端至黑龙江呼玛尔河入江口三角洲，北起黑龙江畔，南至西拉木伦河上游谷地，全长1 400余千米，宽200～300千米，海拔1 100～1 400米，最高点海拔为1 528.7米。在大兴安岭呼中区境内，即伊勒呼里山主峰大白山，坐落着碧水北山洞古人类文化遗址。在极寒北地的大兴安岭，它的历史究竟起源于什么时间，这是很多专业人员多年苦苦探寻摸索，普通民众也常常提起的问题。谁也不会料到大兴安岭的历史是从一个边远小镇碧水青龙山北山洞开始的。

2013年9月，黑龙江省文物考古研究所和中共大兴安岭地委宣传部在岩画田野调查中，发现位于呼中区碧水镇北山的一个天然形成的石洞，在洞口岩壁上发现一处疑似鹿纹的暗红色彩绘岩画。该山洞依山傍水、风景秀丽，洞口山岩凸立裸露，属地质时期自然形成，洞口朝向正南，直临山崖，十分陡峭，站在洞口可见碧水镇全貌。洞口部前沿平坦，南北进深长约3米，最大宽约5.3米，海拔约554米，南距呼玛河支流约250米，下临呼玛河面相对高度约93米。呼玛河五条支流在此汇聚，东南隔河与碧水镇遥遥相望。该山洞洞口被一座厚重的现代坟堆遮挡并树立一座石碑，洞口已经被人填埋，只留下漆黑的缝隙。在此洞口上面，新发现有古人彩绘岩画遗迹，通过镜下观察，洞口彩绘遗迹与其他已经调查过的岩画彩绘颜料、微颗粒形态属于同一类"赭石"物质，是远古时期人工合成的自然矿产颜料，而非现代化工油漆产品。

2014年8—11月，黑龙江省文物考古研究所专家学者在洞内东侧布设南北向探沟1条，开展清理发掘。深沟长11、宽1米，出土陶器、石器、玉器、骨器、铁器、料器及动物骨骼等遗物，包括旧石器时代晚期，新石器时代早期（早晚两段）、中期、晚期，以及早期鲜卑等6个时期文化遗存。

经大兴安岭地区与黑龙江省文物考古研究所相关专家学者对呼中区北山洞进行考古清理，发现于第6层的新石器时代早期与第8层的旧石器时期之间的第7层叠压层中的红褐色彩绘岩画遗迹，经北京大学科技考古专家采用国际最先进的美国热电公司Niton XL3t型便携式X荧光光谱仪现场测定，属于远古人类调和铁、锰等原料制作的彩绘颜料，根据地层和出土器物类型关系判断，大兴安岭彩绘岩画是迄今为止我国最早产生的岩画。

为进一步明确该洞穴内各层堆积的文化内涵及年代，推进大兴安岭地区考古学及岩画学的深入研究，2015年年初，黑龙江省文物考古研究所申报该遗址的主动发掘计划，并获国家文物局审批通过。

2016年9月由黑龙江省文物考古研究所和人民大学北方民族考古研究所联合对碧水北山洞遗址进行第二次发掘。发掘区地势北高南低，呈斜坡状。南部近洞口外部区域的堆积较厚，灰坑、灶址等遗迹均分布于此。北部洞穴内部堆积相对较薄，无遗迹分布。经先后两次发掘，地层堆积自上而下分为10层，先后共出土遗物2 500余件。在第8层下，第9、10层及其下开口的遗迹如Z12、Z13、Z14等，属旧石器时代晚期文化遗存。参考美国贝塔实验室对遗址第9、10层的碳十四测年数据结果，年代为距今约14 000~15 000年。

在发掘过程中，工作人员严格按照《田野考古工作规程（2009）》进行，同时为满足后期的陶器修复、骨器拼接、年代测定、动物考古、植物考古、环境考古及古人类行为分析等多学科交叉介入及课题研究的要求，对出土的人工和自然遗物进行全面收集，并利用全站仪对出土标本的层位、坐标进行三维定位测量。依据地层叠压关系及各层出土遗迹遗物的差异，基本明确了各层堆积的文化内涵及年代，初步确立了大兴安岭地区从旧石器时代晚期、新石器时代早期、新石器时代晚期及鲜卑文化时期的考古学文化序列。其中，以旧石器时代晚期和新石器时代早期文化遗存为本次发掘的最重要收获。旧石器时代晚期文化遗存中发现的石器数量较少，器类简单、器形古朴，以勒瓦娄瓦石核、刮削器、尖状器、石球等为典型器，属于我国北方地区的小石器工业类型，剥片技法以锤击法为主，工具加工多采用打制和软锤修理技术。新石器时代早期文化遗存中发现的石器数量巨大，器类丰富、器形精美，以细石叶、细石核、石刃、叶形石镞、刮削器等为典型器，属于东北亚地区的细石器工业类型，剥片技法以细石叶和小石片技术为特点，工具加工多采用较为精湛的压制修理技术。对以上两个时期文化遗存的发现与研究，初步证明了大兴安岭地区是早期人类繁衍栖息之地，是我国东北远古

文化的重要发祥地之一,填补了黑龙江省西北部山区早期人类历史文化研究空白。

二、走进大兴安岭远古时代

早在原始社会旧石器时代晚期,大兴安岭地区就成为我们祖先的繁衍生息之地,开始孕育着中华民族的血脉,孕育着远古文明。一些学者研究认为,这里是我国北方民族生长的摇篮。

从广袤的大兴安岭走出统一了中国北方的北魏鲜卑拓跋氏马队,走出建立了大辽国的契丹,走出灭掉北宋王朝的金,走出横跨欧亚的成吉思汗的铁骑,走出建立大清帝国的努尔哈赤军队。融入这里,融入这历史长河中,仿佛仍然可以依稀见到远古的炊烟缭绕,听到远古的马蹄声声。

居住在大兴安岭地区的原住民大致经历了一个从先秦时期的东胡族群、汉朝的鲜卑部落、唐宋时期的室韦部族、元朝的林中百姓、明清时期的索伦部,最终形成以鄂温克族、达斡尔族、鄂伦春族等为典型民族代表的过程。这片土地上的人们从先秦时期开始就与中原王朝有着千丝万缕的联系,也经历过北方蒙古族、满族等少数民族的统治。

历史遗迹和历史研究表明:大兴安岭地区沉淀了北方少数民族祖先生存、创业、发展的足迹。大兴安岭地区是中国古代文明的缔造区域和传承区域之一。这里留下了许多北方少数民族的美丽故事和历史文化,有些至今仍可追寻,成为大兴安岭重要的人文历史和民族风情旅游资源。仔细追寻大兴安岭的历史足迹,我们不难得出这样的结论:大兴安岭自古就与中华民族的祖先息息相通、命运相连,并从中彰显出独特的历史气息和文化底蕴。

在距今 10 000 多年前的旧石器时代,在洛古河、老沟、十八站等地的原始先民学会用砂岩、石英岩等打制砍砸器、尖状器等生产生活用具。在距今 10 000~7 000 年之间的中石器时代,远古先民能进行大规模原始狩猎活动。在距今 7 000 年左右,大兴安岭的远古先民进入新石器时代,在呼玛一带留下了方唇、重唇等与鞑靼文化相同的陶器。在距今 3 000 年左右,大兴安岭先民进入石器与青铜器共存时期,在大子扬山留下了青铜剑。这时居住在大兴安岭及周边一带的应是东胡、秽貊、肃慎、玄丘、赤胫、丁灵等上古之氏,以狩猎、游牧为业,经过千年融合,形成见诸史册的民族。

周至汉代(约公元前 11 世纪—公元 48 年),大兴安岭一带是东胡、匈奴的活动范围,他们以游猎为生。春秋时,东胡逐渐强盛,成为与匈奴并列于北方的强大族群，以大兴安岭为主要活动区域，西与匈奴对峙，东与肃慎为邻。战国时，东胡发展为一个较大的部落联盟，在接近中原的地方，学会了制造青铜剑、青铜镞、青铜马具及饰件，并在本区大子扬山一带"留下"两柄青铜剑。秦二世四年（公元前206年），东胡为匈奴所灭，部落联盟瓦解，东胡的名称自此在典籍中消失。

匈奴兴起于周末，强盛于秦末汉初，初称"荤粥""猃允""山戎"，秦汉时称匈奴，活动于贝加尔湖以东、外兴安岭以南、大兴安岭山地以西的森林草原。匈奴为游牧民族，狩猎是经济生活的重要部分。匈奴人自孩提时便骑羊练射，"引弓射鸟鼠"；稍长，则"射狐兔肉食"，因而人人皆"力能弯弓，尽为甲骑"。在同汉人交往中，他们学会了冶铁、制陶等手工业。公元前206年起，东灭东胡，西击月氏，南并楼兰，控制了东到大兴安岭、西到新疆、北抵贝加尔湖、南据河套的广大地区，成为与汉争雄的强劲力量。是时，大兴安岭一带为匈奴左贤王领地。汉武帝元狩四年（公元前119年），匈奴左贤王被汉军击败，其部众被迁塞上居住。汉宣帝神爵二年（公元前60年），匈奴内部分裂，日逐王率众附汉，匈奴势力渐衰。王莽篡汉后，推行错误民族政策，引起内外矛盾冲突，匈奴再度崛起。东汉建武二十四年（48年）匈奴战败，分裂为南、北两部分。南匈奴内迁，逐渐与汉族和其他民族融合；北匈奴退居漠北，西迁欧洲。匈奴之称渐失史册。

汉至晋代（公元前206—公元316年），大兴安岭一带是鲜卑人的活动范围。汉初，东胡被匈奴打败后，分成三部分。一部分被匈奴掳走，成为匈奴成员；一部分臣服，留在大兴安岭南麓的乌丸山一带成为南部鲜卑；一部分远徙发源地大鲜卑山（今大兴安岭伊勒呼里山）一带，成为北部鲜卑。游牧于大鲜卑山中的鲜卑人，与中原隔绝，逐渐形成了以拓跋鲜卑为主的部落联盟，由拓跋毛统领大兴安岭及周边的36个部落、99个氏族。到汉宣帝甘露三年（公元前50年），拓跋鲜卑在首领推寅的带领下，从石室（今嘎仙洞）出发，向大兴安岭西南迁徙，在今呼伦贝尔草原生活了近200年后，又在诘汾率领下，于汉恒帝延熹三年（160年）再次南迁至阴山及河套一带。三国魏甘露三年（258年）在盛乐（今和林格尔）建都城，实力逐渐强大。东晋时，于398年建立了历史上享有盛名的北魏王朝。拓跋焘即位后，采取民族融合政策，鼓励农桑，发展经济，结束了中国北方长达100余年的纷乱局面。太平真君四年（443年），太武帝拓跋焘派中书侍郎李敞到大兴安岭伊勒呼里山南麓的嘎仙洞拜祭祖先，刻石纪念。拓跋鲜卑的北魏王朝在公元534年分裂为东魏、西魏、北齐、北周，于隋文帝开皇元年（581年）统一于隋，鲜卑之称失于史册。

隋唐时，大兴安岭一带是室韦人的活动范围。拓跋鲜卑走出森林南迁后，留在大兴安岭的各氏族演变成室韦诸部，《魏书》中称为"失韦"。南北朝时，主要有五部室韦：在嫩江到洮儿河流域活动的为南室韦；在伊勒呼里山周围的为九部北室韦；在外兴安岭以南一带为钵室韦；在激流河一带为深末怛室韦；在额尔古纳河及黑龙江源头以南为大室韦。唐代室韦部落增至20余部，其中在伊勒呼里山南有大、小如者部；在额木尔山一带有婆莴室韦部；在额尔古纳河中游有大室韦部；在黑龙江上游有蒙兀室韦部；在贝加尔湖以南有骨利干部；在今俄罗斯赤塔一带有鞠部；在石勒喀河下游一带有俞折部等。唐代室韦诸部接受唐的羁縻式管理，与中央政府联系密切。从唐高祖武德年间（618年）到唐懿宗咸通年间（872年）的250余年间，室韦各部有记载的朝贡有50余次。唐政府设室韦都督府，授予室韦各部首领大都督、都督、大首领、将军、郎将等官职军衔，室韦地区正式纳入唐朝行政版图。

唐至宋代，大兴安岭一带为契丹人的活动范围。契丹，属东胡系，源出鲜卑，为东部鲜卑宇文部的一支，是一个游猎游牧民族，长期"逐水草而居"，以游牧、狩猎、捕鱼为业。唐中期的安史之乱中，数千名契丹人成为安禄山叛军的骨干力量。唐天复元年（901年），耶律阿保机被推选为契丹军事首领后，采取军事征服与政治威慑等手段，征服和控制了东北和西北地区的各部落，采取"分地而居，合族而处"的方式，将被征服的各游猎部落编入契丹部族制，将分布在伊勒呼里山一带的黄皮室韦、臭泊室韦编入突吕不和涅剌拏古部，隶于北府，属东北路统军司管辖；在黑龙江以北地区设斡郎改大王府，对散居于贝加尔湖以东、外兴安岭以西森林地区各部族用入贡臣属方式进行羁縻式管辖。大同元年（947年），契丹改国号为大辽，成为先后与五代、北宋并立的北方少数民族政权。辽保大五年（1125年），契丹政权为金所灭后，一部分部众北徙黑龙江以北外兴安岭，成为达斡尔族的先祖；一部分部众在宗室耶律大石率领下，经土拉河（今蒙古国）、黠戛斯辗转到叶密立（今新疆额敏县）建立西辽，于宋嘉定十一年（1218年）为蒙古所灭。契丹族称消失于史册。

宋代，大兴安岭一带为女真人的势力范围。女真，属肃慎族系，世居大小兴安岭交界处至松花江、乌苏里江流域和长白山一带。先秦称肃慎，两汉称挹娄，魏晋南北朝称勿吉，隋唐称靺鞨，五代后称女真。辽圣宗初年，黑水靺鞨的一支完颜部迁至阿什河流域定居，逐渐统一女真各部。天会三年（1125年）金灭辽后，将辽管辖下的包括大兴安岭在内的北部地区接管下来，按辽旧制，实行政区部族制，先后征服了分布于结雅河（今俄罗斯）流域及黑龙江和嫩江上游的室韦诸部；

在金山（今大兴安岭）一带设乌古敌烈招讨司，加强对北部边陲的辖控。女真推行猛安谋克制度，猛安为千夫长，谋克为百夫长。"民无徭役，壮者为兵"，平时渔猎农耕，战时对外作战。猛安谋克分布极广，最北为外兴安岭的火鲁火疃谋克。1211年，金为蒙古所灭。

唐至元代，大兴安岭一带是蒙古人的活动范围。蒙古，属东胡系、室韦部落的一支。唐代称"蒙兀室韦"或"蒙瓦"。宋、辽、金时，有"萌古""蒙古里""朦骨""萌古斯""盲骨子"等不同译称。蒙古部最初只是捏古斯和乞颜两个氏族组成的小部落，在额尔古纳河、额木尔河一带的森林中生活了大约400余年，称为"迭儿勒勤蒙古"（意为"一般蒙古人"）。约在公元7世纪，由成吉思汗的始祖孛儿帖·赤那率族人离开森林向草原西迁至克鲁伦河、斡难河、上拉河的源头不儿罕·合勒敦山（今肯特山）以东驻牧。公元10世纪时，发展为18个部落。孛儿帖·赤那的第13代分立为合塔斤、撒勒只兀惕、孛儿只斤三个民族，称为"尼伦蒙古"（意为"出身纯洁的蒙古人"）。宋开禧二年（1206年），铁木真被推为"成吉思汗"，建国号为"也客忙豁仑兀鲁思"（大蒙古国），史称蒙古汗国。1207年，征服大兴安岭、外兴安岭一带的"林木中百姓"。1211年灭金。1217年开始西征，历时7年，蒙古铁骑一直到第聂伯河。1223年，成吉思汗将嫩江、大兴安岭、外兴安岭封给幼弟帖木哥斡赤斤。元亡后，大兴安岭一带的蒙古人所余无几。现大兴安岭地区的蒙古族基本上为1964年后迁入的。

锡伯族属东胡系拓跋鲜卑一支，其先祖在伊勒呼里山南部锡窝尔河（今吉文河）一带，唐代为黄皮室韦或臭泊室韦，"畜牧迁徙，射猎为业"。史籍中有"须卜""犀纰""失围""失必""史伯""席北""锡卜""锡窝"等称谓，皆为汉语音译，辛亥革命后定型为"锡伯"。辽、金时迁至泰州（今齐齐哈尔以南）一带从事农业生产。元明时，从属兀良哈三卫中的福余卫。明万历二十一年（1593年），锡伯人与科尔沁、叶赫等组成九部联军攻打后金努尔哈赤部，兵败后归附后金，入满洲籍，分编在科尔沁十旗内。康熙三十一年（1692年），又将锡伯族编入正黄、镶黄、正白三旗，分驻齐齐哈尔、伯都纳、吉林乌拉三城。康熙三十八年（1699年），又分三批迁至盛京。乾隆二十九年（1764年）又迁至新疆伊犁察布查尔地区屯田戍边。从此，锡伯族形成东西分居、大分散小聚居的局面。现大兴安岭地区锡伯族人均为1964年开发建设后调入的林业干部和工人。

明代，大兴安岭至外兴安岭一带的少数民族统称为"索伦部"。索伦部包括鄂伦春、鄂温克、达斡尔等民族的先民。明永乐七年（1409年）起，在黑龙江流域设立奴儿干都司，下设卫、所管辖东北地区各族人民。至1449年，在漠河县的额木尔河一带设木河卫，在塔河县的塔哈河一带设塔哈卫。嘉靖元年（1522年）在呼玛县的倭勒根河一带设额克卫，对这一带的各部族实施羁縻制管理，以纳贡和臣服为标准，不时施以赏赐。大兴安岭一带的索伦部则沿黑龙江两岸建起了雅克萨、多金、乌库尔、桂古达尔、阿萨津、铎陈、呼玛尔等十余座木城堡，作为氏族聚居地。

明末清初，索伦部各部落先后归附后金。清朝建立后，将其编入布特哈八旗，为防御沙俄入侵、巩固边防、保障驿站交通、维护边疆安宁做出了突出贡献。

清代，大兴安岭一带为鄂伦春族、鄂温克族、达斡尔族的主要游猎区域。鄂伦春族，属东胡系，室韦部落的一支。其先祖应为室韦诸部中的钵室韦人，生活在贝加尔湖以东、黑龙江以北、外兴安岭以南，直到库页岛的广大地区。在清代的文献中先后出现过诺罗路、俄乐春、鄂尔春、饿罗春、俄尔春等称呼，康熙二十九年（1690年）起，称为鄂伦春。"鄂伦春"的含义有两种解释，一种意为"住在山岭上的人"，由鄂伦春语"鄂伦"（山）与"千"（人）组成的，"鄂伦千"意即住在山岭上的人；另一种解释为"使用驯鹿的人"，因鄂伦春人在黑龙江以北时交通工具多用驯鹿。鄂伦春语属阿尔泰语系、满—通古斯语族通古斯语支，与鄂温克语相近。鄂伦春族没有本民族文字。清崇德元年（1636年），将鄂伦春族编入八旗中。清崇德八年（1643年）后，沙俄武装不断入侵黑龙江流域，而清政府正忙于对中原用兵，无暇北顾。顺治十年（1653年）起，陆续将黑龙江北岸的部分鄂伦春等族人民迁至大小兴安岭和嫩江一带。康熙二十二年（1683年），将鄂伦春划属墨尔根副都统。康熙三十年（1691年），将鄂伦春人编成十一佐，隶属布特哈总管。同治十年（1871年），按地域将鄂伦春人分为五路，实行路、旗、佐制。其中呼玛河流域为库玛尔路，设三佐；阿里河流域为阿力路；多布库尔河流域为多布库尔路，两路合设一佐；托河流域为托河路，设一佐；毕拉尔河流域为毕拉尔路，设二佐。光绪八年（1882年），撤销布特哈总管，鄂伦春族由兴安城总管，专管民族事务。光绪十年（1884年），布特哈衙门改制为布特哈副都统，总领鄂伦春五路和索伦部。光绪二十年（1894年），撤兴安城总管，将鄂伦春五路分属黑龙江、墨尔根、布特哈、呼伦贝尔四城管辖。光绪三十二年（1906年），清廷撤裁布特哈副都统，以嫩江为界分设东、西布特哈总管衙门。大兴安岭地区划归为西部特哈总管衙门管辖。光绪三十四年（1908年），岭南为黑龙江行省（简称黑龙江省）呼伦兵备道呼伦直立厅管辖，岭北为瑷珲兵备道瑷珲直立厅管辖。宣统元年（1909年），今漠河市为珠尔干河总卡伦和漠河总卡伦管辖，今塔河县、呼玛县为呼玛尔总卡伦管辖。1912年，黑龙江改设

行省，鄂伦春族仍沿袭路旗佐旧制。路、旗、佐与县并存，鄂伦春人到各县游猎仍归各路管，不受县约束，实行属人管理。

鄂伦春族世代以狩猎为业，直到1953年定居以后，在人民政府的领导下，逐渐由狩猎改为农耕。鄂伦春族主要有十大氏族，玛拉依尔（孟）、乌恰尔坎（吴）、葛瓦依尔（葛）、古拉依尔（关）、魏拉依尔（魏）、莫拉呼尔（莫）、柯尔特依尔（何）、白依尔（白）、阿其格查依尔（阿）、杜宁肯（杜）。大兴安岭地区主要有两大氏族，孟和吴姓为同一氏族，葛、关、魏为同一氏族。

三、鲜卑族的历史脉络及贡献

（一）鲜卑族的历史脉络

据《魏书·帝纪第一·序纪》记载："昔黄帝有子二十五人，或内列诸华，或外分荒服。昌意少子，受封北土，国有大鲜卑山，因以为号。黄帝以土德王，北俗谓土为托，谓后为跋，故以为氏。统幽都之北，广漠之野。"详细叙述了鲜卑祖源民族的由来及鲜卑族皇室姓氏的起源。

鲜卑是继匈奴之后在蒙古高原崛起的古代游牧民族，兴起于密林深处的大兴安岭，属东胡族群，蒙古语族，是魏晋南北朝对中国影响最大的游牧民族，在中国的民族史上曾经占有显赫的历史地位。这个民族先后建立了前燕、后燕、西燕、南燕、西秦、南凉、吐谷浑、代国、西魏、东魏、北魏、北周等12个政权，分为五个历史时期：大兴安岭时期、盛乐时期、平城时期、洛阳时期、后北魏时期。

大兴安岭时期，是鲜卑的肇兴时期。鲜卑族是我国古代东北三大族系之一的东胡部落联盟成员，东胡被匈奴击败后，其各部四散分逃，鲜卑北逃至大鲜卑山（现大兴安岭地区）并在此繁衍生息。至西汉时期，鲜卑族人口日益增多，并逐渐演化为若干以部帅名字命名的部落。大兴安岭嘎仙洞鲜卑石室的发现，以及洞内兽骨的发掘和铭文记载印证了鲜卑族发源于此。

大兴安岭地区是我国纬度最高的边疆地区，这里植被丰富，野生动物极多，十分适宜游牧狩猎。同时，这一地区属大陆寒温带季风气候，其气候特点是昼夜温差较大，夏季凉爽湿润，秋冬寒冷多雪，在此游猎的鲜卑族在秋冬季节沿大兴安岭南下寻找更好的牧地，而春夏则返回大兴安岭继续游牧。及至秦汉之际，我国的气候发生了由暖而寒的历史转变，随着气候的不断转寒，大兴安岭地区供采集和狩猎的动植物资源迅速减少；与之形成反差的是，南下的鲜卑部落人数不断增加，对食物的需求量随之不断增加，为了部落的生存、繁衍，他们只能在部帅的带领下越走越远，去寻找更好的游牧场所。当他们到达嫩江流域后，由于与大鲜卑山距离较远，以致春夏两季也很难再返回大兴安岭，于是在此定居下来并逐渐与周边民族、部落建立联系。

到了盛乐时期，南下后的鲜卑族势力迅速壮大，并逐渐形成了分别以拓跋、乞伏、秃发和吐谷浑为中心的四大部落联盟，其中以拓跋部落联盟势力最强、影响也最大。鲜卑第六帝宣皇帝拓跋推寅在位时，为拓展鲜卑族的发展空间，开始谋划南迁，寻找更为适合居住的地区，"南迁大泽（据考证为今大兴安岭地区南部的南瓮河湿地，嫩江的源头），方千余里，厥土昏冥沮洳（厥土昏冥是指黑色不宜种植作物的土壤，沮洳是指由腐烂植物埋在地下而形成的泥沼）。谋更南迁未行而崩。"（《魏书·帝纪第一·序纪》）第二次南迁到达今内蒙古呼伦湖一带。到这不久，他们发现这一地区不是理想的栖息之所，于是他们又在时任部帅拓跋诘汾的带领下南迁匈奴故地（内蒙古河套地区），并迅速与留居当地的匈奴部落融合，势力急剧壮大。

曹魏初年，鲜卑拓跋部在部帅拓跋力微的带领下进入今内蒙古境内，并建立了以拓跋部为中心的部落联盟政权——代国，建都盛乐（今内蒙古自治区和林格尔县一带），其国君称代王。最终，代国在与前秦交战中战败，代王什翼犍战死，代国灭亡。什翼犍死后，妻子拓跋珪历经十年的流离生涯，最终成功地集合原代国的残余势力，顺利复国，并迁都平城（今山西大同），改国号为魏，世称北魏，鲜卑族由此进入了皇权社会，并形成了太后专政的局面。道武帝迁都平城时，前秦已被东晋战败，实力大不如前，北方政权林立局面再度出现，北魏开始效法前秦，为统一北方而努力。他们先与鲜卑族慕容部建立的后燕结盟，后又战败周边的库莫奚、高车等游牧部落，明元帝、太武帝二人先后北伐柔然，南攻刘宋，扩张了北魏领土，提升了北魏的声望。

孝文帝继位之初，便在冯太后的辅佐下，实行了"俸禄制""均田制"和"三长制"，将国家经济由以畜牧业为主的游牧经济变更为农业经济，并逐步摆脱了鲜卑族原有生活方式，迅速向汉人生活方式转变。为了加速汉化进程，摆脱冯太后家族以及鲜卑贵族对皇权的制约，亲政后的孝文帝将都城迁往洛阳，并在此展开对鲜卑的全面汉化改革，北魏洛阳时代就此开启。孝文帝不仅改鲜卑姓氏为汉姓、改革鲜卑官职，还将鲜卑族与汉族进行了相应的门第划分，提倡相同门第间的通婚，极大促进了鲜卑人的汉化进程，北魏势力达到极盛。

（二）鲜卑族的历史贡献

鲜卑族是发源于东北大兴安岭地区的古代民族，南下后不断发展壮大，先后建立起了拓跋、乞伏、秃发与吐谷浑四个部落联盟。为扩大自身势力，拓跋部落联盟向南发展，乞伏、秃发和吐谷浑三个部落联盟则向西发展，他们在迁徙过程中不断征服和吸纳周边民族或部落加入其中，在壮大了鲜卑族的整体实力同时，也促进了鲜卑族与周边民族的融合。

鲜卑是渊源于东北地区西部的民族，在中原周边各民族中，鲜卑是第一个入主中原的民族，它建立的北魏政权逐渐发展成为南北朝时期代表北方的封建王朝，统治中国北方将近150年，影响极大，当时的中亚、拜占庭都称中国为拓跋。鲜卑族促成了历史上第二次民族大融合，壮大了中华民族的主体。鲜卑族也为盛唐文化奠定了基础。

特别是由拓跋部落联盟所建立的北魏，不仅结束了我国北方地区多民族混战局面，统一了中国北方的广大地区，建立了北魏政权，开创了中国北方少数民族统一黄河流域的先例，实现了北方地区的统一，实行兼容并包的民族政策，将鲜卑、匈奴、汉族以及周边其他民族纳入统一管理，缓和了民族矛盾，也使鲜卑族从经济、政治、军事到观念形态、风情习俗等社会生活的各个领域逐渐融入中原农耕民族，呈现出胡人汉化和封建化的趋势，由此推动了北方民族社会的发展进步。鲜卑族生机勃发的气魄又为农耕民族注入了新的活力，促使周边社会呈现出"胡化"态势。于是，胡汉民族的共同性日渐增多，差别性日渐减少，最终逐渐融为一体。这也标志着西汉以来的一元化格局为多元化走向所取代，多元一体的中华民族和中华文化由此基本定格成型。由此可见，鲜卑族人在其后的历史舞台上发挥着重要的作用。

四、北魏王朝的历史脉络及贡献

（一）北魏王朝的历史脉络

北魏王朝是由大兴安岭——古称大鲜卑山走出去的鲜卑民族建立的封建王朝，是我国历史上南北朝时期北朝第一个朝代。北魏王朝的兴起与发展经历了一个波折的发展进程，与我国南北朝并不完全是一个时期，既有重合，也有交叉。按照中国历史的断代，南北朝是指公元420—589年，是中国历史上的一段分裂时期，由公元420年刘裕篡东晋建立南朝宋开始，至公元589年隋灭南朝陈为止。该时期上承东晋、五胡十六国，下接隋朝，南北两势虽然各有朝代更迭，但长期维持对峙，所以称为南北朝。而北魏王朝是随着鲜卑族南迁和逐渐发展，从部落联盟到拓跋部首领、北魏王朝道武帝拓跋珪于公元386年重建代国开始，到公元

534年分裂为东魏与西魏结束，共148年的历史。公元386—420年，在我国历史上仍属东晋。

1. 北魏王朝的历史起源

太平真君四年（443年），太武帝拓跋焘派遣中书侍郎李敞到嘎仙洞祭祖，并在嘎仙洞西侧石壁上刻下祝文，再次佐证了大鲜卑山就是大兴安岭，嘎仙洞就是鲜卑祖源族人祭祀的地方，也是鲜卑首领南迁的出发地。关于鲜卑民族世居之地的生产和生活情形，《魏书·帝纪第一·序纪》记载也很详细："其后世为君长，统幽都之北，广漠之野。畜牧迁徙，射猎为业，淳朴为俗，简易为化，不为文字，刻木纪契而已。世事远近，人相传授，如史官之纪录焉。"《魏书·帝纪第一·序纪》还记载了北魏王朝建立者、皇族拓跋氏姓氏的由来："黄帝以土德王，北俗谓土为托，谓后为跋，故以为氏。"实际上托是土的谐音，跋是后的谐音，托跋后演化为拓跋。世居大兴安岭的鲜卑民族是北魏王朝建立者的祖先，按照《魏书·帝纪第二·序纪》的记载，与中原文化同根同源，后迁徙山西平城（今大同），建立政权。《魏书·帝纪第一·序纪》还记载了昌意少子悃自受封北土后，一直作为中原政权的分支，接受中原政权的管理，尧、舜时期与中原政权联系密切。"民赖其勤，帝舜嘉之"，居民还因勤劳，受到过舜的表彰。但因"籍无闻"而后"六十七世""不交南夏"——因为在夏朝的户籍管理中，没有对这部分人的记载，自夏朝起鲜卑民族断绝了与中原的关系。

2. 北魏王朝的发展历程

北魏王朝共有九十九大姓、诸多小姓，是我国诸多北部边陲少数民族聚集的大家庭，鲜卑族和拓跋氏是这部分边民的主体民族和皇家姓氏。对此，《魏书·帝纪·序纪·统国三十六》也有记载："至成皇帝讳毛立，聪明武略，远近所推，统国三十六，大姓九十九。"拓跋毛即位后，鲜卑祖源部落的经济和社会事业发展达到了一个阶段性的顶峰，实现了"威震北方、莫不率服"的部落影响力，而其领导下的部落联盟达到三十六个，仅大姓就有九十九个，小姓若干，可见鲜卑族到拓跋毛时代，已经是一个人口达到一定规模、人员结构多元化、姓氏较多的氏族部落联盟性质的初级政权。

拓跋毛出生年月不详，在《魏书·帝纪·成帝》中也没有记载，其在位时间为前207年—前204年，在位四年，大约秦末楚汉争霸时期，统一了索头部。索头部即大兴安岭地区，包括东到黑龙江、南到嫩江、西到内蒙古自治区牙克石、北到伊勒呼里山的有林地区。鲜卑部族北魏追尊拓跋毛为第一位始祖，为索头部鲜卑部族的领袖。成帝拓跋毛到第六帝拓跋推寅时，始率族人开始了艰难的南迁之路，但还没来得及出发就死了。历数年后，第十三帝拓跋邻认为所在地荒邈，又考虑南迁，因年老，传位于子十四帝拓跋诘汾，拓跋诘汾率部开始了二次南迁。"山谷高深，九难八阻，于是欲止。有神兽，其形似马，其声类牛，先行导引，历年乃出，始居匈奴之故地。"神兽是拓跋氏早期的神话传说，按照描述，神兽就是大兴安岭特有的麋鹿，俗称"四不像"。匈奴被西汉打败西迁后，拓跋部在拓跋诘汾的率领下逐步向西迁移，进入原来北匈奴驻地，即漠北地区。拓跋诘汾死后，其子第十五帝拓跋力微接任，拓跋力微时期，拓跋部又南下游牧于云中（今内蒙古托克托）一带，后又迁居到盛乐（今内蒙古和林格尔），与曹魏、西晋发生往来，这时拓跋部仍处于氏族部落联盟阶段。在拓跋氏历史上，拓跋力微是有贡献的，因此在《魏书·帝纪第一·序纪》里，拓跋力微也被称为始祖，自公元220—277年在位58年，活了104岁。公元338年，第三十一帝拓跋什翼犍建立代国，建都于盛乐（今内蒙古和林格尔），逐渐强大起来。公元376年，前秦王苻坚攻代，什翼犍战死，代国灭亡。淝水之战后，前秦统治瓦解。公元386年，第三十三帝拓跋珪（什翼犍之孙，三十二帝拓跋寔因代国灭亡未在位）恢复代国政权，仍定都盛乐城。按照《魏书·帝纪第一·序纪》的记载，拓跋氏自称是黄帝后裔，黄帝发源地为战国时魏国所在地（今河南新郑），又"魏"有美好之意，故以此名国号，同时含有续曹魏，对抗东晋政权之意，史称"北魏"。第三十九帝北魏孝文皇帝拓跋宏在493年迁都洛阳，并改姓"元"，其他非皇室拓跋族人，仍姓拓跋，为庶姓。到第五十五帝北魏孝武帝元脩时，分裂为东魏与西魏，北魏灭亡。

3. 北魏王朝的重要历史发展节点

北魏王朝有五个重要的历史发展节点，一是楚汉争霸时期的第一位始祖拓跋毛时代，统一了索头部落，即大兴安岭地区，为鲜卑族的后续发展奠定了基础。二是第六帝拓跋推寅时代的南迁为北魏王朝的后续发展确定了正确的历史方向。三是第十五帝拓跋力微时代迁居盛乐（今内蒙古和林格尔），建立部落联盟，有了政权基础。四是第三十一帝拓跋什翼犍、第三十三帝拓跋珪复建代国，形成建制完善的封建政权。五是第三十九帝北魏孝文皇帝拓跋宏迁都洛阳、问鼎中原，最盛时疆域东北至辽西，北至蒙古高原，西至新疆东部，南大致以秦岭、淮河为界与南朝对峙，并实行了孝文帝改革。改革以汉化运动为主体，提倡讲汉话，禁止说胡话，改革措施有效缓解了阶级矛盾，消除了民族隔阂。同时，注重发展经济，鼓励农业、畜牧业和手工业发展，农业生产工具得到改进，兴修水利、开垦荒地，粮食产量增多，畜牧业得到发展。手工业生产日益活跃，商业活动也日趋活跃，经济和各项社会事业得到发展。改革促进了多民族之间的交流与融合，但也加速了政权封建进程、新的门阀形成，为北魏分裂埋下隐患。

北魏分裂为东魏和西魏后，被北齐和北周取代，先后不过20余年。由大兴安岭迁徙于此的鲜卑族后裔，由于连年征战，有的分散，有的成建制出征，现已散落全国各地。后来建立隋朝、唐朝的杨氏、李氏族人都有鲜卑血统，隋唐文化就是根植鲜卑祖源文化发展起来的。今天分布于辽宁、新疆、黑龙江、吉林、内蒙古五省区的19万锡伯族人就是鲜卑人后裔的一小部分，其余出征的大部分鲜卑族人后裔均与当地军民融合形成汉族和多个少数民族。

（二）北魏王朝的历史贡献

北魏王朝是我国历史上由鲜卑族南迁建立起来的少数民族政权，其先在内蒙古和林格尔建立了部落联盟。公元386年，鲜卑族首领拓跋珪趁前秦四分五裂之际，重建少数民族割据政权代国，定都盛乐城，自称代王。公元398年并再度南迁山西平城（今山西大同市），改国号魏，称帝，史称北魏。公元439年，太武帝拓跋焘统一北方，建立起与南朝对峙的政权，中国进入南北朝时期。

1. 北魏王朝的民族融合

北魏王朝及其先人最大的历史贡献是促进了中华民族的大融合。据《魏书·帝纪第一·序纪》记载，早在第三十一帝拓跋力微时期，鲜卑族人就开始了与中原文化的交流，开始学习中原文化。"始祖乃告诸大人曰：'我历观前世匈奴、蹋顿之徒，苟贪财利，抄掠边民，虽有所得，而其死伤不足相补，更招寇雠，百姓涂炭，非长计也。'"于是，拓跋力微采取与魏国（曹魏，后和晋朝）友好亲善的外交政策，推进了文化和贸易的交流，促进了经济的发展。同时也为北方少数民族与中原汉族的融合奠定了思想基础。

北魏迁都洛阳后，孝文帝拓跋宏结合国家多民族实际、入主中原后游牧民族与农耕生产的不适应等多方面因素，为缓和阶级矛盾，限制地方豪强势力，开展了中国历史上一次著名的改革，史称北魏孝文帝改革，又称汉化改革。汉化改革极大地促进了北方少数民族与中原汉族、其他少数民族的大融合。公元493年，孝文帝将都城从平城迁至洛阳后，宣布了几条法令：改说汉话，改穿汉服，改用汉姓，改新籍贯，改行汉制，崇尚儒学，鼓励鲜卑人与汉人通婚。同时进行全国氏族门第的评定，官职按门第的高下来分配，低级的地方官从低级的士族中选取。孝文帝的这些改革措施进一步促进了多民族的大融合，消除了中原地区的民族界限，把鲜卑游牧民族的蓬勃生机与尚武精神注入了博大精深的汉文化之中，使北魏的政治、经济迅速发展，为后来唐朝的强盛奠定了政治经济基础。

2. 北魏王朝的文化中兴

北魏王朝时期是中华民族文化发展的一个重要时期，北魏文化的发展实现了中华民族文化的多元化，因此，北魏文化中兴的主要特点是文化多元化的兴起。

首先是实现了中原汉文化与草原少数民族文化的大融合。北魏孝文帝改革促进了中原汉民族和北部边疆少数民族的融合。北魏王朝时期的民族大融合不同于我国历史上的任何一次民族融合，如蒙元融合于汉、满族融合于汉，都是历史发展的被动融合或深受汉文化影响潜移默化的逐渐融入，而北魏王朝的民族融合具有彻底性的特点，铸造了伟大的中华民族和统一的国家。文化是民族的灵魂，汉族文化源于西周的礼乐文化，到春秋战国时，各种学派纷呈，百家争鸣，为中华文化发展奠定了基础。汉族的文化是和文化、是善文化。草原民族充满活力，奔放豪爽，雄浑宽广，刚毅强悍，勤劳淳朴，能征善战。草原民族文化与汉族文化融合，正是取长补短，形成中华民族伟大文化。北魏鲜卑称源于黄帝次子昌意一脉，对汉文化有继承，也有发展。正是因为文化的传承融合，北魏王朝实现了文化中兴。开山雕石立像——云冈石窟、龙门石窟、敦煌莫高窟、麦积山石窟、炳灵寺石窟、天龙山万佛洞、石窟寺等成为雕塑和绘画艺术的宝库。文学融合发展——《敕勒歌》《折杨柳歌》《木兰诗》成为当时民歌的代表作。杨炫之的《洛阳伽蓝记》既是一部地理名著，又是一部文学作品，还是一部佛教著述，记录了北魏迁都洛阳40年间的佛教史料。郦道元的《水经注》，文笔雄健俊美，既是地理名著，又是山水文学，还是一部具有文学价值、文字优美的游记。

其次是佛教文化得到了空前的发展。北魏王朝佛帝合一，佛教得到长足的发展。作为外来宗教，佛教从印度传入我国后，在北魏王朝时期成为我国的主要宗教，与儒教、道教一样，成为中国文化的重要内容，儒释道三教体系逐渐形成。佛教对中国文化产生了深远的影响。一是佛教发展大量建设寺庙和开窟造像，这就促进了建筑艺术和雕塑艺术高度发展。北魏从建都平城到迁都洛阳，建了无以数计的寺庙，开窟造像之多，超过了历史任何时期，我国北方的大部分寺院都建于北魏时期。建筑越搞越精，样式越来越多。雕刻塑像不只发展了本土的艺术，也融合了西方的技艺，推动中国的雕塑、建筑艺术的发展。二是推动了中国的书法艺术发展，丰富了中国的语言文字。卷帙浩繁的佛经，在没有印制术的北魏，翻译后传播全靠人工抄写。人们以写经表示对佛的虔诚，不少人终生都在写经，推进了中国的书法艺术发展。佛经言词丰富，如世界、平等、觉悟、意识、清规戒律等，都是来自佛经，极大地丰富了中国语言。三是推动了中国的文学艺术和音乐的发展。佛教带韵的说唱文字称变文，讲故事称俗讲。变文和俗讲潜移默化地融进了中国通俗文学，隋唐以后的小说就是以此为基础发展起来的。佛教音乐乐器齐全，用于诵经，主要内容是赞颂和教化，与民间音乐融合发展，丰富了中国音乐的内容。四是佛教"慈""悲"教义与中华"和""善"文化异曲同工，"慈""悲"与"和""善"文化融为一体，深化了中国的"和"文化与"善"文化的内容。中国文化历史悠久、胸怀宽阔，具有强烈的吸附力、吸引力，北魏王朝是改革王朝，为文化融合创造了条件，二者相互交融，形成了博大精深的中华民族文化。

白桦岗岩画

第三节 历史文化遗址

大兴安岭是远古人类的故乡，北方少数民族的肇兴地之一，是人类文明的发祥地，是一个孕育文明的地方。大兴安岭先民们在这片茂密的森林里繁衍生息，创造了独特的北方森林游猎文化。在青山绿水间，我们的祖先吃兽肉、穿兽皮，在这里度过了人类的远古时代。许多历史故事和文化遗迹，有些至今仍可追寻。鲜卑、契丹、蒙古等少数民族从大兴安岭森林走出，逐鹿中原，建立政权，称雄天下，为中华民族的文明发展史写下了一段段辉煌、一页页精彩。北山洞记录先人与大自然抗争的历史；胭脂沟讲述淘金者昨日的艰辛；雅克萨古战场仿佛硝烟未散；黄金古驿路马蹄声阵阵回响；"一人、一马、一杆枪"的鄂伦春游猎民族至今仍保持着古朴神秘的风情。

一、漠河市老沟遗址

1981年秋，在漠河县漠河乡老沟河额木尔河间，发现大批旧石器时代石器和文化遗址。共出土文物14件，其中有砍砸器2件、尖状器7件、刮削器1件，还有石核、石片等。其石器原料为淡黄色砂岩和石英岩。据研究，该地是古人类曾经居住过的地方，其年代为10 000~30 000年前，是中国已知的最北的一处打制石器地点。1988年，洛古河村农民黄新德的小儿子在黑龙江边游泳时，拾到一个距今5 000年左右的石镐。后经黑龙江文物考古研究所相关人员研究证实，洛古河村一带在新石器时代有古人类居住。该处遗址被命名为黑龙江源头洛古河村古人类新石器时代遗址。该处遗址约距地表1.5米，春季在黑龙江凌汛过后，经江水冲刷仍可以拾到新石器时代古人类所使用过的石器。

二、塔河十八站旧石器时代晚期文化遗址

1975年，在塔河县十八站鄂伦春民族乡发现了12 000年前的旧石器时代晚期文化遗址，发掘出土了半月形刮削器、圆头刮削器、龟背状刮削器、尖状器、长方形刮削器、雕刻器、石叶、石核、石片等1 070件石器制品，以5~10厘米的中小型石器居多，各种石器类型和加工技术与华北地区出土的旧石器相似。可贵的是该遗址文化内涵十分丰富，遗址的长薄石片，反映了黑龙江省是我国压制石器分布最多的省份之一，对研究原始文化的起源和发展有着重要的科学价值。

三、呼玛江湾农场旧石器时代晚期文化遗址

1978年，在呼玛县原江湾农场发现了10 000年前的旧石器时代晚期文化遗址，发掘出土刮削器、夹状器、雕刻器、石叶、石片、石环、陶片、骨器等远古文物。在呼玛县欧普乡和新华乡新立屯发现了1 000余年前北宋时期的银锭、石臼、石磨、陶片等古代文物。

四、松岭大子扬山古人类文化遗址

1975年，森警部队在松岭大子扬山发现了一处古人类遗址，在松岭区南部的峭崖顶发现了两支战国时期的青铜长剑。1989年，又在此遗址处出土旧石器时代标本112件，主要为打制石器，有部分压制（含新石器时代）。

五、碧水北山洞古人类文化遗址

碧水北山洞在陡峭悬崖石壁中间，前有呼玛河5条支流缓缓流过，两侧有明显凸出的竖直山岩环抱，上下为陡峭崖壁。状似三角形的洞口较窄小，爬入后较宽敞，洞内长16米、宽6米、高3米，并呈阶梯状形成三个区域：洞口缓坡清理出火坑、灶石和一石凳，适于围坐烤火、用餐、晒暖；中层是护坡石和约10厘米厚黄黏土垫起的平台，平台上覆有约两三厘米厚的褐色草木灰层，整个平台可分两排，可容纳20余人卧居；再往上是被先民们无数次手摸脚蹬后磨掉棱角的温润石带，石带上面最高处是平台，平台正中、岩洞尽处赫然现出一把石椅，

椅背呈三角形，椅上垫有黄土，椅宽约60厘米，两侧扶手光滑圆润，坐上去十分舒服。石椅两侧亦有石凳，适合围坐议事、休息，洞顶有明显的烟熏痕迹。环顾洞内，半圆形穹顶下三个平台连接紧凑，结构巧妙。洞口右侧是考古人员清理出的一个探方区，探方区自上而下标记8个文化层，其中带有毛砟石的第7层又可分上中下三层，斜压到第8层上。第7层以上出土的文物分别有铁镞、铁耳环、墨玉管饰、玛瑙料珠、古玻璃饰品、陶片、骨锥等精致器物以及石刃、石叶等磨制石器，时间约在2 000~10 000年前；而第8层出土的石茅、石铲等石器较为粗笨，带有明显的打制印记，初步判定为12 000年以前旧石器时代的工具。第8层中清理出一个石斧，斧刃系打制而成，斧背有槽，适合嵌入木棒扎皮绳而挥斧。从第8层出土一枚青玉刃，该刃呈弧形，两面起刃，方便抓握，带有包浆，硬度在5.5度以上，轻划玻璃即现裂痕，这是剥兽皮用的"尖端工具"，是非常罕见的远古时代玉器，堪称"镇岭之宝"。该遗址经先后两次挖掘，共10个文化层，出土文物遗存2 500余件。

　　大兴安岭历史遗迹沉淀了北方少数民族祖先生存、创业、发展的足迹。大兴安岭地区是中国古代文明的缔造区域和传承区域，这里留下了许多北方少数民族的文化印记和历史故事，成为大兴安岭重要的人文历史和民族风情资源，彰显出独特的历史文化气息和底蕴。

大兴安岭岩画
DAXING'ANLING YANHUA

第二章 大兴安岭岩画的分布、内容、特点及价值

大兴安岭岩画数量庞大、内容丰富、题材广泛、布局集中、世所罕见，令人叹为观止。据专家考证断测，大兴安岭岩画是伴随着旧石器和新石器时代的文物遗存和绘制岩画遗迹而出现，距今已有万年历史。

大兴安岭岩画分布广泛，东起呼玛县金山乡察哈彦迎门砬子，西至呼中碧水北山洞，南至加格达奇区老道口，北至漠河市。对大兴安岭近年来发现的50处岩画点、4 160余幅岩画遗存的分析研究表明，大兴安岭岩画处于环太平洋岩画带的重要节点，为研究中国北方民族历史文化的变迁及与北美大陆的文化交流提供了鲜活的佐证。

大兴安岭岩画历史悠久，在广袤的大兴安岭密林深处分布的人们所看到的森林岩画，引起世界各国专家的关注。世界岩画组织联合会执行主席罗伯特·贝德纳里克、印度岩画协会会长库玛尔考察完大兴安岭所有岩画后，对飞龙山岩画这样评价："飞龙山森林岩画是大兴安岭森林岩画迄今为止发现的岩画数量最多、最古老的、最集中的。"

我国岩画以长江为界，分为南系和北系。南系岩画是用"书写工具"将颜料画在岩石上，主要反映以农耕为主的定居民族的生活；北系岩画是用石、骨等坚硬的工具在岩石上凿刻磨制而成，主要反映游牧、游猎民族的生活。大兴安岭岩画绘制技法与南系岩画相同，内容与北系岩画相同，体现了我国岩画的丰富内涵和多样性。这些岩画遗存是远古先民表达意愿的符号，被黑龙江省考古专家形象地称为"舞蹈的小人"，反映了先民多彩的生产生活、风俗习惯、图腾崇拜和审美艺术，为艺术史、史前史、宗教史、人类学、民俗学、美学等多学科的研究提供了鲜活资料。

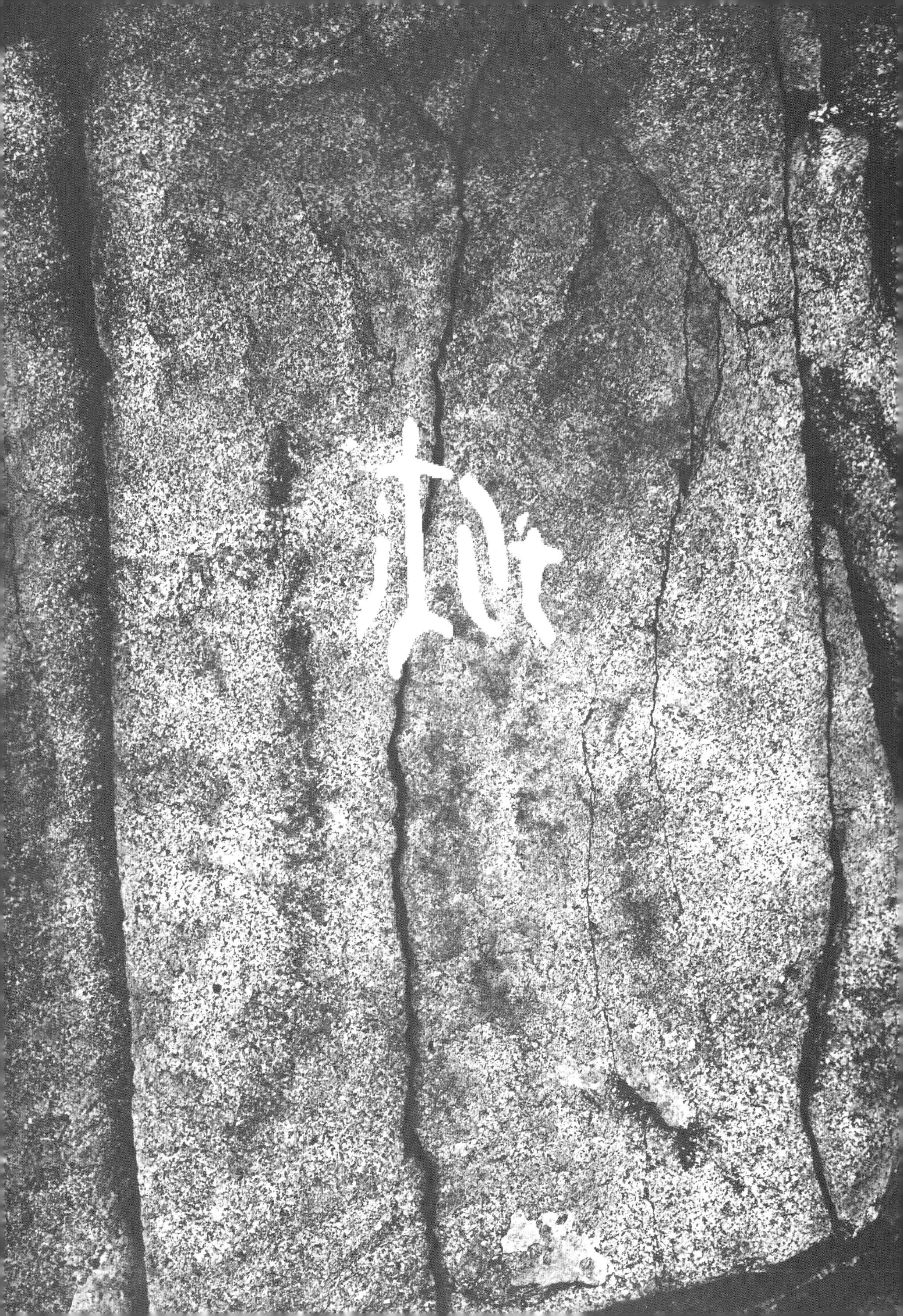

第一节　大兴安岭岩画概述

岩画是绘画或刻制在石头上的图画，共分三种，一是石刻岩画，二是彩绘岩画，三是白绘岩画。它是没有文字之前人类祖先运用写实或抽象的艺术手法，以石器作为工具，用粗犷古朴、自然的方法来描绘记录自己的生产方式和生活内容，它是人类社会的早期文化现象，是远古先民给后人留下的珍贵文化遗产。同时，岩画又是世界性的一种文化现象，是人类在长期劳动和生活实践中创造的最珍贵的艺术珍品，它展现了永不重复的远古现实，展示了人类的太古文明、上古文明和中古文明，为艺术史、史前史、原始宗教史、人类学、民俗学、美学等多学科的研究提供了形象化的依据。

大兴安岭岩画均为红色彩绘线条画，绘制颜料是由赭石粉、动物鲜血、禽类蛋清调和而成，绘制技法是用手指或是羽毛笔绘制，因此岩面线条基本与手指粗细一致，为单线条岩画，偶有极细线条及双线条出现。绘制方向基本为正南或是偏南方，少数朝向为西侧、东侧，北侧只有一处且漫漶不清。岩画内容有整体天象崇拜，即太阳神、日月星云等图案岩画；自然崇拜，即树木、高山、河流等图案岩画；生殖崇拜，即带有巨大生殖器的男性、箭形生殖器、实心圆女性外阴等图案岩画；动物崇拜，即主要以鹿为主，另有虎、狼、野猪、熊、蛇、青蛙等动物图案出现。图腾崇拜，加林局白灰窑发现的"S"形鹿角龙岩画，线条优美，身躯无爪，头部使用极具美感的4根鹿角代替，充分证明了大兴安岭是我国龙文化的起源地之一，更是中华文明的发祥地之一，该岩画为中国第一处发现的以龙为表现手法的彩绘岩画，在中国岩画史上具有重要意义。此外，大兴安岭岩画还有表现祭祀场景的，主要表现为多人手臂上举，为萨满教祭祀时的舞蹈情景；有表现数量的岩画，具体为点状图案、线条状岩画等；有表现统治阶级的岩画，即戴有3根羽毛状冠饰的人与月亮、星星绘制在同一水平位置，显现出当时的社会已经具备了王权统治，大萨满已经具备部落首领或是"王"的特权；另有远古巫术符号、方向坐标等相关符号及各种神秘符号。另外，还发现了疑似披毛犀、西伯利亚野牛、猛犸象等在10 000多年前就已灭绝的古代生物图样，有待于进一步研究。

大兴安岭岩画最早发现于1953年5月和9月，大兴安岭森调队进入呼玛县林业局进行森林资源调查时，在金山乡察哈彦迎门砬子发现彩绘岩画，并在画中用白色字标注时间节点。1964年大兴安岭正式开发建设，松岭林业局古源林场采伐工段工人在林业生产中陆续发现飞龙山石林彩绘岩画。

2011年以来，在呼玛县金山乡察哈彦村迎门砬子风景区、松岭区古源镇飞龙山风景区、新林区碧洲镇北山、塔河县依西肯乡瓦干村境内等地的旅游爱好者，呼玛县李建设，松岭区古源林场小工队王永军，十八站宣传部，大兴安岭地委宣传部牟海军先后在人迹罕至的山峰岩壁上发现彩绘岩画。

2012年8月，大兴安岭地委宣传部组织召开部长办公会议，听取有关部门关于在大兴安岭个别县区发现岩画的情况汇报。2012年9月，大兴安岭地委宣传部先后将大兴安岭岩画情况分别向黑龙江省委宣传部和黑龙江省文化厅进行了专题汇报。

2012年11月，黑龙江省文化厅文物处专家学者与黑龙江省文物考古研究所吴疆副处长、赵评春研究员、专家组成员刘阳对大兴安岭岩画进行现场勘察采集，确认这是原始岩画遗址群，具有重要的学术研究和开发价值。大兴安岭地委宣传部下发《关于对全区石砬子山进行调查摸底的通知》，并多次召开部务会研究岩画考古工作，制订计划，下发文件，部署各县区局组织人员在一个月时间内对辖区的石砬子山进行全面普查，标注坐标和路线图，为下步开展岩画考古工作奠定了坚实基础。

2013年4月，黑龙江省文物考古研究所赵评春、阴祖强、刘阳等专家与大兴安岭地委宣传部牟海军、于海涛、李忠伟等同志组成岩画联合考古队，利用近一个月的时间对全区已知的200余个石砬子进行全面普查。先后在全区12个县区局发现37个岩画遗址、3 850余单幅岩画，是目前黑龙江省发现岩画数量最多、区域最广、历史最久、内容最丰富的地方。这在黑龙江岩画史上具有里程碑意义，填补了黑龙江省相关历史缺环，被列为2012年度黑龙江省八个考古重大新成果之一。

2013年9月，黑龙江省文化厅文物处处长盖立新亲临考古现场，与联合考古队就漠河岩画点进行了全面发掘清理，出土了红褐色三人纹彩绘岩画、角锥骨器和一些动物骨骸，岩画初步断代为新石器时期，岩画考古工作取得了重大进展。在调查岩画的过程中，又意外找到了位于伊勒呼里山北麓的呼中区碧水镇北山洞古人类遗址。

2014年3月，岩画联合考古队又对新发现的三处岩画点进行了考古调查。大兴安岭岩画分布从南到北分别是：加格达奇林业局大子扬山岩画、加格达奇林业局半拉山岩画、加格达奇林业局白灰窑岩画、加格达奇林业局白灰窑南山岩画、加格达奇林业局讷尔克气岩画、加格达奇区老道口岩画、加格达奇林业局翠峰岩画、松岭区古源岩画、松岭区古源苗圃岩画、松岭区劲松南线石壁岩画、松岭区劲松西山岩画、新林区塔源岩画、新林区碧洲车站岩画、新林区碧洲隧道岩画、新林区碧洲塔哈尔河岩画、新林区碧洲车站北山岩画、新林区翠岗倭勒根河岩画、新林区翠岗铁路岩画、新林区塔尔根岩画、塔尔根二支线岩画、塔河县西戈岩画、十八站瓦干岩画（塔河县依西肯乡瓦干村境内）、呼中区苍山岩画、呼中区碧水岩画、呼中区碧水北山洞岩画、呼中镇岩画、呼中区呼源岩画、阿木尔林业局依西岩画、阿木尔林业局依林岩画、漠河岩画（位于图强林业局育英林场施业区）、漠河仙人洞岩画，另有漠河出土的三人纹彩绘岩画。

2015年9月，黑龙江省文化厅组织夏正楷、汤惠生、魏坚、乔梁和崔剑锋5位资深考古专家对呼中区碧水北山洞文化遗存与洞口岩画、洞内岩画的关系，岩画碳十四测年数据的评估，大兴安岭岩画、北山洞文化遗址的学术定位，以及大兴安岭岩画研究与保护等工作进行了研讨论证。

两端向上凸起的十字纹岩画

2016年2月，大兴安岭地委组织有关人员参加了在印度首都新德里举行的中印岩画学术研讨会，在会上做了发言。漠河市出土的三人纹岩画、加林局天台山整体天象岩画和人与天体岩画入选岩画展。2016年8月，魏坚、张伟、赵评春、吴疆等专家对松岭区壮志、古源两地新发现的三处岩画群进行论证研讨，一致认为大兴安岭岩画具有重要历史价值、学术价值和社会价值，是大兴安岭先民早期人类活动的重要文化遗迹，反映了大兴安岭先民的原始社会形态，对全国乃至东北亚地区岩画研究具有重要里程碑意义。

2017年6月，大兴安岭地委邀请联合国教科文组织岩画委员会主席、世界岩画组织联合会执行主席罗伯特，印度岩画协会副主席库玛尔，世界岩画委员会执行委员、河北师范大学岩画断代中心教授汤惠生等岩画专家学者对大兴安岭地区相关岩画遗址进行考察。专家组对大兴安岭地区岩画工作给予高度评价，罗伯特和库玛尔对大兴安岭松岭区天书台岩画遗址修建铁栅栏和木栈道、设有专门的保护人员，对北山洞修建的花岗岩石道路等做法给予高度肯定，认为大兴安岭对岩画和古代文物的保护措施"在全世界都屈指可数，也是独一无二的"。专家组认为大兴安岭在短短的几年时间里发现了40余个岩画遗址、4 000余单幅岩画，并迅速进入考古程序，以漠河岩画点和碧水北山洞为代表的岩画考古清理挖掘工作，出土了三人纹彩绘岩画、旧石器和新石器时期陶片、打制石器、玛瑙箭镞、玉质石核、白玉管饰、磨制玉件残片等，对岩画断代提供了有力佐证，并利用地层叠压关系初步解决了岩画断代的世界性难题，岩画发掘与保护工作推进速度在国内首屈一指，充分体现了大兴安岭地委、行署对岩画发掘保护工作的高度重视。

2021年3月，大兴安岭地委、行署精心安排部署，责成政协大兴安岭地区工作委员会组成以钟志林主任为组长、白永清副主任为副组长，有关部门人员参加的考察组赴宁夏银川贺兰山岩画遗址实地考察。5月，政协地工委副主任白永清带领相关部门负责人在松岭区召开了岩画保护与利用座谈会，为下一步做好岩画保护利用工作奠定了坚实的基础。

第二节　呼玛县岩画的分布及内容

呼玛县，因呼玛河而得名。呼玛，又称呼玛尔、库玛尔，系达斡尔语"高山峡谷不见阳光的急流"之意，位于黑龙江省西北部，黑龙江上游东段西岸，大兴安岭山脉北段东北坡，黑龙江南支流呼玛河流域中下游地区，大兴安岭林区东部。地处东经 125° 03' 20″～127° 01' 30″，北纬 50° 49' 20″～52° 53' 58″。东部和北部隔黑龙江与俄罗斯阿穆尔州斯沃簿德内市、施玛诺夫斯克市、马格达加奇区（1977 年前称得格达区）相望，北部与大兴安岭地区塔河县相连，西部与大兴安岭地区新林区为邻，南与黑龙江省黑河市嫩江县和爱辉区毗邻。

察哈彦村迎门砬子岩画点

金山乡，呼玛县辖乡。1949 年为金山区，1956 年置乡，1958 年改公社，1984 年复置乡。位于县境东北部，距县政府 22 千米，面积 806 平方千米，人口 0.2 万。黑漠公路过境，辖金山、翻身、三间房、前进、兴胜、友谊、察哈彦、新街基 8 个村委会。农业主产小麦、马铃薯。境内有金山林场。

察哈彦村是个面临黑龙江的小村屯。行政区划隶属于呼玛县金山乡，距金山乡乡政府所在地新街基 35 千米。地理坐标为北纬 52° 16'，东经 126° 23'。清康熙年间，把察哈彦作为黑龙江转向的重要地标，故察哈彦也可以说是黑龙江的东北点。

迎门砬子岩画点位于呼玛县金山乡境内，距察哈彦村公路距离为 7 千米，江上距离为 11 千米。岩画区最早由大兴安岭森林资源调查队员发现，从岩画分析中辨别，一幅大型岩画中记载着发现的日期分别是 1953 年 5 月 31 日和 1953 年 9 月。

迎门砬子是黑龙江上最险的一段航道，正所谓"迎门砬子鬼门关，十艘船过九艘翻"。这话虽然有些言过其实、过于危言耸听，但汹涌的激流和重重的漩涡确实让人真正感受到了什么叫心惊肉跳。在这里，只见迎门砬子以整座山峰之躯矗立于江水之中，自上游而来的滔滔江水汹涌愤怒地直面冲向山体，然而迎门砬子坚如磐石、岿然不动，受阻后的江水只得委屈地急转直下从迎门砬子的身侧流过，这时江水变得更加湍急，从而形成了重重的漩涡，令人望而生畏。

迎门砬子是黑龙江上最美的一段航道，正所谓"无限风光在险峰"，又恰似"不入虎穴，焉得虎子"。中央电视台在拍摄的专题片中称这里是"黑龙江上的小三峡"，这种比喻真是精辟透彻、恰如其分。

在迎门砬子的我方一侧岸边，树丛中有一处凸现出来且裸露的山石，底部为白色，中部为灰褐色并间有红褐色的大兴安岭彩绘岩画，酷似站立的人形，人们都说那是孔子像。在孔子像前，我们只要稍加品味，稍加揣摩，孔老夫子那大大的眼睛、深深的鼻孔、飘逸的长须、洒脱的长衫便活生生地显现出来，人们会情不自禁地发出慨叹："真是太像了！"孔老夫子像是正在讲学，旁边站立的几个当是他的弟子，不过那几位的模样就不那么清晰了，只有个大概的轮廓。

在迎门砬子的山上，有一怪石立于山巅之上，酷似一半身人形，左手高高抬起，像是在为过往险关的江船指引航向，所以人称该石为"仙人指路"。迎门砬子的后山坡上多有奇石，形态各异、妙趣横生，令人浮想联翩。有些怪石人们已经给它们起了很好听的名字，诸如"天外来客""气冲霄汉""慈母携子""龟兔同石"等，且有"船在江中走，人在画中游"的诗情画意。

上海华东师范大学退休教师刘琪（右一）在呼玛县金山乡察哈彦村迎门砬子岩画点考察岩画

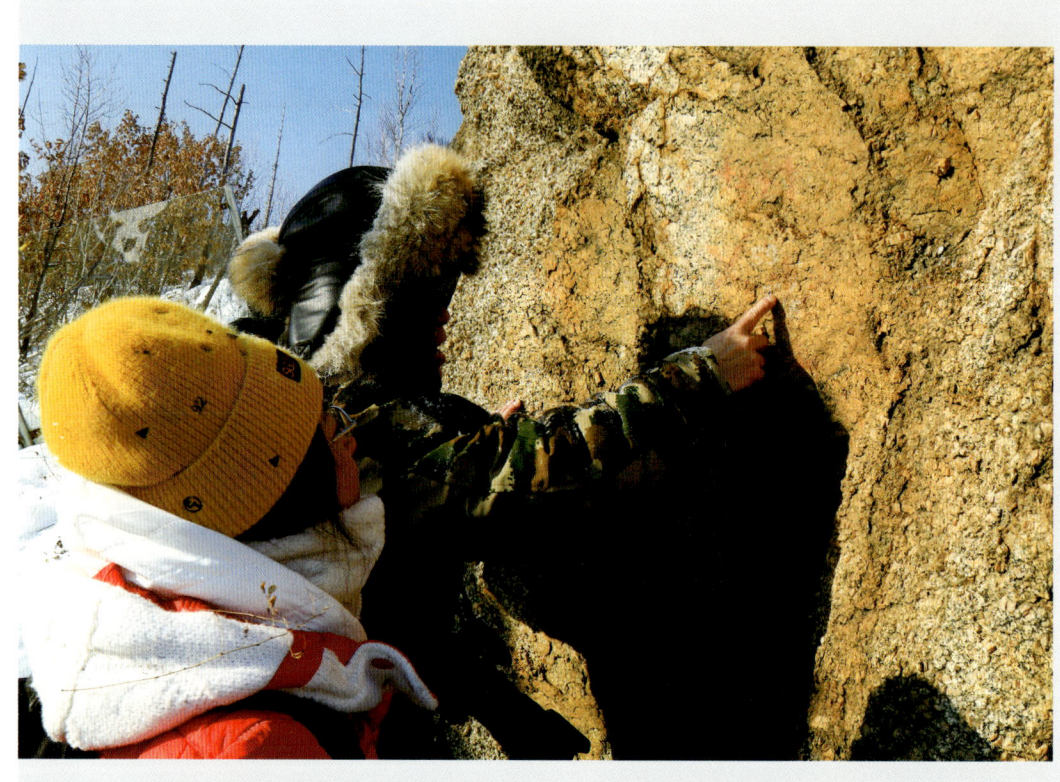

上海华东师范大学退休教师刘琪（左一）与同事在呼玛县金山乡察哈彦村迎门砬子岩画点考察岩画

呼玛县金山乡察哈彦村迎门砬子岩画点 1

呼玛县金山乡察哈彦村迎门砬子岩画点 2

呼玛县金山乡察哈彦村迎门砬子岩画点3

上篇 **文化之根 兴安之魂**

呼玛县金山乡察哈彦村迎门砬子岩画点4

呼玛县金山乡察哈彦村迎门砬子岩画点5

上篇　文化之根　兴安之魂

呼玛县金山乡察哈彦村迎门砬子岩画点6

第三节　塔河县岩画的分布及内容

塔河县位于黑龙江省西北部，黑龙江上游西段南岸和西岸，大兴安岭山脉北段北端，黑龙江南支流盘古河与西尔根河流域及呼玛河流域中游地区，大兴安岭地区的中部，地处东经 123° 19' 09" ~ 125° 49' 23"，北纬 52° 09' 06" ~ 53° 20' 50"。西部与漠河县相邻，东部与呼玛县相接，南部与呼中区和新林毗邻，北部隔黑龙江与俄罗斯阿穆尔州相望，属边境县，北部有国界线 173 千米。全县总面积 14 063.35 平方千米，其中塔河林业局施业区面积 9 180 平方千米。塔河县政府与塔河林业局驻塔河镇。

岩画点 1　塔河西戈岩画

塔河西戈岩画位于距塔河县城 20 余千米的西戈（地名，原为一居民点）下面的呼玛河旁的一处高耸的石砬子上面，岩画点距离冰面 3.5 米，朝向正南，颜色鲜红，整体岩画约有 7 单幅，从上往下依次是两个连接在一起的"x"形图案，也可以看作一个"x"形下面多了一个竖，在这里可以理解为异形人，下面为一个双臂微微上举、头部呈实心圆状的人物，左侧有一个"十"字岩画较为清晰，其余约有 4 处漫漶，左上角有 1 处呈手印形状，漫漶不清。

主体岩画侧面的漫漶岩画

岩画点 2　十八站瓦干岩画

十八站瓦干岩画位于十八站林业局双河自然保护区（塔河县依西肯乡瓦干村境内）的黑龙江江边石壁上，岩画图案为凤凰，方向为西北，凤凰头部朝向东南，长1.5米、宽1米，凤凰头部冠羽为驯鹿角状，意为"禄途高升，顶上加冠"。因其在黑龙江边的石壁上绘制，因此也有"龙凤呈祥、飞黄腾达"之意。初步断定非史前岩画，从纹饰特征推断为宋金时期岩画，是国内已知彩绘岩画中单幅最大的岩画，具有极其重要的研究价值。

圆形头部人纹岩画

主体岩画右方的漫漶岩画

上篇　文化之根　兴安之魂

残留的岩画痕迹

凤身犴角岩画近景图

第四节　漠河市岩画的分布及内容

漠河市因境内曾有漠河，水黑如墨，故称"墨河"，后演变为"漠河"。此河现已干枯。漠河县位于黑龙江西北端，黑龙江上游地区西段南岸，大兴安岭山脉北段西北隅，黑龙江南支流阿木尔河流域，大兴安岭林区岭北西部。地处东经 121°07′~124°20′，北纬 52°10′~53°33′。北与俄罗斯联邦阿穆尔州隔黑龙江相望，西与内蒙古自治区呼伦贝尔市属额尔古纳市相邻，西南与内蒙古自治区呼伦贝尔市属根河市毗邻，东南与大兴安岭地区呼中区相连，东部与大兴安岭地区塔河县相接。

岩画点 1　漠河岩画

漠河岩画位于漠河至育英铁路线北侧，距离漠河车站约 4.7 千米处半山腰的一处小石砬子山上，面积约 0.5 平方米，方向朝向正南。该岩画漫漶程度很高，被一层厚厚的白色矿物质钙化物覆盖，主体岩画为两只粗壮的鹿角，鹿角的枝杈部分呈对称状排列，根部紧紧连在一起，整幅岩画突出的鹿角极具视觉冲击力，是大兴安岭远古先民崇拜鹿神的一幅典型作品。2013 年 9 月 14—19 日，黑龙江省文物考古研究所与大兴安岭地委宣传部组成岩画考古队，对漠河岩画遗迹进行了首次考古清理发掘，在距离地面 1.4 米处清理出现一幅岩画，呈螺丝底部六棱形，左右棱部各有一横线突起；同时出土了三人纹红褐色彩绘岩画、角锥骨器和一大批动物骨骼，对于初步确定大兴安岭彩绘岩画形成于新石器时期提供了重要佐证。

动物骨骼

上篇　文化之根　兴安之魂

岩画点2　仙人洞岩画

仙人洞内发现岩画4幅，分别为一个"大"字人形图案，较为清晰；上面为一片漫漶岩画，基本看不清楚；右侧为一个长20厘米、宽10厘米的方形岩画；对面石壁为一个形似狼或是鹿的图案，其余岩画不可分辨，约10余单幅。洞内清理挖掘出大量的动物骨骼，表明大兴安岭远古先民在仙人洞曾经生存或是居住过。

仙人洞岩画1

仙人洞岩画 2

上篇　文化之根　兴安之魂

仙人洞岩画 3

被锐器刻画破坏严重的漫㴞岩画

上篇　文化之根　兴安之魂

岩画点3 三人纹岩画

2013年9月15日，漠河县出土的三人纹岩画，埋藏深度1.4米。左侧人物高24厘米，中间人物高22厘米，右侧人物高12厘米。左侧人物两腿中间有一硕大生殖器，几乎与腿长相当，夸张有趣，既体现了男人特点，又表现出生殖崇拜的特点，表现手法真实。中间人物推测为一个女性，右侧为一个小孩。该岩画的神奇之处是脱落时被整体掩埋，且毫发无损，保留了岩画的整体性。

漠河三人纹远古彩绘岩画发掘现场

工作人员抬着漠河出土的刻有三人纹远古彩绘岩画的岩石

三人纹彩绘岩画

上篇　文化之根　兴安之魂

岩画点 4　阿木尔依西岩画

阿木尔依西岩画位于阿木尔林业局至依西林场公路旁一处火山岩地貌区，岩石呈黑褐色，上面布满了白灰色的苔藓，山的中部为一个正方形的白色岩阴，中间为一幅岩画，岩画面积不足 0.1 平方米，方向朝南。岩画左侧为一个拉长的"人"形与远古巫术符号"十"字图案的结合体，左手部为蛇形法杖或法器，右侧为两个直立的"人"，中间为一个倒立的"人"，其中倒立的人无头部。另据专家解释为四个人，左侧为一个大人，右侧为三个小人。据了解，该岩画为部落标志，蛇与无头部的人反映的是对生殖繁衍方面的渴望。

依西岩画

岩画点 5 阿木尔依林岩画

阿木尔依林岩画位于阿木尔林业局依林林场 10 支线 4 岔线公路旁一处石砬子山上，"门"形纹岩画、残缺的动物门岩画、十个手指纹岩画、哺乳状鹿纹岩画等 10 余幅岩画分布在山崖石壁上。

依林岩画 1

大兴安岭岩画

依林岩画 2

依林岩画3

依林岩画4

依林岩画 5

依林第一处岩画全貌

上篇　文化之根　兴安之魂

依林"门"形纹岩画

残缺的动物纹岩画

上篇　文化之根　兴安之魂

063

大兴安岭岩画

十个手指纹岩画

依林哺乳状鹿纹岩画

上篇　文化之根　兴安之魂

第五节　呼中区岩画的分布及内容

呼中区因驻地呼中镇位于呼玛河中游地区得名。呼中区位于黑龙江省西北部，大兴安岭伊勒呼里山脉东北麓。地理坐标为东经 122°39′~124°20′，北纬 51°14′40″~52°25′。东与新林区相连，南以伊勒呼里山脉为分水岭，与松岭区、内蒙古自治区的阿里河、甘河两个林业局相邻，西与内蒙古自治区的阿龙山、满归两个林业局接壤，北与塔河县、漠河县毗邻，总面积 7 700.31 平方千米。

岩画点 1　苍山岩画

苍山岩画位于呼中区喀斯特地貌石林风景区，绘制在高耸的巨石上，属于远古人类的巨石崇拜或是生殖崇拜，岩画内容十分单一，有 3 幅岩画，依次为"十"字、"人"字和"十"字形图，中间"人"字偶有"十"字意思。

苍山岩画

岩画点2　碧水岩画

碧水岩画位于呼中区碧水镇佛山风景区一处悬崖半山腰的白色石壁上，方向为正南，面积约0.05平方米，绘制类似"狼"的印记，呈铁锈的红色，从"狼头"到"狼尾"，全长约20厘米，"狼头"昂起，双耳直立，身形优美，腹部瘦弱，四肢舒展，"狼尾"摇摆，整体画面简洁有力，充满动感；而从正面角度看，这个狼图腾的左侧为一个光芒四射的太阳图案，两者紧紧衔接在一起，组成了一个神秘的部落标志。

以太阳和狼为图腾的岩画

主岩画东侧石壁的漫漶岩画

岩画专家现场考察

上篇　文化之根　兴安之魂

碧水岩画1

碧水岩画 2

上篇　文化之根　兴安之魂

岩画点 3　碧水北山洞岩画

碧水北山洞穴遗址位于黑龙江省大兴安岭地区呼中区碧水镇北山上，南距呼玛河支流约 250 米。2013 年 9 月，由黑龙江省文物考古研究所、大兴安岭地委宣传部在联合调查时发现。

呼中区碧水北山洞位于碧水镇 2 千米处的山崖石壁中间，洞口前有一坟墓，洞内为姜义功与付艳荣、厉树芹两位夫人的合葬墓。在洞口上方有一岩画，岩画左侧呈长方形，右为一个人形，基本可以看清，方向南偏西，长 34 厘米、宽 28 厘米。东侧石壁有一类似人形岩画和两处长 40 厘米、宽 22 厘米岩画，一处 8×12 厘米岩画，基本漫漶不清或是被破坏。

世界岩画联合会执行主席罗伯特·贝德纳里克正在通过微腐蚀断代法对碧水北山洞进行分析

印度岩画协会副主席库玛尔在对碧水北山洞内历史痕迹进行拍照

碧水北山洞古人类文化遗址

上篇 文化之根 兴安之魂

专家组一行向碧水北山洞古人类文化遗址进发

大兴安岭地委宣传部牟海军（后排左一）、呼中区委宣传部部长刘同欣（左二）、碧水镇镇长孟磊（左一）等陪同专家组考察北山洞岩画

大兴安岭岩画

碧水北山洞岩画 1

076

碧水北山洞岩画2

上篇 文化之根 兴安之魂

大兴安岭岩画

碧水北山洞岩画 3

岩画点 4　呼中镇岩画

呼中镇岩画位于镇内北山一处人类活动密集的石头山上，岩画方向为正南，面积约 2 平方米，由左向右依次由一个远古巫术符号"十"字、"马"形岩画和一个漫漶程度很高的远古巫术符号"十"字组成，是一个部落的领地标志或是迁徙印记，具有较高的研究价值。

金马岩画

十字纹岩画

动物纹岩画

上篇　文化之根　兴安之魂

第六节　新林区岩画的分布及内容

新林区意为"建设一个新型林区"。新林区（局）位于大兴安岭伊勒呼里山的北坡，地理坐标为东经 123°41'~125°25'，北纬 51°20'~52°10'。东与呼玛县接壤，南与松岭区毗邻，西靠呼中区，北与塔河县毗连。全区总面积 8 699.71 平方千米，其中林业用地 8 577.46 平方千米。

岩画点 1　塔源岩画

塔源岩画绘制于镇西 9 千米的石砬山上，是大兴安岭地区发现极少的披毛犀岩画之一，画面生动记录了远古先民庆祝获取猎物的场景。

塔源岩画

2017年6月8日，世界岩画联合会执行主席、联合国教科文组织岩画委员会主席罗伯特·贝德纳里克，印度岩画协会副主席库玛尔，世界岩画委员会执行委员、河北师范大学岩画断代中心教授汤惠生对塔源岩画遗址进行断代研究，欲解这些岩画的精确年代、染料构成及表达内容等谜团。

塔源目前发现岩画10余幅，方向为正南，画面由左至右依次为两个长方形，第三个为动物图案较为清晰，头部尖状朝下且较小，头部与身体不成比例，有角状物，形似被俘获的猎物。最右侧为手臂平举、双腿叉开、头部呈圆点状的人物攻击动作图案。据考古专家分析，绘制这类图案者肯定见过这些动物，才会用彩绘的技法将其绘制在山崖石壁之上，因此，得出断代为旧石器时期，即10 000年前，如此罕见的岩画为大兴安岭岩画断代和历史编年提供了重要依据。

世界岩画联合会执行主席、联合国教科文组织岩画委员会主席罗伯特·贝德纳里克（左）与世界岩画委员会执行委员、河北师范大学岩画断代中心教授汤惠生（右）在塔源岩画现场考察交流

世界岩画联合会执行主席、联合国教科文组织岩画委员会主席罗伯特·贝德纳里克（左）与印度岩画协会副主席库玛尔（右）对塔源岩画进行考察研究

岩画点 2　碧洲佛山岩画

碧洲佛山岩画位于塔哈尔河一级阶地上面的一处石壁上，距离铁路隧道约 200 米，山体高约 50 米，岩石为黑色的火山岩石，偶有苔藓分布。岩画石体为具有矿物质析出的呈白色的花岗岩，方向为正南，岩画宽 15 厘米、长 40 厘米。

碧洲佛山岩画 1

碧洲佛山岩画 2

上篇　文化之根　兴安之魂

岩画点 3 碧洲车站岩画

碧洲车站岩画靠近火车站附近的石头山，方向为正南，面积约 2 平方米，共分 5 组。其中上面的岩画为两只青蛙状，即菱形块下面画出两只脚，也有专家学者理解为鱼纹岩画，但是此处距离河流较远，合理的解释应该是青蛙，体现了远古先民对青蛙的生殖崇拜；岩画的下方是一个带有方向性质的 ">" 形状岩画，四周岩石脱落严重；右侧是一个由三个鹿形图案组成的图腾状岩画，其中鹿头紧紧靠在一起，身体呈放射状排列，两只对面并列，姿势极其优美；左边有一个线条极其细微的圆形图案，中间有放射状线条，酷似乌龟状，或是太阳图案，颜色呈粉红色，图案基本清晰；其余两处漫漶严重，暂时无法还原。

交错在一起的鹿角纹岩画

菱形青蛙岩画

上篇 文化之根 兴安之魂

岩画点 4　塔哈尔河岩画

塔哈尔河岩画位于隧道岩画下方的塔哈尔河河道内，距离隧道约 200 米，岩画从左至右分别是野猪图案（与讷尔克气岩画野猪图案一致）；两个"竖"形图案，代表河流；一个双手上举、臀部弯曲呈舞蹈状的人物；一只手臂自然弯曲、一只手臂上举的人物，动感十足；一个双臂自然下垂的人物。三个人物连贯自然，仿佛为一个连贯的舞蹈姿势，画面喜庆热烈，颜色鲜红，一目了然。

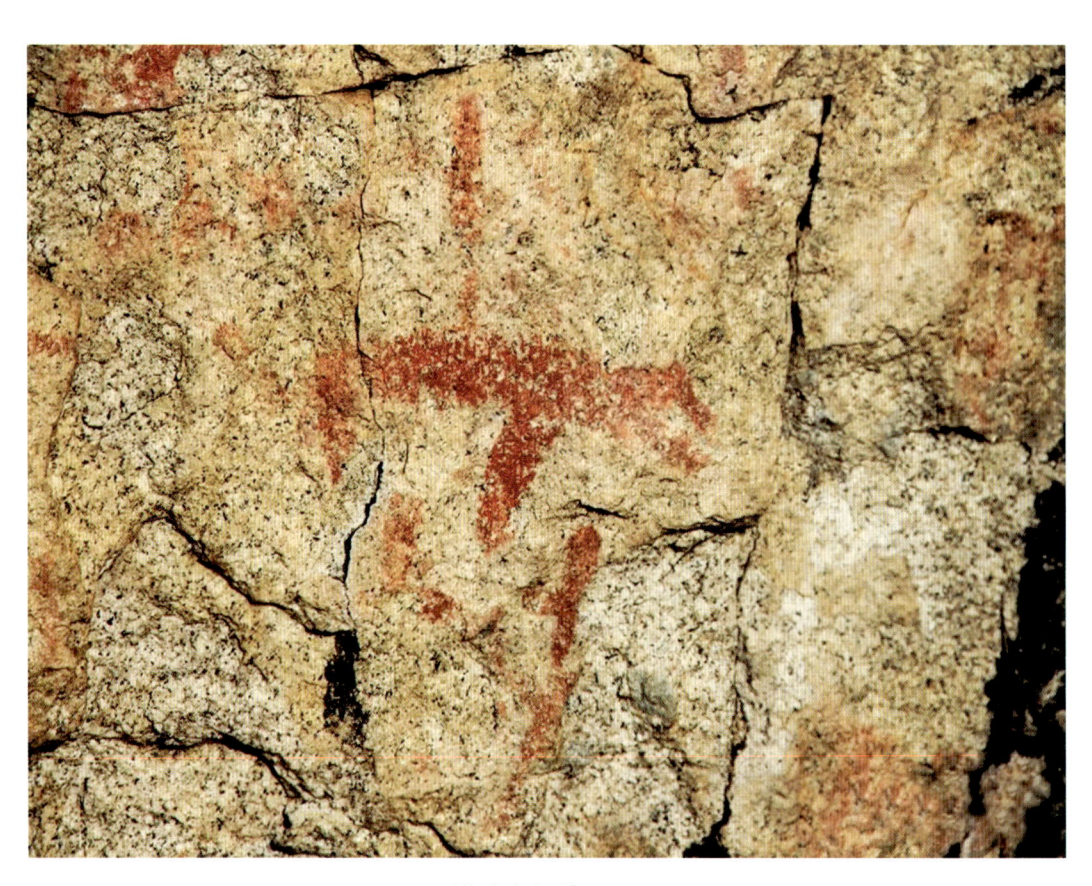

塔哈尔河岩画 1

塔哈尔河岩画 2—3

上篇　文化之根　兴安之魂

塔哈尔河岩画 4—5

塔哈尔河岩画 6—7

塔哈尔河岩画 8—9

塔哈尔河岩画 10—11

上篇　文化之根　兴安之魂

塔哈尔河岩画 12—13

塔哈尔河岩画 14—15

上篇　文化之根　兴安之魂

塔哈尔河岩画 16—17

塔哈尔河岩画 18—19

上篇　文化之根　兴安之魂

岩画点5　翠岗岩画

翠岗岩画位于新林区翠岗镇五支线30千米处一座较大的石砬山，历经风雨侵蚀的8处岩画点生动记录了远古先人集中祭祀的宗教神秘活动场景。

2017年9月24—26日，武汉数文科技有限公司专家组深入新林区岩画遗址各分布点进行地理信息测绘，通过采取空间信息测绘、摄影测量等技术对岩画点进行数字化信息采集，科学系统地记录了岩画本体资料，精确获取岩画空间数据，对岩画数据进行永久性保存。

翠岗石砬山

第一处为"十"字形岩画，中间有一形似犬科动物图案，意为已经射杀或是献给祭祀主体的供品。

十字纹岩画

多个十字纹岩画

第二处是在大兴安岭彩绘岩画中第一次出现的太阳神形象，图案内容为直径19厘米的圆形，里面直立两个人物图案，人物腿部几乎呈一条直线相连。

太阳神岩画

距地面6米处太阳神岩画远景图

第三处岩画主要是以人形、向左倾斜的斜线为主要内容的图案,表现内容为一根木头搭建在石壁上,底下有人类穴居,为最早的表现居住状态的岩画。第三处为该地岩画的主体,左侧为高 21 厘米的人物图案;中间为直径 32 厘米的圆形图案,圆内由左至右依次为带有明显生殖器的人形;右侧为一个"十"字图案,最下方有一横线,寓意河流,圆形下方为舞动的人形、"十"字等图案,整幅岩画表现了人对太阳、河流、高山(三角形)、生殖的崇拜,表现手法罕见,具有唯一性。

单线条蛙形人岩画

穴居图岩画外景复原图

第四处岩画朝西，大多为十字和人形图案。

岩画主体距离地面约 5 米左右，内容为圆形与人纹岩画

梯形纹岩画

第五处岩画点绘有10余个大小不一、身材各异、朝向不一的犬科动物，有的形似狼，有的酷似狐；有的有耳，有的无耳，但都无尾，该岩画中间"S"形线条可以理解为河流，上侧漏斗状可以理解为河流的两个直流汇聚而成。

头朝下动物纹岩画

梯形纹岩画

第六处表现了 10 余个双手上举直立人、平躺人、半蹲人，整个人物布局场面热烈喜庆，呈舞蹈状；右侧为一个"C"形鹿角龙岩画，龙头部向下低垂，龙与人及十字环形排列出现，非常神秘神奇。

异形纹岩画

异形波浪纹岩画

多人纹漫漶岩画

第七处岩画由左至右依次为带有 8 个放射状光芒的太阳图案，右下角为熊图案，反映了古人希望能像熊那样凶猛。太阳崇拜与熊图腾共同出现在一幅岩画上，展现了大兴安岭原始部落祭拜太阳与熊的生动有趣的宗教活动情景。

大兴安岭唯一的熊图腾岩画

第八处从上到下依次为顶部相连的竖状图案，中间竖特别长；形似梯形的动物图案；左侧岩石上绘有波浪纹，依次左侧石壁绘有蛙形人、飞鸟与河流、手臂上举的人形图等，方向均朝向正南，远远望去，仿佛四个供人朝拜的佛龛。经初步推测，该地为远古集中祭祀地点，这些组图为研究大兴安岭地域远古人类活动提供了重要依据。

单线条蛙形人岩画

群舞图岩画

岩画点 6　翠岗铁路岩画

翠岗铁路岩画位于翠岗铁道口向北往塔河方向 4~5 千米处，方向朝东，约有近 30 余单幅岩画。岩画由左向右依次为鹿形人岩画，即一个人的头部使用鹿角代替，鹿角比例硕大夸张，向两侧舒展开来，可以确定为鹿人或是鹿神图案岩画；上面 2 个点、下面 6 个点组成的岩画；长 12 厘米、纵向 10 厘米的十字岩画，横

镰刀状弧形岩画

被厚厚苔藓覆盖的动物纹岩画

上面被刻意地画上了一个竖点，且左侧有一圆圈，圆圈直径约 4 厘米，图形内容不得其解；3 个"十"字，左边最大，依次变小，下面 2 道横线；只有头和一侧胳膊腿的人形岩画，或者是代表了其他内容；"巾"形纹岩画、4 个"十"字和 1 个人形岩画，上面中间有一规则人形岩画，右侧有一鹿形岩画；最上面为 1 个竖和 1 个"十"字，整体岩画偶有漫漶不清，仔细看可辨，尤其是鹿形人图案颜色暗淡发紫，几近脱落。

"巾"形纹岩画

漫漶的动物纹岩画

该处岩画点后面 300 米左右有一崖壁上面只有一个十字岩画，残缺不全，不可分辨。一径入云多鹿迹，该处岩画充分印证 10 000 多年前远古先民对鹿的崇拜，是揭示远古北方人类文明的时代特征、艺术审美和源流历史的重要佐证。

十字纹岩画

手指纹点状岩画

岩画点 7　塔尔根岩画

塔尔根岩画共有 5 处岩画点，方向均为正南。第一处只有一幅"S"形状蛇岩画较为清晰，蛇头部分为三角形，身形较为弯曲流畅，其余均已漫漶模糊。第二处画面清晰，表现的是以天梯、飞鸟和犴为崇拜的红色岩画，在大兴安岭地区尚属首次发现。第三处面积只有 0.2 平方米左右，画面单一，只有一个飞鸟和一个"竖"形图案。第四处岩画点岩石脱落严重，太阳光芒形状清晰可辨，上下两条"横"线十分清楚，表现为巍峨高耸的山峰上面太阳光芒四射的意思。第五处岩画点岩石脱落严重，主体岩画为一只身长约 1 米的青蛙图案，下部为远古巫术符号"十"字，右侧下部紧邻一个"人"形图案，表达了大兴安岭先民希望能够像青蛙一样繁衍出更多的后代，属于典型的生殖崇拜，其余岩画不可分辨。

塔尔根岩画

第七节　加格达奇区岩画的分布及内容

加格达奇区，地处东经 123°45′~124°26′，北纬 50°09′~50°35′，隶属于黑龙江省大兴安岭地区管辖，地处黑龙江省辖区西北部、内蒙古自治区东北部、大兴安岭山脉东南坡，与内蒙古自治区呼伦贝尔市鄂伦春自治旗接壤。东部、东北部与加格达奇林业局施业区和松岭区毗邻，南部连鄂伦春自治旗乌鲁布铁镇。嫩江水系较大的河流甘河由西向东在境内通过，区段长 55 千米。嫩林铁路设有加格达奇枢纽站，嫩林铁路与牙林铁路于此交会。

加格达奇林业局岩画分布从南到北分别是：加格达奇林业局大子扬山岩画、半拉山岩画、天台山岩画、讷尔克气岩画、白灰窑岩画、白灰窑南山岩画、老道口岩画，共计 60 余幅。

岩画点 1　加林局大子扬山岩画

大子扬山，距离加格达奇 120 千米。1975 年，森警部队在峭崖顶发现两支青铜长剑（战国时期）。1989 年出土旧石器标本 112 件，主要为打制石器，有部分压制（含新石器时代）。遗址的发现对研究中国北部人类活动历史有重要的价值。大子扬山由于冰川作用、山地岩石寒冻风化作用形成碎石坡，整个坡面寸草不生，均被岩石碎块覆盖，岩石上生长着地衣、地耳等低等植物，与周围森林相映衬，好像大海一样，故名大子扬山石海。大子扬山火山迹地与大子扬山石海属于独特性旅游资源，具有很高的欣赏价值。大子扬山岩画所在岩石长约 1 米、宽 80 厘米，方向正南，主体为三个人与一个动物，其中动物漫漶不清，岩画左侧有 3 幅岩画，上面一幅为一个横，上面有两个形似角状物，第二幅为一个横，其他及第三幅形状漫漶不清，有 10 余单幅。大子扬山岩画的发现，使大子扬山成为黑龙江省同时具有旧石器、新石器、青铜器时代岩画的唯一一处遗迹，具有重要研究价值。

大子扬山绿色苔藓覆盖下的
动物纹岩画

大子扬山岩画石壁远景

岩画点2　加林局半拉山岩画

半拉山岩画位于加格达奇至卧都河公路63千米处古里河大桥西侧10余米处一个高耸的石壁上面，石壁高10米左右，山脚下堆满了碎石，石壁前就是湍急的古里河。该石壁因紧邻公路，长时间以来一直被认为是修道取石形成的裸露岩石壁。岩画面积不足1平方米，朝向为正南。岩画中心为一个正方形，正方形边长约20厘米，内有一个人形图案，正方形上、下、左、右均有人形图案，其中上方有呈平行状排列的7个人物，左下方有2个人形图案。方形图案下方有2个人形图案。该岩画漫漶程度很高，主体正方形及其表现形式为黑龙江大兴安岭首次发现，其表达的内容及年代有待进一步考证。

半拉山岩画

岩画点3　加林局翠峰林场天台山岩画

　　天台山岩画位于加格达奇林业局翠峰林场东南方向一处裸露的石壁上，是大兴安岭地区发现的唯一一幅以天体崇拜为内容的岩画，在世界范围内也极为罕见。岩画总面积约1.6平方米，岩画共有4组，单幅数量30余幅。主体岩画共分3个层次，最高处为太阳图案，一共绘制了2个太阳，位于整个岩画的左上方；中间岩画内容最为丰富，从左至右依次为2个月亮、星星、大片的云朵和11个以线条为表现手法的人物图案，其中7个人物图案清晰，是在原有图案基础上重新描绘，人物手臂平行并微微上举呈朝拜状；下面岩画大约有20余幅，由于风吹雨淋已经难以分辨；主体岩画左侧的石壁上有2幅岩画，漫漶不清，难以分辨。该岩画绘画技法古拙有趣，意境一目了然，表现场景为萨满教表达对太阳、月亮、星星、云朵的崇拜而举行的祭祀仪式。

天台山景区日月星云整体天象岩画

大兴安岭 岩画

天台山岩画

"S"形鹿角龙岩画

岩画点4　加林局讷尔克气岩画

讷尔克气岩画位于加格达奇林业局白桦林场施业区内，距大兴安岭地区政府所在地加格达奇30余千米。该岩画地点位于铁路公路附近一处高耸的石砬子山上，攀登地势险要。岩画漫漶程度很高，不仔细辨别已经难以分辨。岩画方向为正南偏东，面积约1.3平方米，共分为2个层次，主体岩画长1米、宽60厘米，该岩画点单幅岩画达20幅左右。

两个岩壁岩画

岩画点 5　白灰窑岩画

　　白灰窑岩画位于加格达奇区白桦乡附近，东南、北面均有岩画，该岩画点共10处岩画，750余单幅，画面极其丰富。第一处岩画，上面有3个人形；下方为一个硕大的"V"形图案，图案下面有一道长横，此处颜色偏重、笔画略粗，表现为鹿角状头饰或是鹰图腾，为该处岩画的主体；下方依次为5个人形，呈平行状排列，右侧（即最东侧）一人持一巨大弓，弓比例为人形的2倍以上，是中国岩画较为典型的生殖崇拜岩画；下方依次有一人形图案。人形图案仔细辨别有生殖器出现，岩画方向朝南。第二处岩画只有一个较小的长方形图案，纵向4厘米、宽3厘米，代表内容不得其解。第三处岩画共7单幅，较为清晰，上面依次为3个"十"字，中间"十"字宽9厘米、纵向17厘米，长宽比例较为悬殊；右侧"十"字宽9厘米、纵向7厘米；下方为3个"十"字和1个头部朝下的犬科动物图案，其余漫漶不清或是被苔藓覆盖，方向朝东。该处岩画点有新近人工锐器划痕"王荣兴"等字样，不同程度地遭到破坏，亟待保护。第四处岩画只有1幅，表现为生殖崇拜内容，岩画横向25厘米、纵向10厘米，方向朝南，由左至右为2个平躺的人形，手臂上举，中间为性器结合部，手臂的朝拜状表现了古人对性的敬畏之情，稚拙有趣。第五处岩画为3个图案组成，戴有3根羽毛状头饰的人、月亮、星星，整幅画面横向16厘米，表现的是部落首领与月亮、星星在同一水平位置，具有了至高的王权，显现出当时的社会已经具备了王权统治，该幅岩画方向朝东，也可以理解为人与天体崇拜内容。第六处岩画点为一圣像壁，主体岩画为一大萨满，横向10厘米、纵向14厘米，左侧手臂持一法器，下面有一巨大生殖器，或是萨满服饰；大萨满左侧有2个人形图案可以分辨，其余均已漫漶；大萨满右侧为1个"十"字图案；下方依次为5个人形图案，其中左侧第二个、第三个人形图案有生殖器；下方3个人形图案均有生殖器，中间人形表现出浑圆丰满翘臀半蹲姿势，疑为女性，但其两腿中间有一生殖器，具体内容有待于进一步分析解读，该处岩面纵向38厘米、横向31厘米，未包括左侧人形及其漫漶处；圣像壁表现内容为古人对故去萨满的尊敬，将其当作圣人来供奉。第七处为"S"形鹿角龙岩画，岩画纵向20厘米，方向朝南，龙的头部朝东。岩画身形为"S"形，弯曲似云朵，线条优美，身躯无爪，头部使用极具美感的鹿角代替，夸张而又稚拙，古朴中渗透动感，整幅岩画已经能够表现出龙的具体特征，充分证明了大兴安岭是我国龙文化的起源地之一，更是中华文明的发祥地之一，该岩画为中国第一处发现的以龙为表现手法的彩绘岩画，在中国岩画史上具有重要意义。第八处岩画点上方由7个手臂平行略微上举且手臂紧紧连接的人形图案组成，腿部也呈连接状，长14.5厘米，人物高5厘米，可以理解为朝拜的人物或是一种祭祀的舞姿；下方为5个底部相连的直立竖组成的王冠图案，也可以理解为带有5个枝杈的鹿角。第九处为长条状动物形状图案和数个人形图案组成，个别图案依稀可辨。第十处岩画点可以看到2个鹿形岩画，其余为人形图案。

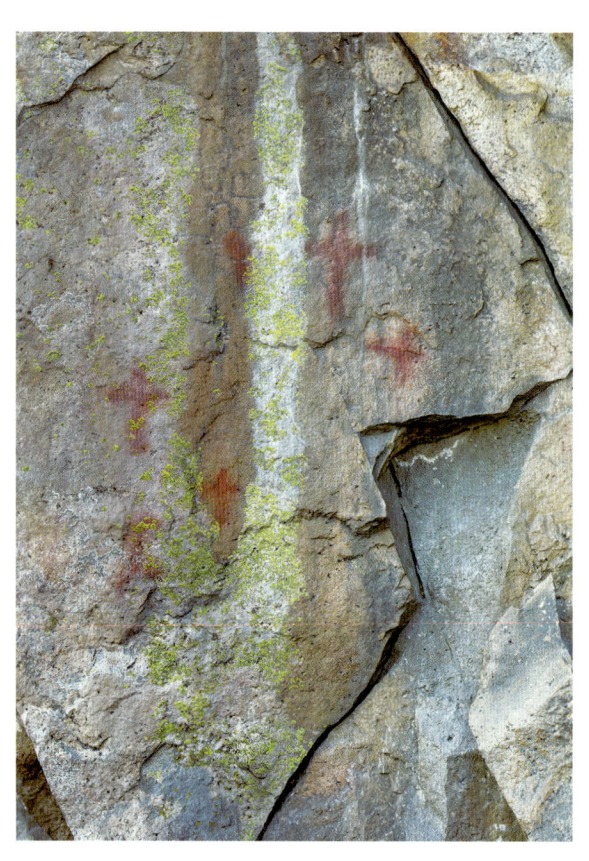

水渍下的十字纹岩画

方形岩画（外有锐器破坏痕迹）

人与动物岩画

羽冠人岩画

上篇　文化之根　兴安之魂

大兴安岭岩画

表现祭祀舞蹈的多人纹岩画

五个尖状梳齿形岩画

大兴安岭岩画

白桦岗岩画

上篇　文化之根　兴安之魂

圣像壁

"S"形鹿角龙岩画

岩画点 6　白灰窑南山岩画

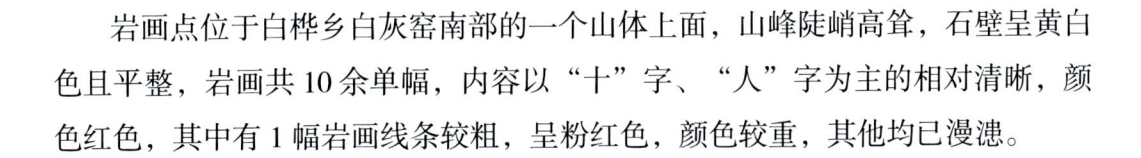

岩画点位于白桦乡白灰窑南部的一个山体上面，山峰陡峭高耸，石壁呈黄白色且平整，岩画共 10 余单幅，内容以"十"字、"人"字为主的相对清晰，颜色红色，其中有 1 幅岩画线条较粗，呈粉红色，颜色较重，其他均已漫漶。

白灰窑南山动物纹岩画

岩画点 7　老道口岩画

老道口岩画位于加格达奇区 10 千米处，是目前大兴安岭岩画较古老的一处岩画群，具有极高的研究价值。该岩画群位于一处石砬子山上，山高约 10 米左右，山的西侧有 1 处岩画点，共计 11 幅远古巫术符号"十"字形岩画，面积约 0.2 平方米；山的东侧发现 15 幅远古巫术符号"十"字形岩画，岩画漫漶程度极高，长满了苔藓，已经基本看不清楚颜色，只有"十"字痕迹依然清晰，面积约 0.3 平方米，是目前大兴安岭地区发现最为古老的岩画。在距离这座山不远的一处高耸的石壁上面，还发现了几十幅"人"字形图案的岩画，方向偏西，岩画为不同时期绘制，是一个家族的族谱或是人丁增长情况。在发现该岩画的地点同时发现了古人类生活的遗迹，该处遗址用火痕迹十分明显，发现岩画的石壁存在明显的烟熏火燎的痕迹。该处岩画附近发现了"虎"岩画 1 处，临近的石壁发现了 3 幅"人"字形岩画，共计 4 处岩画点，是加格达奇区发现的岩画群之一，其绘制年代有待于进一步考证。

老道口岩画 1—2

老道口岩画 3

11个十字纹岩画

老道口岩画4

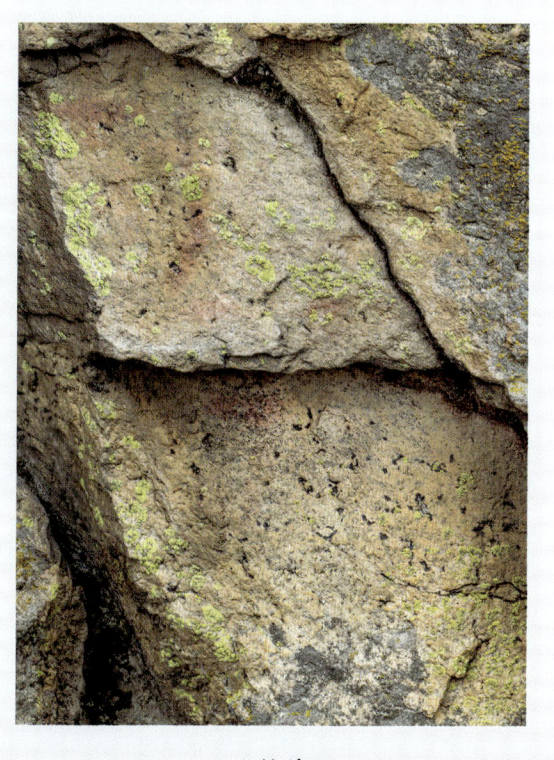

三人纹岩画

老道口岩画 5

第八节 松岭区岩画的分布及内容

松岭区位于大兴安岭地区南部，伊勒呼里山东南坡，嫩江上游东岸，内蒙古自治区鄂伦春自治旗境内。因林区多松树，故名。地理坐标为东经123°29'13"～125°11'10"，北纬50°09'55"～51°23'48"。东与呼玛、嫩江相望，西与内蒙古自治区接壤，南临加格达奇区，北以伊勒呼里山与新林区分水，总面积16 801.78平方千米。区（局）政府设在小扬气镇。

自2016年以来，大兴安岭松岭区陆续在境内发现大面积近千幅彩绘岩画，为研究探索松岭区和整个大兴安岭文化脉络提供了新的依据，具有较高的研究价值。

据专家考证，松岭区境内发现的岩画与其他地区有所不同，迄今为止，尚未发现石刻岩画，均为彩绘岩画。主色调均为红色，只不过有的为暗红，有的为淡红，有的偏紫。红色是大部分生物血的颜色，绚丽明亮、狂野浓烈，易于引发关于生命的联想；红色也是太阳的颜色，象征着温暖，因此，在原始思维中，红色多成为生命力和灵魂不灭的象征，尤其是在中国北方民族中，红色崇拜在旧石器时代晚期的山顶洞人就开始了。松岭岩画图案各异，线条粗犷神秘，颇有远古神韵。有大量的树形人图案、动物图案、大型祭祀和围猎场景等，是目前大兴安岭地区发现数量最多、保存最好、颜色最鲜艳的彩绘岩画群。其岩石表面处理方式独特，绘画内容、表现形式与大兴安岭其他岩画有显著区别，其中很多图案是黑龙江地区首次发现，对全国乃至东北亚地区岩画研究具有重要意义，如圆形带光芒的"太阳神"、人形与动物的丰富组合等。

岩画点1 古源苗圃岩画

该岩画面积约1.1平方米，岩画共分3组，单幅数量约20幅。画面顶端的岩石上清晰地绘有一长方形图案，下有2条腿状竖纹，头部岩石脱落，与黑龙江上游额穆尔河上源交唠呵道岩画中出现的"鹿"形图案基本一致，该图形位置与天空平行，在全国已知岩画中极为罕见。画面的中间为一幅清晰的"箭"形岩画，箭的下方有一圆形，用颜料涂满呈实心状，该"箭"状图形代表男性生殖器，箭的两羽意味男性睾丸，下面圆形代表了女性的外阴。箭形岩画的右侧散布着长方形、平行四边形和箭形等几何图形，大多不是很清晰。该岩画的发现证明了大兴安岭在新石器时代已经存在了生殖崇拜，并且具有较高的史前文明。

箭形纹生殖崇拜岩画

与天平行的罕见鹿纹岩画（头部残缺）

古源苗圃岩画 1—2

上篇　文化之根　兴安之魂

岩画点 2　飞龙山岩画

大兴安岭松岭区飞龙山岩画群位于北纬 50°的大兴安岭山脉东坡伊勒呼里山南路，嫩江上游左岸，距松岭市区 30 千米。该地属西伯利亚版块，海西大陆边缘，地质构建复杂，海拔高度 500~793 米，属中低山地貌，是具有神奇色彩的地址遗迹。目前发现大兴安岭彩绘岩画 300 余幅，是大兴安岭迄今为止发现保存最完好、数量最集中、年代最久远的森林岩画。

在广袤的大兴安岭密林深处分布着大量彩绘岩画，世界岩画联合会执行主席、联合国教科文组织岩画联合会主席罗伯特·贝德纳里克，印度岩画协会副主席库玛尔考察完大兴安岭所有森林岩画后，对飞龙山岩画留下评价："飞龙山森林岩画是大兴安岭迄今为止发现的森林岩画数量最多、最古老、最集中的。"故此，飞龙山也被誉为"古人类遗址当中萨满活动的圣山"。

整个画面是萨满祭司和生活的一种综合镜像表达，画面上方圆形图形和 13 个十字纹，代表着萨满教的天体崇拜，也有太阳崇拜的寓意。下方的两个大大的树形人形状是整个画面的中心和核心人物，整个石墙体画面都似乎以这两个萨满为中心呼应活动而绘制，下方绘制的有类似于赫哲族渔猎生活的"船"形图腾，也有不明的生物体的绘制，更有反映生殖崇拜的图案和动物图腾，石墙整体画面内容丰富、结构复杂，是不可多得的"史料"。

萨满教发源地是东北亚地区（包括飞龙山），也是世界上最早的宗教，图案是以岩石做画布，但是受霜冻和风蚀等自然因素的影响，个别岩画已严重地脱落和损毁。虽然如此，我们依然能通过仅存的十几幅岩画分辨出当时萨满教对于自然的认识与理解，远古先民早已开始琢磨赤铁矿粉的文化用途。

飞龙山岩画 1—2

上篇　文化之根　兴安之魂

飞龙山岩画 3—4

飞龙山岩画 5—6

上篇　文化之根　兴安之魂

飞龙山岩画 7—8

飞龙山岩画 9—10

飞龙山岩画 11—12

飞龙山岩画 13

上篇　文化之根　兴安之魂

飞龙山岩画 14—15

岩画点 3　劲松西山天书台岩画

劲松西山天书台岩画位于松岭区劲松镇 1.6 千米处，近 300 余单幅，方向为正南，是目前大兴安岭发现单幅数量最多、保存最好、颜色最鲜艳的彩绘岩画群。其岩石表面处理方式独特，绘画内容与表现形式与大兴安岭其他岩画有显著区别，有类似"鱼"形长有 4 个鱼鳍且与 1 根直线紧密相连表现捕杀大型鱼类的情景；有表现左手持弓，右手上举，上托猎物的；有两个部落首领居中，手臂相连呈舞蹈状的人物图案，左下部为 4 个单线条上下排列的动物图案，右部有 1 幅尾巴较长的动物造型较为奇特；最东部有 1 处人物图案岩画，朝向正东。

劲松西山天书台岩画 1

劲松西山天书台岩画 2—3

劲松西山天书台岩画 4—5

上篇　文化之根　兴安之魂

劲松西山天书台岩画 6—7

劲松西山天书台岩画 8

劲松西山天书台岩画9

劲松西山天书台岩画 10—11

岩画点 4　劲松壮志南线石壁岩画

　　岩画位于壮志施业区 170 林班，北纬 51°05'36.6"，东经 123°42'37.4"，紧邻壮志施业区南线公路，距离劲松镇 40 千米。岩画所处山体山势陡峭，山体高 60 米左右，岩画在山体顶部，为一块坐北朝南"Π"形岩石，上下高约 3.5 米、东西宽约 12 米，在山体下方临公路侧有一片石海，石海中一块 1 米左右的石头犹如卧蟾面向西方。山坡上白桦、落叶松相互交错，向上到达主岩体，在岩体下部有古人用红色涂料刻画的图案约 100 幅，有人形图、猎鹿图、太阳图腾及其他未知图案。主岩体左侧一块小面积岩壁上也有岩画存在，主岩体右侧一块石体犹如圆凳。

劲松壮志南线石壁岩画 1

劲松壮志南线石壁岩画 2—3

上篇　文化之根　兴安之魂

劲松壮志南线石壁岩画 4—6

上篇 文化之根 兴安之魂

劲松壮志南线石壁岩画 7—8

劲松壮志南线石壁岩画 9—10

第九节　大兴安岭岩画的主要特点和重要价值

一、大兴安岭岩画的主要特点

大兴安岭彩绘岩画的内容和题材极为丰富，有反映游牧狩猎、天神地祇、大型祭祀、围猎场景的内容，以及大量的树形人，也有抽象化、意念化的各种符号、图案。岩画内容主要以人物和动物为主，大致划分为五类：第一类是人物图案，反映生殖崇拜，即箭形生殖器等图案，其表现形态主要为双腿并拢或叉开，多数双臂平伸，有些人物可以分辨出男女，有人物头插翅羽冠饰；第二类是动物图案，反映动物崇拜，主要以鹿为主，另有虎、狼、野猪、青蛙等图案；第三类是整体天象崇拜的图案，即太阳神、日月星云等图案；第四类是反映自然崇拜的图案，即树木、高山、河流等图案；第五类是反映图腾崇拜的图案，"S"形鹿角龙岩画线条优美、身躯无爪，头部使用极具美感的4根鹿角代替，该岩画为中国第一处发现的以龙为表现手法的彩绘岩画。

大兴安岭发现的史前岩画为红褐色彩绘线条岩画，颜料属人为调和富含铁锰的红色物质，人工直接用手涂绘。大兴安岭岩画的共同特点是均绘制在独立突兀的岩石柱上或是带有檐棚的峭壁上形成以线造型的特点，这些岩石如天外来石，峻峭、灵秀、壮美、雄奇；大兴安岭岩画还反映出先民的岩石崇拜也就是自然崇拜和森林狩猎的特点。

二、大兴安岭岩画的重要价值

大兴安岭彩绘岩画的价值，主要体现在历史价值、美学价值和社会学价值三方面。

（一）历史价值

原始人类早期过着采集和狩猎生活，采集比较容易，往往由妇女承担，狩猎由男子承担。由于受当时条件的限制，人们捕猎的工具十分简单，每次捕猎不一定能够有所收获，因此在捕猎前他们往往举行一种仪式，希望能够在现实生活中实现他们的愿望。长此以往，因生活、劳动和原始巫术的需要，他们在山崖、岩石、石壁上绘制了早期的动物、神灵形象等，谱写了大兴安岭地区最早的历史篇章。随着历史发展的进程，大兴安岭先后成为东胡、匈奴、鲜卑、室韦、契丹、女真、蒙古、鄂伦春等民族活动的大舞台，并创造了具有游牧文化特点的岩画。这些岩画为我们了解大兴安岭地区原始先民的物质生活和精神生活提供了生动的历史画卷，连续性强、时间跨度大、分布集中，并且伴随着人类生活的遗迹，为今天的考古、断代提供了佐证，突显出重要的历史文物价值。

（二）美学价值

在岩画产生和形成传统的那个时期，先民对客观事物的认识能力和表达能力是极为有限的。他们制作岩画，是求生的手段。先民们为了获取大自然的恩赐、取得生活的主动权而执着地在山崖、岩石、石壁上绘制岩画，更多的是希望通过艰苦的岩画绘制过程感动上苍，祈求降福祉于人类，通过岩画的神圣力量，满足其物质生活和精神生活的需要。所以在当时创作的岩画作品，其表现手法体现着儿童画般的天真和直率。但某些反映原始宗教活动或群体围猎且场面宏大的祭拜岩画，则更多地表现出一种因荒古而陌生、因久远而新奇的艺术情趣。他们绘制岩画的目的不是为了"欣赏"，而是为了"表达"。所以，山民在山崖、岩石、石壁上直抒胸臆地绘制岩画，表达对上苍的物质精神诉求，是岩画创作的直接动因。其在岩画构图的形式和形象的塑造上，就显现出了自然天成的审美情趣和率真质朴的艺术魅力。

因此，大兴安岭彩绘岩画的每一个视觉图式都映现着人类的精神范式。它以简约之美、拙朴之美、寒荒之美、自然之美给人启迪和美的享受。

（三）社会价值

大兴安岭彩绘岩画作为华夏文明的组成部分，充分反映出华夏历史悠久、文化灿烂的古代文明，是人类艺术与技术的杰作，在激发中华民族的自豪感和自信心、发扬民族精神方面起到重要作用，成为了解历史、认识自然、传承文化的重要途径和生动素材。今天我们通过对岩画的保护、利用和研究，开展以岩画为内容的多学科研究、学术交流、文化旅游，不仅可以有效地宣传大兴安岭彩绘岩画，扩大大兴安岭彩绘岩画的知名度、美誉度和影响力，而且还可以传承历史文化，激发爱国热情，推动岩画保护和利用，促进林区经济社会发展。

大兴安岭岩画
DAXING'ANLING YANHUA

第三章

碧水北山洞遗址考古与岩画的发现

碧水北山洞位于大兴安岭伊勒呼里山北坡距呼中区碧水镇2千米处的北山山脊上，山崖十分陡峭。该洞坐北向南，洞状似三角形，洞口窄小，爬入后较宽敞，洞内长16米、宽6米、高3米，并呈阶梯状形成三个区域。

在洞内发掘的10个文化层中，先后出土旧石器时期、新石器时期遗存2 500余件。考古专家在第6层新石器早期与第8层旧石器晚期之间的第7层叠压层下山基岩壁上发现的红褐色彩绘岩画遗迹，经北京大学考古专家用碳十四测年鉴定绘制颜料，为距今11 500~11 200年。根据地层和出土器物类型关系判断，大兴安岭彩绘岩画是迄今为止我国最早产生的岩画，属于远古人类调和铁、锰等原料制作的彩绘岩画。

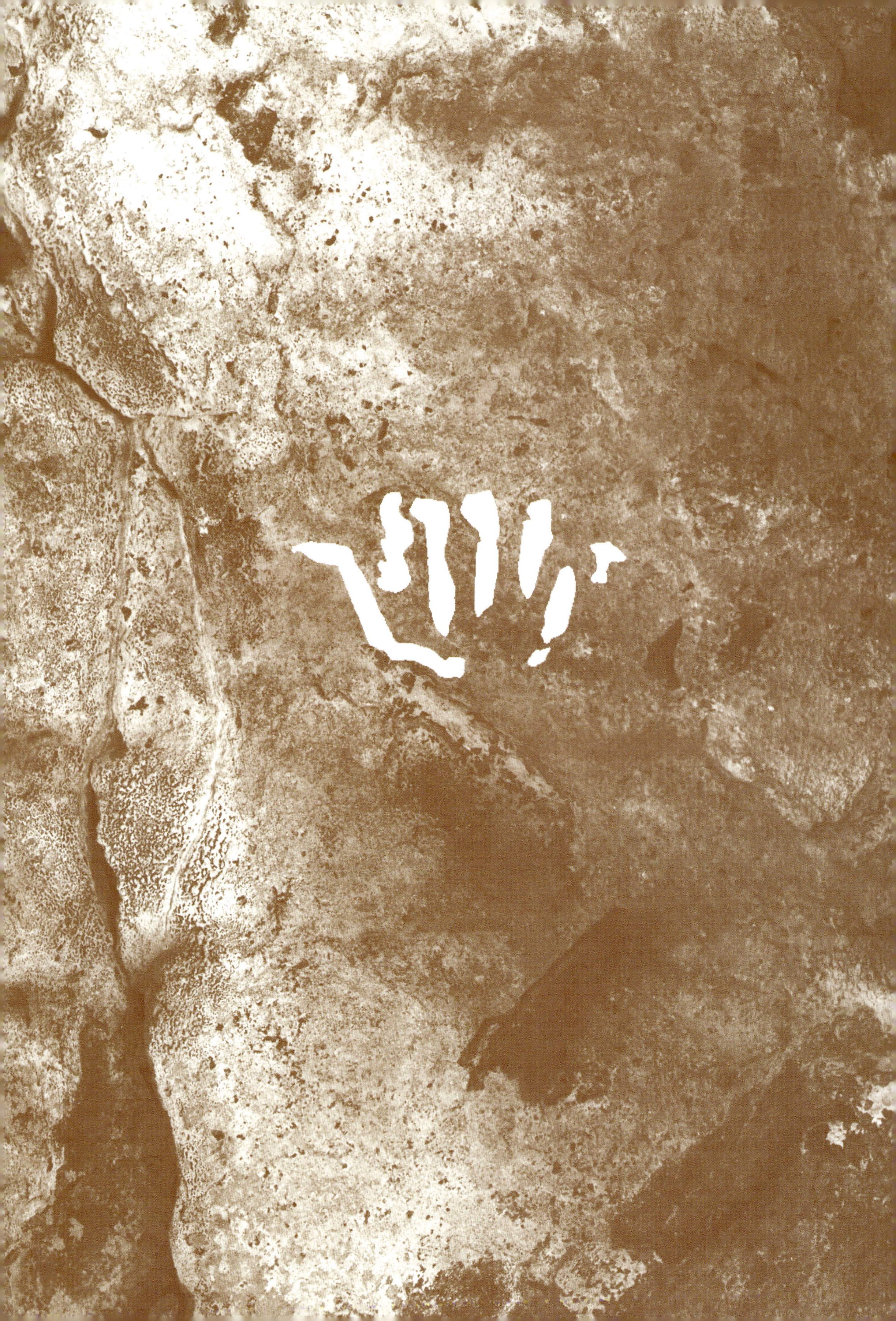

第一节 大兴安岭呼中碧水北山洞遗址考古发掘的新收获与认识

2016年9月，黑龙江省文物考古研究所对大兴安岭呼中碧水北山洞遗址进行主动性考古发掘工作。本次发掘根据洞穴走势，采用北偏东20°方向布方，共布1×1平方米探方40个，发掘面积40余平方米，发掘深度最深为3.5米。共清理灰坑3座（编号2016HBH1～H3），灶址或用火遗迹16处（编号2016HBZ1～Z16），出土石器、陶器、骨器及动物骨骼等文物标本共计1 900余件，取得了丰硕成果。①

2013年9月，黑龙江省文物考古研究所、大兴安岭地委宣传部联合开展大兴安岭岩画调查，首次发现该洞穴遗址，在洞口岩壁上发现一处疑似鹿纹的暗红色彩绘岩画。2014年8—10月，黑龙江省文物考古研究所对该遗址进行初步考古试掘中获得重要成果。为进一步明确该洞穴内各层堆积的文化内涵及年代，推进大兴安岭地区考古学及岩画学的深入研究。2015年年初，黑龙江省文物考古研究所申报该遗址的主动发掘计划，并获国家文物局审批通过。

一、地层堆积及包含物

发掘区地势北高南低，呈斜坡状。南部近洞口外部区域的堆积较厚，灰坑、灶址等遗迹均分布于此。北部洞穴内部堆积相对较薄，无遗迹分布。地层堆积自上而下分为10层：

第1层：黑灰色土，土质疏松，内含有少量的植物根系、石块、近现代垃圾，该层在发掘区均有分布，厚约0～30厘米，为近、现代扰土层。

---

① 赵评春：《大兴安岭呼中北山洞的新发现》，《瞭望》2015年第5期。

第 2 层：黑褐色土，略带砂性，土质较疏松，内含有少量炭屑、碎石、大石块，该层分布于发掘区南部，厚约 0~10 厘米，出土少量陶片、石器、动物碎骨等遗物，为鲜卑文化时期堆积。该层下开口的遗迹有 Z1、Z6、Z8。

第 3 层：灰褐色土，略带砂性，土质较疏松，内含有少量炭屑、碎石、大石块，该层分布于发掘区南部，厚 0~10 厘米，出土少量陶片、石器、动物碎骨等遗物，为新石器时代晚期堆积。该层下开口的遗迹有 Z2、Z9。

第 4 层：新石器时代晚期层，黄褐色土，略带砂性，结构较紧密，内含有少量炭屑及大量碎石、大石块，该层分布于发掘区南部，厚 0~20 厘米，出土少量石器、动物碎骨等遗物，为新石器时代晚期堆积。该层下开口的遗迹有 H3、Z3、Z10。

第 5 层：新石器时代早期层，黄褐色土，略带砂性，结构较紧密，内含有少量碳屑、碎石、大石块，该层分布于发掘区南部，厚约 0~30 厘米，出土一定数量的石器、动物碎骨等遗物，为新石器时代晚期堆积。该层下开口的遗迹有 Z11。

第 6A 层：黑褐色土，略带砂性，土质较疏松，内含有大量炭屑、碎石及大石块，该层分布于发掘区南部，厚约 0~30 厘米，出土大量石器、陶片、动物碎骨等遗物，为新石器时代早期堆积。该层下开口的遗迹有 H1、H2、Z5、Z7、Z15。

第 6B 层：灰褐色土，略带砂性，土质较疏松，内含有少量炭屑、碎石，该层分布于发掘区东南部，厚约 0~25 厘米，出土少量石器、陶片、动物碎骨等遗物，为新石器时代早期堆积。该层下开口的遗迹有 Z16。

第 7 层：黄褐色土，略带砂性，土质较疏松，内含有大量碎石及大石块，该层分布于发掘区南部，厚约 0~25 厘米，出土少量石器等遗物，为新石器时代早期堆积。该层下无遗迹分布。

第 8 层：黄灰色土，砂性较强，土质疏松，内含有大量碎石、大石块，该层在发掘区均有分布，厚约 20~40 厘米。出土少量石器、动物碎骨等遗物，为新石器时代早期堆积。该层下开口的遗迹有 Z12。

第 9 层：浅黄色土，砂性强，土质较疏松，内含有大量碎石、大石块。该层在发掘区均有分布，厚 30~70 厘米，出土少量石器、骨器、动物碎骨等遗物，为旧石器时代晚期堆积。该层下开口的遗迹有 Z13。

第 10 层：灰褐色土，砂性强，土质较疏松，内含有大量碎石、大石块，该层分布于发掘区南部，厚约 0~50 厘米，出土少量石器、动物碎骨等遗物，为旧石器时代晚期堆积。该层下开口的遗迹有 Z14。

第 10 层以下为青灰色砾石层，含土量极少，无包含物，较为纯净。该层在发掘区均有分布，未完全发掘至底，仅在发掘区南、北部局部探方发掘，厚约 1~15 米。该层无遗迹、遗物分布。

二、出土遗物概述

（1）石器：共出土 1 774 件，器类包括石片、石叶、石刃、石镞、刮削器、石核、断块、石珠、磨盘、石锤、石球等。

（2）陶器：可复原筒形罐 1 件（新石器时代晚期），陶器口沿残片 5 件（鲜卑时期 1 件、新石器时代早期 4 件）、器底 2 件以及陶器腹片 100 余件。

（3）骨器 3 件，器类为镞 1 件（残）、匕 2 件。另出土有动物牙齿、碎骨标本等 50 余件。

三、分期与年代

以整个发掘区层位上的叠压、打破关系为基础，通过对地层、遗迹中出土遗物的全面分析和比较后，可以将本次发掘所获的文化遗存划分为四个时期：

第一期：主要包括第 2 层及开口于第 2 层下的遗迹，如 Z1、Z6、Z8 等，属鲜卑时期文化遗存。年代为距今约 2 000 年。

第二期：主要包括第 3、4、5 层及其下开口的遗迹，如 H3、Z2、Z9、Z3、Z10、Z11 等，属新石器时代晚期文化遗存。参考北京大学第四纪实验室对遗址第 4、5 层的碳十四测年数据结果，年代为距今约 4 000~5 000 年。

第三期：主要包括第 6、7 层其下开口的遗迹，如 H1、H2、Z5、Z7、Z15、Z16 等，属新石器时代早期文化遗存。参考北京大学第四纪实验室对遗址第 6 层的碳十四测年数据结果，年代为距今约 7 000~8 000 年。

第四期：主要包括第 8 层下，第 9、10 层及其下开口的遗迹，如 Z12、Z13、Z14 等，属旧石器时代晚期文化遗存。参考美国贝塔实验室对遗址第 9、10 层的碳十四测年数据结果，年代为距今约 14 000~15 000 年。

四、结语

本次发掘严格按照《田野考古工作规程（2009）》进行，同时为满足后期的陶器修复、骨器拼接、年代测定、动物考古、植物考古、环境考古及古人类行为分析等多学科交叉介入及课题研究的要求，对出土的人工和自然遗物进行全面收集，并利用全站仪对出土标本的层位、坐标进行三维定位测量。依据地层叠压关系及各层出土遗迹遗物的差异，基本明确了各层堆积的文化内涵及年代，初步确立了大兴安岭地区从旧石器时代晚期、新石器时代早期、新石器时代晚期及鲜卑文化时期的考古学文化序列。其中，以旧石器时代晚期和新石器时代早期文化遗存为本次发掘的最重要收获。旧石器时代晚期文化遗存发现的石器数量较少，器类简单、器形古朴，以勒瓦娄瓦石核、刮削器、尖状器、石球等为典型器，属于我国北方地区的小石器工业类型，剥片技法以锤击法为主，工具加工多采用打制和软锤修理技术。新石器时代早期文化遗存发现的石器数量巨大、器类丰富、器形精美，以细石叶、细石核、石刃、叶形石镞、刮削器等为典型器，属于东北亚地区的细石器工业类型，剥片技法以细石叶和小石片技术为特点，工具加工多采用较为精湛的压制修理技术。以上两个时期文化遗存的发现与研究，初步证明了大兴安岭地区是早期人类繁衍栖息之地，是我国东北远古文化的重要发祥地之一，填补了黑龙江省西北部山区早期人类历史文化研究空白。

作者王长明，黑龙江省文物考古研究所考古研究部主任，研究馆员。

第二节　大兴安岭呼中碧水北山洞遗址发掘简报[①]

北山洞遗址位于黑龙江省大兴安岭地区呼中区碧水镇西北约 2 千米、北山山腰的一处洞穴内，西南距呼玛河支流约 250 米，南距呼中区约 25 千米（图 1）。遗址地处大兴安岭支脉伊勒呼里山北麓，中心坐标为北纬 52°07′59.1″，东经 123°39′4.26″。洞口海拔高程约 540 米，与山下呼玛河谷地相对高差约 93 米。遗址由洞穴和洞口岩棚区两部分组成。洞穴口朝向西南，整体呈拱形，宽约 5 米，高约 2.6 米。洞口两侧基岩向外部延伸，与洞口顶部前突基岩结合构成天然岩棚。洞穴内部平面呈不规则长条形，前窄后宽，长约 16.4 米，宽约 3.5～6 米，高约

图 1　遗址位置示意图

[①] 本节图片的序号为考古作业时的田野编号，独立排序，序号不宜更改，组图不宜拆分，严格按照原文版式排放，因此有个别图片与文字结合不紧密情况，特此说明。

2~4米，洞内地势北高南低呈斜坡状，高度由内向外呈三级阶梯逐渐降低，洞内顶部缓台与洞口最低处相对高差约8.4米，洞内面积约90余平方米。洞口外部岩棚下方区域为遗址文化堆积的核心分布区。2013年9月，黑龙江省文物考古研究所与大兴安岭地委宣传部联合开展大兴安岭岩画调查时首次发现，并在遗址洞口岩壁上发现一处"人与猎狗"的暗红色彩绘岩画。2014年8—10月，黑龙江省文物考古研究所对该遗址进行试掘，出土石器、陶器、铁器、骨器、料器等遗物700余件。①为进一步明确该洞穴内各层堆积的文化内涵及年代，推进大兴安岭地区考古学及岩画学的深入研究，2015年初，黑龙江省文物考古研究所申报该遗址的主动性发掘计划，并获国家文物局审批通过。2016年9—10月，黑龙江省文物考古研究所对该遗址进行主动性发掘（田野编号前缀为2016HB，以下叙述均省略）。根据洞穴走势采用北偏东20°方向布方，共布1米×1米探方37个，布2米×2米探方1个，实际发掘面积41平方米，发掘深度最深为3.5米。共清理灰坑3座，灶址或用火遗迹16处，出土和采集陶器、石器、玉器、动物骨骼标本等遗物共计1 800余件（图2、图3）。

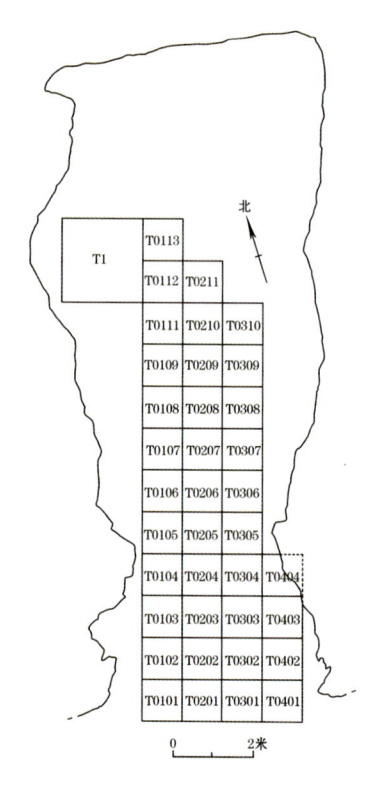

图2 遗址洞穴走势及发掘区探方位置图

---

① 赵评春：《大兴安岭呼中北山洞的新发现》，《瞭望》2015年第5期；黑龙江省文物考古研究所：《黑龙江大兴安岭呼中北山洞遗址2014年发掘简报》，《北方文物》2018年第1期。

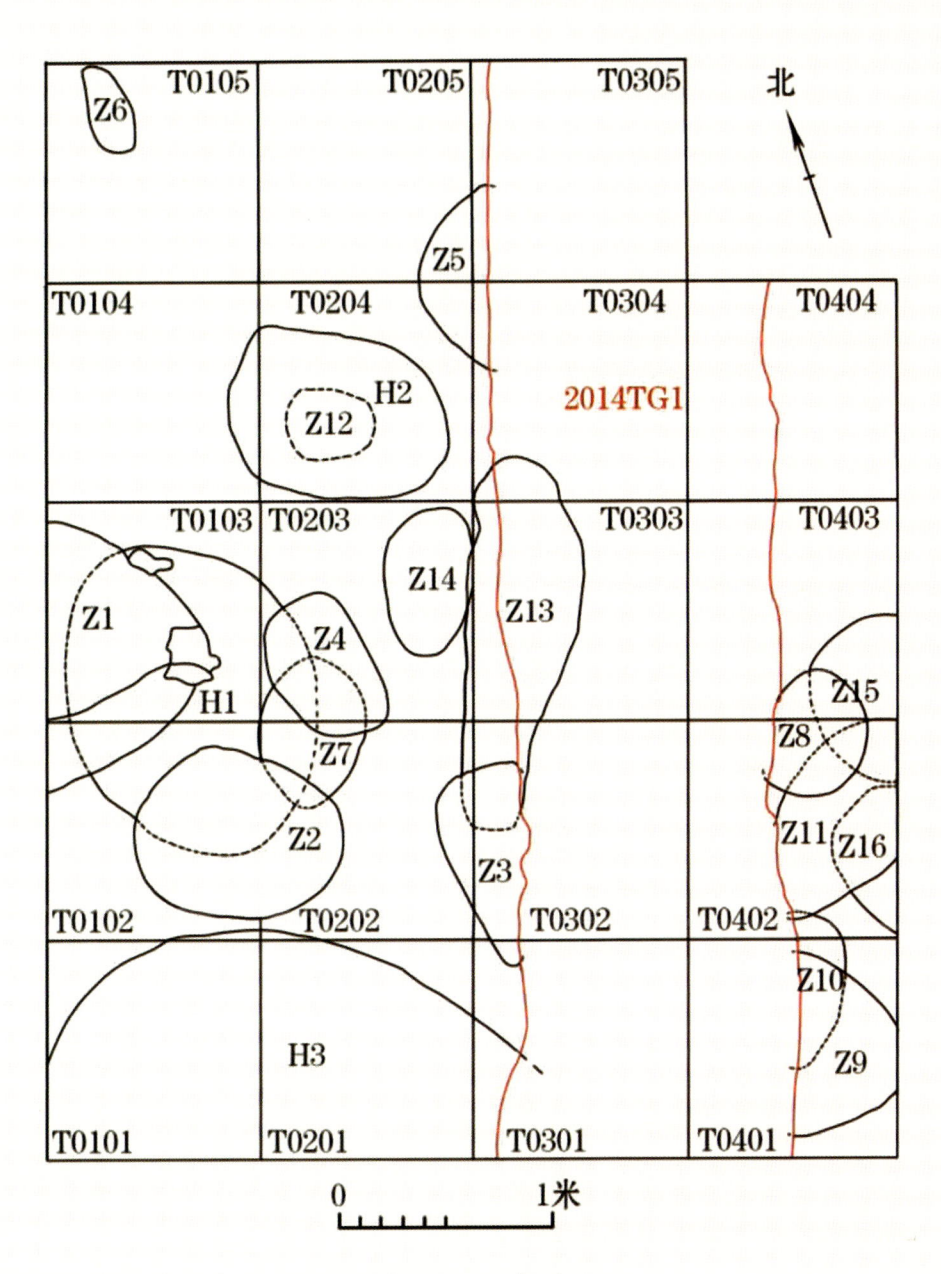

图 3　遗址洞口发掘总平面图

一、堆积层位与文化分期

发掘区地势北高南低，由洞内至洞口呈斜坡状分布。洞穴口及岩棚下方区域的堆积较厚，所有灰坑、灶址等遗迹均分布于此。洞穴内部的堆积相对较薄，无遗迹分布。地层堆积自上而下可分为11层，现以T0401、T0402、T0403、T0404东壁剖面为例介绍（图4）。

第1层：黑灰色土，土质疏松，内含有少量的植物根系、石块及近现代垃圾等，该层在发掘区均有分布，局部区域被破坏缺失，厚约0~30厘米，为近、现代扰土层。

第2层：黑褐色土，略带砂性，土质较疏松，内含有少量炭屑、碎石、大石块。该层分布于发掘区南部，厚约0~10厘米。出土少量陶片、石器、动物碎骨等遗物，为鲜卑文化时期堆积。

第3层：灰褐色土，略带砂性，土质较疏松，内含有少量炭屑、碎石、大石块。该层分布于发掘区南部，厚0~10厘米，出土少量陶片、石器、动物碎骨等遗物，为新石器时代晚期堆积。Z9叠压于此层下。

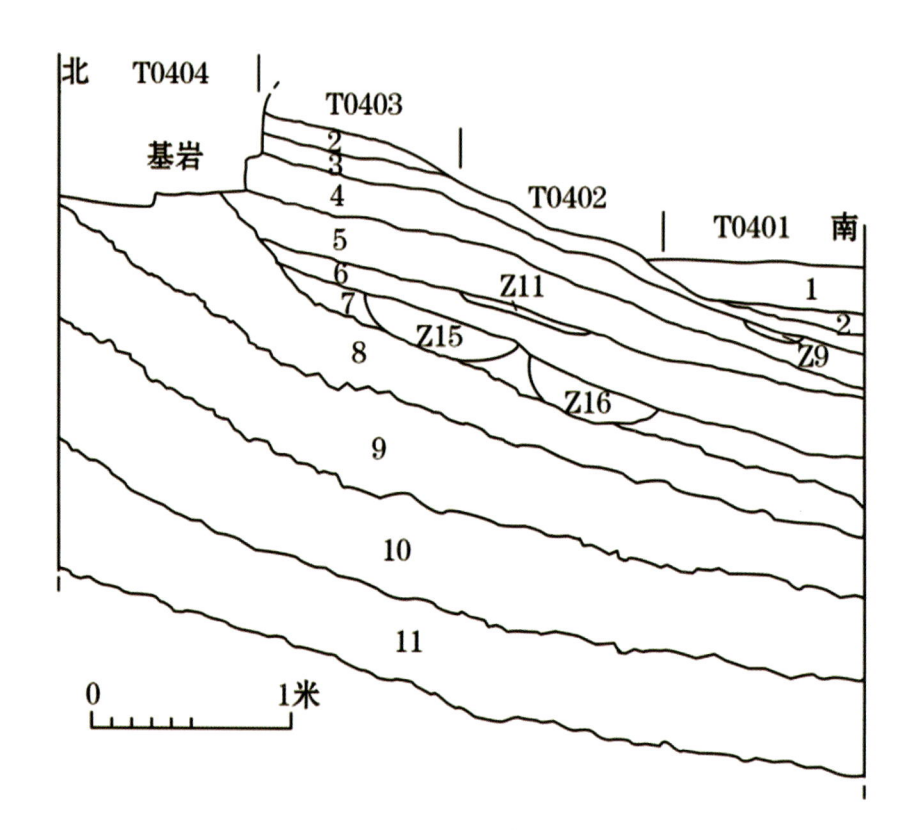

图4 T0401~T0404东壁地层剖面图

第 4 层：浅棕黄色土，略带砂性，结构较紧密，内含有大量碎石、大石块及少量炭屑，该层分布于发掘区南部，厚 0～20 厘米，出土少量石器、动物碎骨等遗物，为新石器时代晚期堆积。

第 5 层：浅棕黄色土，略带砂性，结构紧密，内含有少量炭屑、碎石、大石块，该层分布于发掘区南部，厚约 0～30 厘米，出土少量的石器、动物碎骨等遗物，为新石器时代中期堆积。Z11 叠压于此层下。

第 6 层：灰褐色土，略带砂性，土质较疏松，内含有大量炭屑、碎石及大石块，该层分布于发掘区南部，厚约 0～30 厘米，出土大量石器、少量陶片及动物碎骨等遗物，为新石器时代早期堆积。Z15、Z16 叠压于此层下。

第 7 层：黄褐色土，略带砂性，土质较疏松，内含有少量碎石及大石块，该层分布于发掘区南部，厚约 0～25 厘米，出土少量石器等遗物，为新石器时代早期堆积。该层下无遗迹分布。

第 8 层：灰黄色土，砂性较强，土质疏松，内含有大量碎石、大石块。该层在发掘区均有分布，厚约 20～40 厘米。出土少量石器、动物碎骨等遗物，为新石器时代早期堆积。

第 9 层：浅黄色土，砂性强，土质较疏松，内含有大量碎石、大石块。该层在发掘区均有分布，厚 30～70 厘米。出土少量石器、骨器、动物碎骨等遗物，为旧石器时代晚期堆积。

第 10 层：深褐色土，砂性强，土质较疏松，内含有大量碎石、大石块。该层在发掘区均有分布，厚约 40～50 厘米。出土少量石器、动物碎骨等遗物，为旧石器时代晚期堆积。

第 11 层：青灰色砾石层，结构紧密，含土量极小，较为纯净，基本无包含物。该层在发掘区均有分布，未完全发掘至底，厚约 40～61 厘米。该层无遗迹、遗物分布。

依据层位关系和各层堆积内出土遗物特征的差异，可将本次发掘所揭露的文化遗存分为六个时期：第一期，主要包括遗址第 9、10 层出土遗物，以及 Z12、Z13、Z14 等遗迹，为旧石器时代晚期文化遗存；第二期，主要包括遗址第 7、8 层出土遗物，为新石器时代早期早段文化遗存；第三期，主要包括遗址第 6 层出土遗物，以及 H1、H2、Z5～Z7、Z15、Z16 等遗迹，为新石器时代早期晚段文化遗存；第四期，主要包括遗址第 5 层出土遗物，以及 Z11 等遗迹，为新石器时代中期文化遗存；第五期，主要包括遗址第 3、4 层出土遗物，以及 H3、Z2～Z4、Z9、Z10 等遗迹，为新石器时代晚期文化遗存；第六期，主要包括遗

址第2层出土遗物，以及Z1、Z8等遗迹，为早期鲜卑时期文化遗存。以下分别介绍。

二、第一期文化遗存

（一）遗迹

发现数量较少，包括灶址（Z12、Z13、Z14）3处。

Z14位于T0203内，叠压于第10层下。地面灶，平面呈椭圆形，长径约0.68米、短径约0.4米，开口距地表深约1.75米。灶面由北向南倾斜，为细沙土，质地略硬，其上保留有少量灰烬，红烧土厚约0～18厘米（图5）。

Z13位于T0202、T0203、T0302、T0303、T0304内，叠压于第9层下。地面灶，平面呈不规则长条形，长约1.7米、宽约0.55米，开口距地表深约1.4～1.5米。灶面由北向南倾斜，为细沙土，质地略硬，其上保留有少量灰烬，红烧土厚约0～20厘米（图6）。

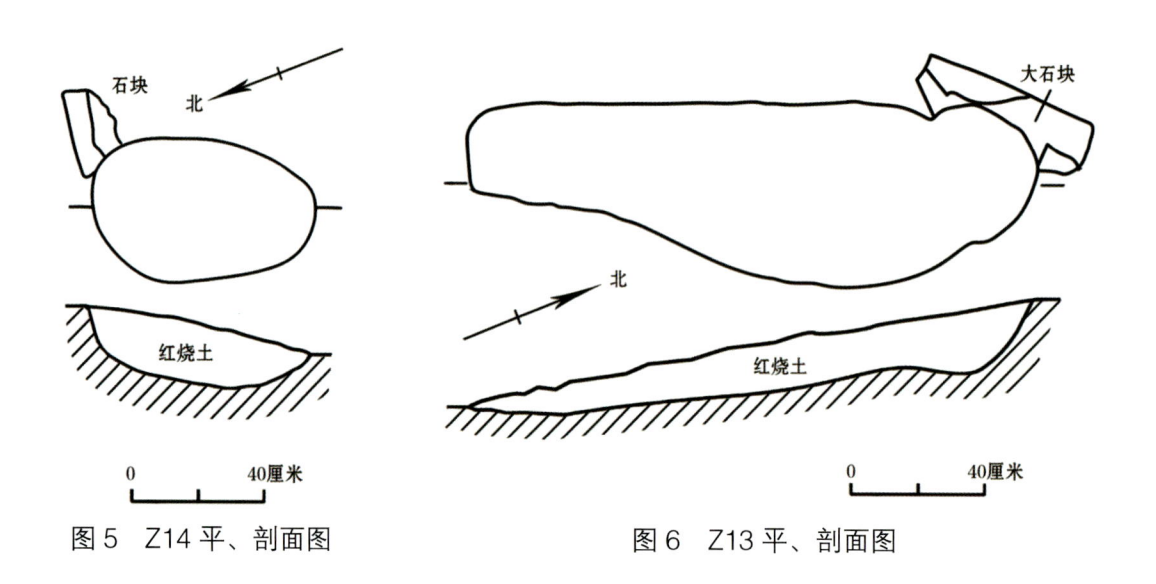

图5　Z14平、剖面图　　　　　图6　Z13平、剖面图

（二）遗物

出土数量较少，为少量石器及大型鹿科动物牙齿及碎骨等。石器包括石核、石片、石叶、刮削器、尖刃器、尖状器、石球等。

石核1件。T0103⑨：2，黑色燧石。为宽面石叶石核，整体近龟背状。双台面，上面略凸起，下面略凹，两面明显不对称。通体经打制修理。右缘保留有一条鸡冠状脊，采用交互打击法进行细致修理。石核处于剥片阶段初期，左侧工作面保留有石叶或长石片的剥片疤，片疤深远浅平，打破右侧面石核预制时产生的修理疤。长6.22厘米、宽6.25厘米、厚2.2厘米（图7；图8，1）。

石片7件。T0202⑩：3，青灰色燧石。完整石片。点状自然台面。劈裂面较平，半锥体微凸，同心波和放射线清晰，远端微卷边。背面保留有石片剥片疤和部分自然石皮。长4.6厘米、宽3.8厘米、厚0.9厘米（图8，2）。T0202⑩：2，青灰色燧石。完整石片。线状自然台面。劈裂面较平，半锥体微凸，同心波和放射线清晰。背面保留有大量石片剥片疤和部分自然石皮。长3.9厘米、宽4.8厘米、厚0.8厘米（图8，3）。T0207⑨：1，黑色燧石。完整石片。线状自然台面。劈裂面较平，背面保留数个石片剥片疤及多道崩疤。长3.52厘米、宽2.37厘米、厚0.93厘米（图8，4）。T0403⑩：1，黑色燧石。石片近端断片。线状人工台面。劈裂面较平，背面保留数个石片剥片疤。背面右上缘可见细小使用疤。残长3.3厘米、宽2.5厘米、厚0.7厘米（图8，5）。

石叶1件。T0201⑨：1，黑色燧石。以石叶石核生产的第二剥片为毛坯。整体呈长条形微扭曲，远端已截断不存，横截面呈三角形。劈裂面较平，半锥体微凸，可见明显的放射线。背面为一条纵向脊，其右侧保留有预制石核冠状脊时的双层修疤，左侧为一个较完整的石叶剥片疤。石叶两侧刃缘薄锐，有细密断续的使用疤。长6.4厘米、宽1.58厘米、厚0.96厘米（图8，11；图9）。

刮削器5件。均为边刮器，分为单直刃、单凸刃、双直刃等。T0202⑩：1，黑色燧石。以石片为毛坯。自然台面，劈裂面半锥体微凸，背面保留有大量自然石皮和节理。双直刃。刃部修疤位于背面左缘近端与右缘，为单面压制修理、正向加工。长4.62厘米、宽3.55厘米、厚0.72厘米（图8，6）。T0201⑨：2，黑色燧石。以石片为毛坯。自然台面，劈裂面半锥体、锥疤清晰，背面为大小

图7 石核（T0103⑨：2）

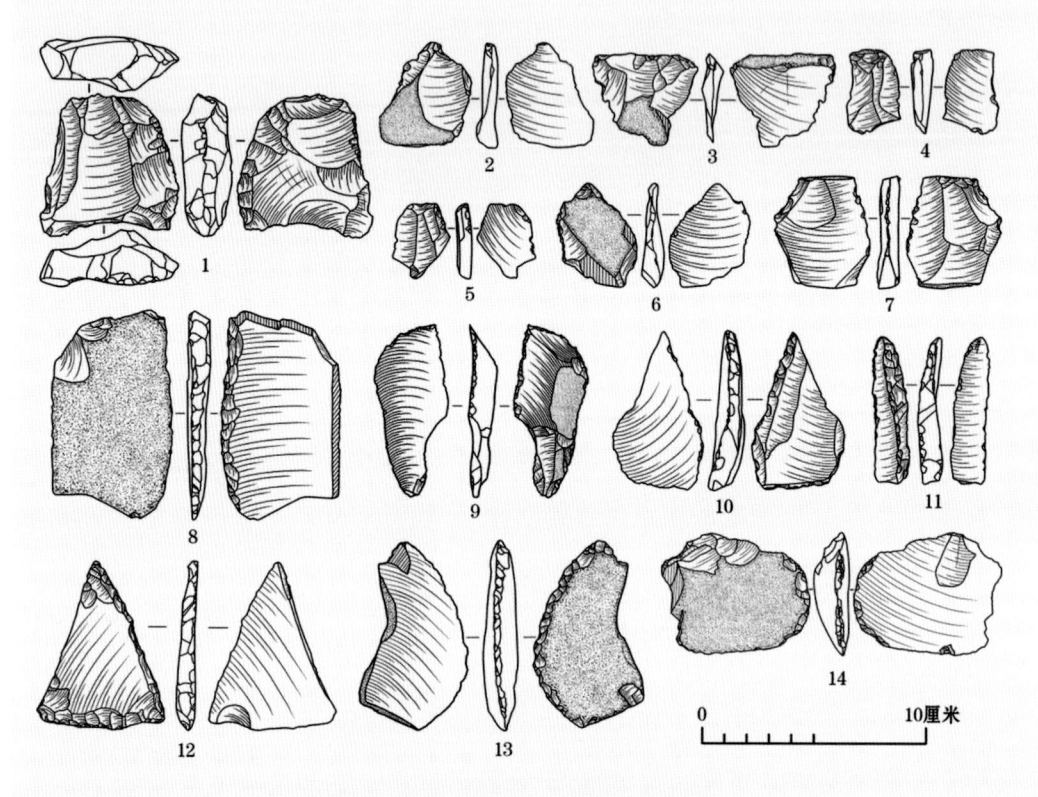

图 8 第一期文化遗存出土石器

1. 石核（T0103⑨：2） 2～5. 石片（T0202⑩：3 T0202⑩：2 T0207⑨：1 T0403⑩：1） 6～8、13、14. 刮削器（T0202⑩：1 T0201⑨：2 T0301⑨：1 T0101⑨：2 T0105⑨：1） 9. 尖刃器（T0101⑨：1） 10、12. 尖状器（T0201⑨：3 T0402⑨：1） 11. 石叶（T0201⑨：1）

不等的石片剥片疤。双直刃。左刃为两面压制修理、正向加工为主，右刃为两面打制修理、交互加工。长4.9厘米、宽4.2厘米、厚0.83厘米（图8，7）。T0301⑨：1，深绿色燧石。以宽平石片为毛坯。点状人工台面，劈裂面可见半锥体，背面为较平的自然面。单直刃、微凸，刃部修疤位于劈裂面左缘，为单面打制修理、反向加工。其余各缘存在多处截断面。长9.1厘米、宽5.4厘米、厚1.04厘米（图8，8；图10）。T0101⑨：2，灰黑色玄武岩。以长石片为毛坯。自然台面，劈裂面较凸，背面除修疤均为自然石皮。单凸刃，呈圆弧形。刃部修疤位于背面左缘，为单面打制修理、正向加工。长8.3厘米、宽4.3厘米、厚1.6厘米（图8，13；图11）。T0105⑨：1，灰黑色玄武岩。以石片为毛坯，自然台面，劈裂面较平，锥疤清晰，背面除修疤均为自然石皮。单凸刃。刃部修疤多数位于背面右缘，为两面打制修理、复向加工。背面左上缘亦有少量较大的修疤，为单面打制修理、正向加工。长6.7厘米、宽5.4厘米、厚1.6厘米（图8，14）。

尖刃器1件。T0101⑨：1，灰黑色燧石。以宽石叶为毛坯。整体近刀形，人工台面，劈裂面较平，背面为半皮半疤，有一条纵向脊。石叶近端受节理影响存在凹缺。尖部较锐利，由背面左缘的直刃和右缘的凸刃汇聚而成。直刃为单面压制修理、正向加工，凸刃为两面压制修理、复向加工。长7.54厘米、宽3.8厘米、厚1.14厘米。尖刃角80°（图8，9）。

尖状器2件。T0201⑨：3，灰褐色燧石。以长石片为毛坯。整体近三角形，下部向劈裂面微弯曲，背面保留有石叶及长石片的剥片疤。尖部较钝，由背面左缘的直刃与右缘的截断面汇聚而成。刃部修疤主要位于背面的左缘与底缘，为单面打制修理、正向加工。劈裂面右缘可见少量不连续的使用疤。长6.9厘米、宽4.1厘米、厚1.32厘米，尖角49.2°（图8，10）。T0402⑨：1，青绿色燧石。以宽平的石片为毛坯。整体近三角形，劈裂面及背面较为平坦，远端经截断处理。尖部较钝，由劈裂面左缘及右缘的双直刃汇聚而成。刃部为单面打制修理、反向加工，长7.4厘米、宽5.8厘米、厚0.9厘米。尖角70°（图8，12；图12）。

三、第二期文化遗存

未发现遗迹。

出土遗物仅为少量石器，包括石核、石片、石叶及细石叶、石刃、尖状器、刮削器、锛形器等。

图9 石叶（T0201⑨：1）　　图10 刮削器（T0301⑨：1）

图11 刮削器（T0101⑨：2）

石核4件。分为石叶石核与细石叶石核等。T0105⑧：7，青灰色燧石。石叶石核。整体呈棱柱形，台面经修理，前、后面为断面及自然石皮，右侧为工作面，核身有薄而细长的石叶疤痕7个。长4.55厘米、宽2.7厘米、厚2.3厘米（图13，1）。T0105⑦：1，青色燧石。细石叶石核。整体呈扁棱柱形，台面经修理，核身工作面有薄而细长的石叶疤痕10个。长4厘米、宽1.4厘米、厚1.1厘米（图

13，2；图18）。

石片 14件。均为锤击石片。T0109⑧：1，黑色燧石。人工台面。劈裂面半锥体微凸，可见锥疤，打击点集中，同心波清晰，远端微内卷。背面保留有1个较完整石片的剥片疤。长3厘米、宽3.43厘米、厚0.65厘米（图13，3）。T0401⑦：1，青色燧石。人工台面。劈裂面微凸，打击点集中，同心波清晰。背面有3个较完整细石叶的剥片疤。长3.9厘米、宽1.6厘米、厚0.9厘米（图13，6）。T0202⑧：1，灰黑色燧石。人工台面。劈裂面微凸，背面保留数个石片及石叶的剥片残疤。长2.88厘米、宽2.4厘米、厚0.72厘米（图13，9）。

石叶及细石叶 20件。T0101⑦：2，灰黄色硅质岩。完整石叶，劈裂面较平，背面有两条纵向脊，左侧保留有预制石核冠状脊时的部分修疤。长7.95厘米、宽1.15厘米、厚0.55厘米（图13，4）。T0402⑦：2，棕褐色燧石。完整石叶，劈裂面微凸，背面存有一条纵向脊。长5.9厘米、宽1.9厘米、厚0.8厘米（图13，7）。

石刃 6件。T0104⑦：1，黑色燧石。以石叶中段为毛坯，劈裂面较平，背面有一条纵向脊。刃部由前部端刃及两边侧刃组成。刃部均为单面压制修理，左侧刃为正向加工，端刃及右侧刃为反向加工。长2.8厘米、宽1.3厘米、厚0.35厘米（图13，8）。

尖状器 3件。T0105⑦：2，灰白色燧石。以细石叶中段为毛坯，劈裂面较平，背面有两条纵向脊。尖部由劈裂面左侧的弧刃及右侧的直刃组成。弧刃为两面压制修理、复向加工，直刃为单面压制修理、反向加工。长3厘米、宽0.85厘米、厚0.2厘米（图13，12）。

图12 尖状器（T0402⑨：1）

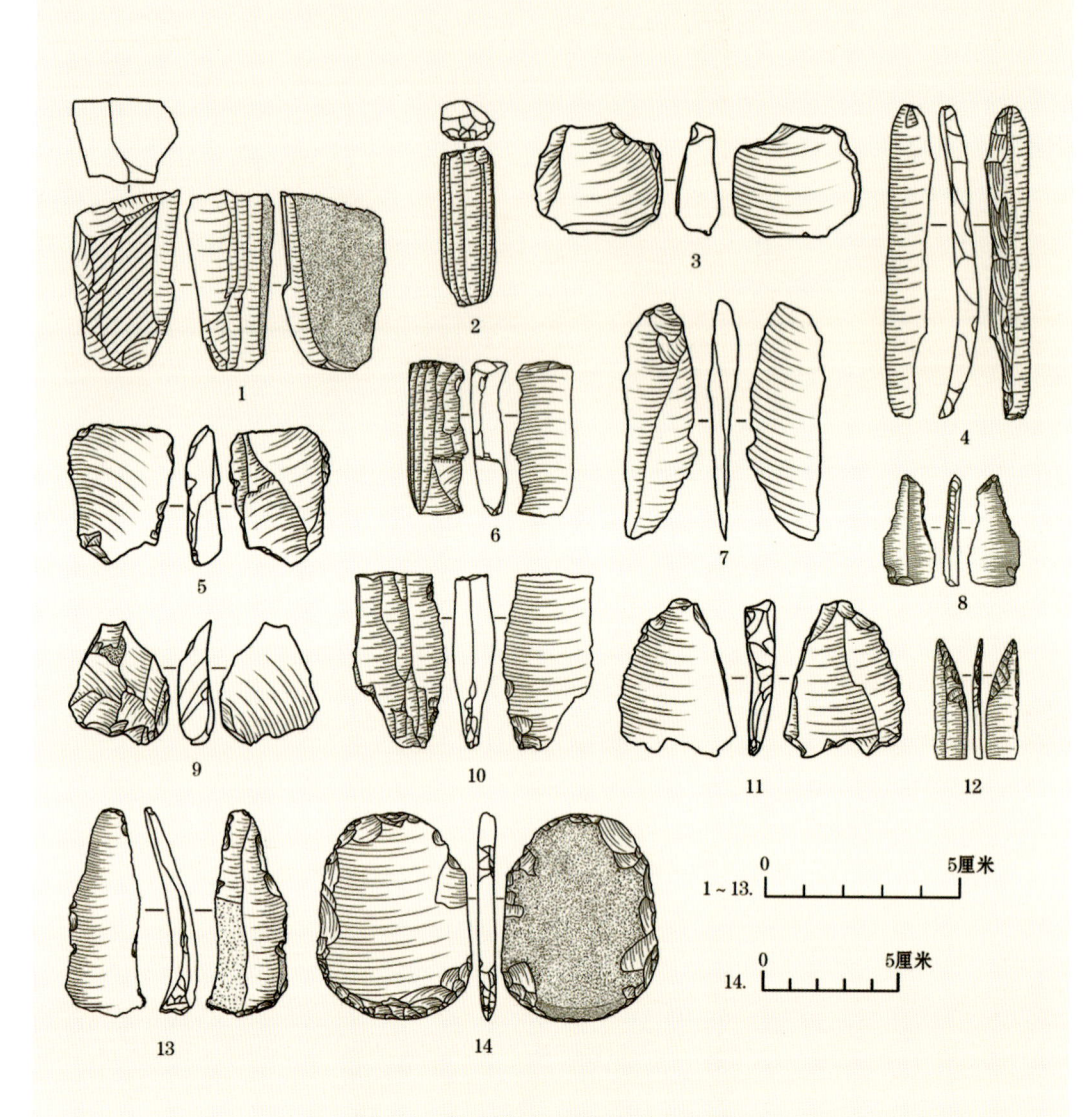

图 13　第二期文化遗存出土石器

1、2. 石核（T0105⑧：7　T0105⑦：1）　3、6、9. 石片（T0109⑧：1　T0401⑦：1　T0202⑧：1）　4、7. 石叶（T0101⑦：2　T0402⑦：2）　5、10、11、13. 刮削器（T0208⑧：1　T0108⑧：1　T0105⑧：6　T0403⑧：1）　8. 石刃（T0104⑦：1）　12. 尖状器（T0105⑦：2）　14. 锛形器（T0101⑦：1）

刮削器6件。T0208⑧：1，灰绿色燧石。以石片为毛坯，刃状台面，劈裂面微凸，背面有多处石片的剥片疤。双直刃，刃部为复向压制修理，修疤不连续。长3.5厘米、宽2.75厘米、厚0.8厘米（图13，5）。T0108⑧：1，浅黄绿色燧石。以长石片为毛坯，劈裂面微凸，背面有多处石叶的剥片疤。单凸刃，刃部为复向压制修理。长4.4厘米、宽2.4厘米、厚1.1厘米（图13，10）。T0105⑧：6，墨绿色燧石。以石片为毛坯。为琢背小刀。背面左缘为刀背，为对向压制修理。背面右缘为刃部，直刃微弧，为单面压制修理、正向加工。长3.9厘米、宽3厘米、厚0.8厘米（图13，11）。T0403⑧：1，青色燧石。以石叶为毛坯，劈裂面较平，背面有一条纵向脊，左下侧保留有部分自然石皮。端刮器，刃部为单面压制修理、正向加工。长5.2厘米、宽1.9厘米、厚1.1厘米（图13，13）。

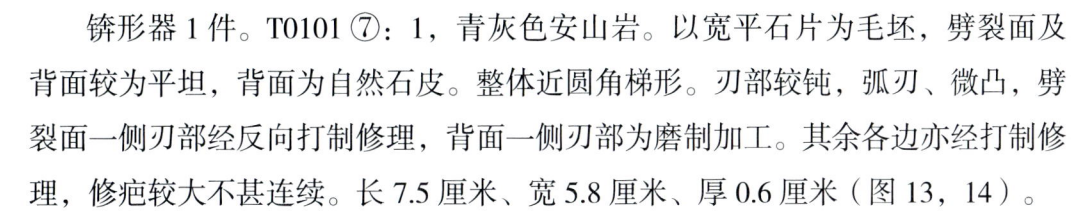

锛形器1件。T0101⑦：1，青灰色安山岩。以宽平石片为毛坯，劈裂面及背面较为平坦，背面为自然石皮。整体近圆角梯形。刃部较钝，弧刃、微凸，劈裂面一侧刃部经反向打制修理，背面一侧刃部为磨制加工。其余各边亦经打制修理，修疤较大不甚连续。长7.5厘米、宽5.8厘米、厚0.6厘米（图13，14）。

四、第三期文化遗存

（一）遗迹

发现数量略多，包括灰坑（H1、H2）2座，以及灶址（Z5、Z6、Z7、Z15、Z16）5处。

H1位于T0102、T0103、T0202、T0203内，叠压于第6层下，打破第7、8、9层，被Z7叠压。平面呈椭圆形，斜弧壁，寰底。长径约1.4米、短径约1.16米，深约0.5~0.7米，开口距地表深约0.62米。坑内填土呈灰褐色，土质较为疏松，内含大量碎石块、少量烧土颗粒、碎炭块及灰烬等，出土有石核、石叶、石刃、刮削器、石镞、钻、玉珠饰、石料及陶片等大量遗物（图14）。

Z7位于T0202、T0203内，叠压于第6层下。地面灶，平面呈椭圆形，长径约0.7米、短径约0.5米，开口距地表深约0.6米。灶面由北向南倾斜，为细腻沙土，质地略硬，其上保留有少量木炭，红烧土厚约0~10厘米。灶面及附近出土少量石叶、石刃、石镞、刮削器等遗物（图15）。

（二）遗物

出土数量最多，包括陶器、石器、玉器等。

1.陶器出土数量较少，均为破碎的陶片，未复原完整器。以夹砂黄褐陶居多，

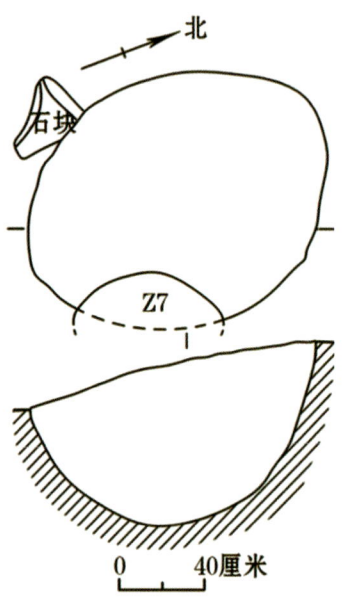

图 14　H1 平剖面图

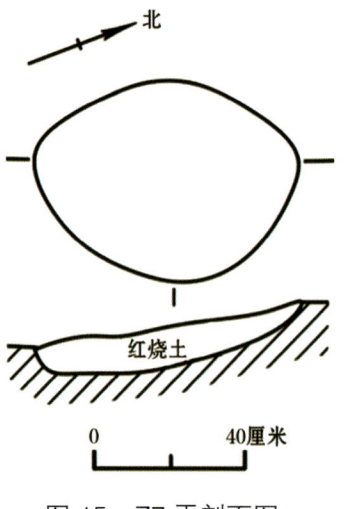

图 15　Z7 平剖面图

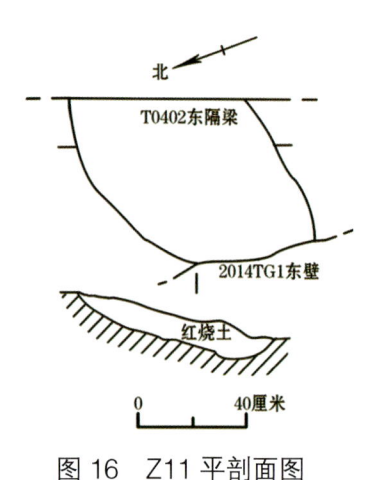

图 16　Z11 平剖面图

夹砂灰褐陶次之。多数器壁较厚，火候较低，质地疏松，部分陶片表面可见细小的气孔。器表以素面居多。有少量的戳压纹和附加堆纹等纹饰。可辨器形仅为罐类一种。T0102⑥：2，夹砂黄褐陶。罐口沿残片，直口，方唇，直腹。口部器壁略薄，至腹部器壁逐渐加厚。唇面饰戳压小菱形纹，口沿下部饰一道宽条形附加堆纹，其上饰有戳压大菱形纹（图17，1）。T0202⑥：1，夹砂黄褐陶。罐口沿残片，直口，方唇，直腹。唇面饰戳压斜向短弧形纹，腹部保留有两个对钻的锔孔（图17，2）。T0105⑥：1，夹砂黄褐陶。罐口沿残片，直口，方圆唇，直腹。口沿下饰有两道呈凸棱状的窄条形附加堆纹（图17，3）。T0102⑥：1，夹砂灰褐陶。罐口沿残片，微敛口，方唇，斜直腹。唇面饰戳压斜向短条形纹，口沿下饰一道宽条形附加堆纹，其上饰有戳压大菱形纹（图17，9）。

2. 石器出土数量极多，以打制和压制的细石器为主，包括石核、石片、石叶及细石叶、石刃、石镞、刮削器、尖刃器、钻器等。有少量形体稍大的打制和磨制石器，包括石锤、砺石、研磨器、敲砸器等。

石核 20 件。以细石叶石核居多，石叶石核较少，依据形状不同分为柱状、锥状、楔形、不规则形等。T0201⑥：18，青黄色燧石。细石叶石核，整体呈半圆柱形。台面经细致修理，背面经打制修理较为平整。处于剥片阶段早中期。核身前部半圆形工作面上有薄而细长的细石叶疤痕 9 个。长 4.6 厘米、宽 2.85 厘米、厚 2.4 厘米（图17，4）。T0203⑥：8，灰黄色燧石。细石叶石核，整体呈锥形。台面经简单修理。核身保留有部分自然石皮。处于剥片阶段晚期。工作面上有薄而细长的细石叶疤痕 9 个。长 3.8 厘米、宽 1.2 厘米、厚 1.1

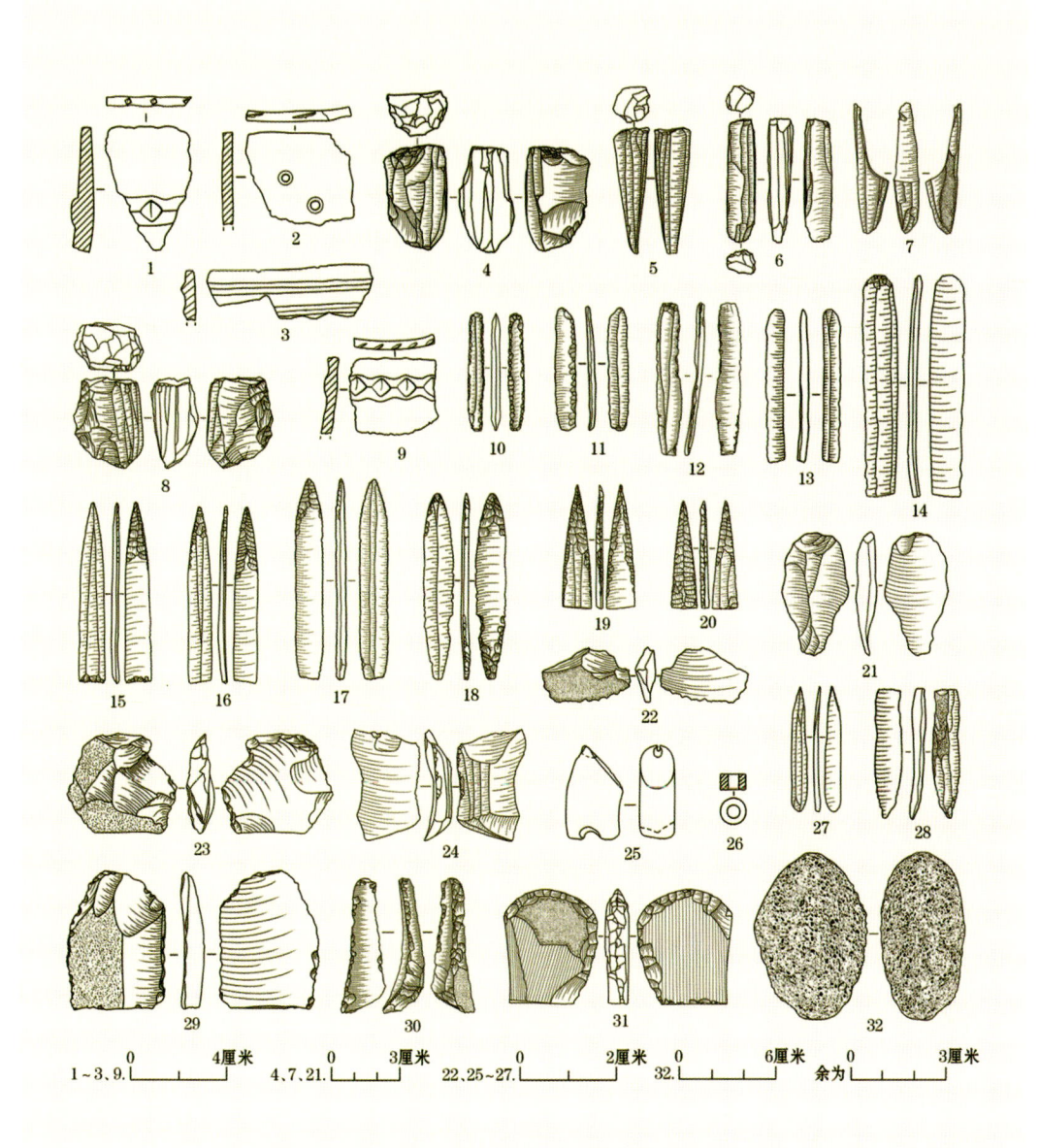

图 17　第三期文化遗存出土遗物

1～3、9.陶罐口沿（T0102⑥：2　T0202⑥：1　T0105⑥：1　T0102⑥：1）　4～8.石核（T0201⑥：18　T0203⑥：8　T0203⑥：13　H1：2　H1：1）　10～12.石刃（T0204⑥：7　T0201⑥：19　T0101⑥：10）　13、14.石叶（T0402⑥：4　H1：22）　15～20.石镞（H1：16　H1：17　T0104⑥：1　T0102⑥：7　H1：12　H1：14）　21.石片（T0402⑥：12）　22～24、29～31.石刮削器（H1：11　Z7：39　T0203⑥：33　T0203⑥：21　T0201⑥：12　H1：9）　25、26.玉饰件（T0205⑥：8　H1：30）　27.石尖刃器（H1：15）　28.石钻器（T0201⑥：13）　32.石研磨器（H1：25）

左上：图 18　细石叶石核（T0105 ⑦：1）
右上：图 19　刮削器（H1：9）
左下：图 20　石镞（H1：16）

厘米（图 17，5；图 21）。T0203⑥：13，黑色燧石。细石叶石核，整体呈细柱形。双台面，均经简单修理。核身侧保留有部分自然石皮。处于剥片阶段晚期。双向剥片，工作面上有薄而细长的细石叶疤痕 10 个。长 3.8 厘米、宽 0.9 厘米、厚 0.8 厘米（图 17，6）。H1：2，灰黄色燧石。石叶石核，整体呈锥状，上部已残。工作面上有薄而长的残石叶疤痕 8 个。长 5.4 厘米、宽 1.5 厘米、厚 1.1 厘米（图 17，7）。H1：1，半透明白色玛瑙。细石叶石核，整体呈宽楔形。台面经细致修理。核身通体打制修理。一侧保留有预制阶段时修理的楔状缘，一侧工作面上有薄而细长的细石叶疤痕 9 个。长 2.8 厘米、宽 2.2 厘米、厚 1.5 厘米（图 17，8；图 22）。

石片 310 件。均为锤击石片。T0402⑥：12，灰黄色燧石。长石片，点状人工台面。劈裂面及半锥体较凸，打击点集中，可见锥疤，同心波清晰。背面保留有数个石片的剥片疤。长 5.34 厘米、宽 3.1 厘米、厚 0.95 厘米（图 17，21）。

石叶及细石叶 960 件。完整者较少，多为细石叶的近端段及中间段。T0402⑥：4，青灰色燧石。细石叶近中段。劈裂面打击点集中，半锥体小而突出，背面有一条纵向脊。长 4.65 厘米、宽 0.6 厘米、厚 0.3 厘米（图 17，13）。H1：22，灰黄色燧石。石叶近中段。劈裂面打击点集中，半锥体小而突出，背面有两条平行的纵向脊。长 6.7 厘米、宽 1.1 厘米、厚 0.2 厘米（图 17，14）。

石刃 144 件。均以石叶及细石叶为毛坯，刃部为压制修理而成，以单侧单面加工者居多，单侧两面加工者次之，双侧单面或两面加工者较少。T0204⑥：7，硅质灰岩。以细石叶为毛坯，背面有一条纵向脊。双侧刃，刃部为两面压制修理、复向加工。长 3.6 厘米、宽 0.5 厘米、厚 0.3 厘米（图 17，10）。T0201⑥：19，青黄色燧石。以细石叶为毛坯，背面有一条纵向脊。单侧刃，刃部为单面压制修理、反向加工。长 3.7 厘米、宽 0.7 厘米、厚 0.2 厘米（图 17，11）。T0101⑥：10，黄色燧石。以石叶为毛坯，背面有两条纵向脊。未完全修理成形，为半成品。石叶右上侧及左下侧均有压制的修痕，以反向加工为主。长 4.6 厘米、宽 0.8 厘米、厚 0.3 厘米（图 17，12）。

石镞 40 件。以石叶及细石叶为毛坯，仅局部压制修理加工尖部及侧锋。据形态不同分为柳叶形和长三角形等。H1：16，黑色燧石。以石叶为毛坯，背面有两条纵向脊。镞身近柳叶形，尖部锐利，前锋微弧，呈细密锯齿状，凹底。尖部及前锋为单面压制修理、反向加工。修疤分为两层，外层修疤较小细，内层修疤较大而平远。底部经两面压制修理。长 5.4 厘米、宽 0.8 厘米、厚 0.2 厘米（图 17，15；图 20）。H1：17，灰黄色燧石。以石叶为毛坯，背面有两条纵向脊。镞身近柳叶形，尖部锐利，前锋微弧，平底。尖部及前锋为两面压制修理而成，劈裂面一侧修疤较多而平远，背面一侧修疤较少而细小。尾部经截断未修理。长 5.3 厘米、宽 0.7 厘米、厚 0.2 厘米（图 17，16；图 23）。T0104⑥：1，浅黄色燧石。以石叶为毛坯，背面有两条纵向脊。镞身近柳叶形，尖部较钝，前锋微弧，平底。尖部及前锋为单面压制修理、反向加工，修疤较大而平远。尾部经截断未修理。长 6.1 厘米、宽 0.9 厘米、厚 0.35 厘米（图 17，17）。T0102⑥：7，深棕色燧石。以石叶为毛坯，背面有一条纵向脊。镞身呈柳叶形，尖部较钝，前锋微弧，小平底。尖部及前锋为两面压制修理而成，劈裂面一侧修疤较多而细长，背面一侧修疤较少而细小。近尾端两侧为单面压制修理，反向加工。长 5.6 厘米、宽 0.95 厘米、厚 0.25 厘米（图 17，18）。H1：12，浅黄色燧石。以石叶为毛坯，背面有两条纵向脊。镞身呈长三角形，尖部极锐利，侧锋较直，呈细密锯齿状，平底。尖部为两面压制修理而成。修疤分为两层，外层修疤较多而细小，内层修疤较大而平远。尾部经截断未修理。长3.7厘米、宽0.9厘米、厚0.2厘米（图17，19）。H1：14，浅黄色燧石。以石叶为毛坯，背面有两条纵向脊。镞身呈长三角形，尖部极锐利，侧锋较直，平底。尖部为两面压制修理而成，修疤较细长而平远。尾部经截断未修理。长3.3厘米、宽0.8厘米、厚0.2厘米（图17，20）。

刮削器42件。多数以石片或断块为毛坯压制修理而成，分为端刮器和边刮器两类。边刮器分为单凸刃、单直刃、单凹刃及复刃等。H1：11，半透明红色玛瑙。以石片为毛坯，劈裂面微凸，背面半皮半疤。边刮器，单凸刃，刃部呈锯齿状，为单面压制修理、反向加工。长1.1厘米、宽1.8厘米、厚0.4厘米（图17，22）。Z7：39，青色燧石。以石片为毛坯，劈裂面微鼓，背面为石片疤及少量自然石皮。边刮器，单凸刃，刃部为单面打制和压制修理、反向加工。长3.3厘米、宽3.2厘米、厚0.9厘米（图17，23）。T0203⑥：33，黑色燧石。以石片为毛坯，劈裂面较平，背面有多处石片及细石叶的剥片疤。边刮器，单凹刃，刃部为单面压制修理、正向加工。长3.3厘米、宽2.15厘米、厚0.7厘米（图17，24）。T0203⑥：21，红褐色燧石。以石片为毛坯，劈裂面微凸，背面为半皮半疤。边刮器，双刃，背面的右缘为直刃，左缘为凸刃，均为两面压制修理、正向加工为主。长4.2厘米、宽3.1厘米、厚0.7厘米（图17，29）。T0201⑥：12，黄绿色燧石。以石叶石核第二剥片为毛坯，劈裂面

图21 细石核（T0203⑥：8）　　　图22 细石核（H1：1）

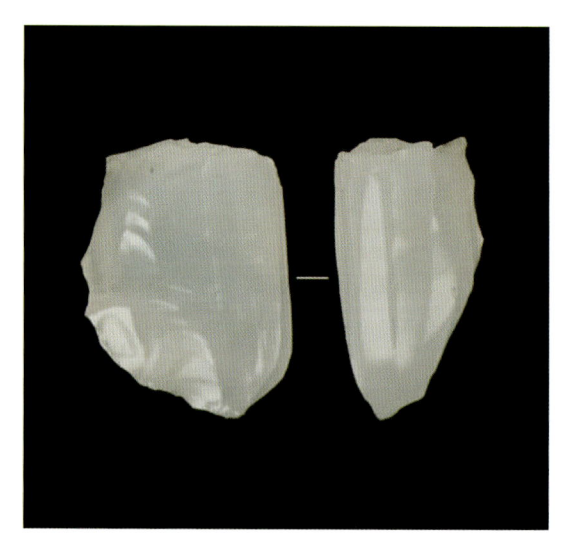

微弯曲，背面保留少量自然石皮，有一条纵向脊。端刮器，斜直刃，刃部位于石叶远端，为单面压制修理、正向加工。石叶两侧缘亦经过加工，均为单面压制修理，一侧为正向加工，一侧为反向加工。长4.1厘米、宽1.2厘米、厚0.9厘米（图17，30）。H1：9，半透明黄色玛瑙。片状毛坯，两面为节理面或自然石皮。端刮器，圆弧刃，刃部为两面压制修理、复向加工。长3.45厘米、宽2.9厘米、厚0.7厘米（图17，31；图19）。

尖刃器5件。H1：15，半透明白色玛瑙。以细石叶为毛坯，背面有两条纵向脊。锐尖，尖部由劈裂面远端的两侧刃组成。刃部为单面压制修理，反向加工。长2.5厘米、宽0.3厘米、厚0.1厘米（图17，27）。

钻器6件。T0201⑥：13，黄褐色燧石。以细石叶为毛坯，背面保留少量石叶剥片疤及部分自然石皮。钝尖，尖部为背面两侧向下部远端修理而成，为单面压制修理，正向加工。长4.1厘米、宽1.1厘米、厚0.4厘米（图17，28）。

研磨器1件。H1：25，灰色气孔玄武岩。整体呈椭圆形，侧面较为扁平。器身通体经打磨加工，部分天然的小气孔内保留有赤铁矿粉的残迹。长10.2厘米、宽7.1厘米、厚5.4厘米（图17，32）。

3. 玉器6件。均为装饰品。T0205⑥：8，青白玉。以残玉环的一段琢磨加工而成。整体呈短弧形。较平的侧面残存有半个对钻的较大圆孔，斜向的侧面上部有一个对钻的小穿孔（已残）。长1.92厘米、长径1.2厘米、短径0.7厘米（图17，25）。H1：30，墨玉。珠饰，呈扁管形，中间有一圆孔。直径约0.55厘米、厚约2.6厘米（图17，26）。

图23 石镞（H1：17）

五、第四期文化遗存

（一）遗迹

发现数量极少，仅包括灶址（Z11）1处。

Z11位于T0402内，叠压于第5层下，西部被2014TG1打破，东部未完全发掘。地面灶，已发掘部分平面呈不规则四边形，长约0.74米、宽约0.62米，开口距地表深约0.5米。灶面由北向南倾斜，为细沙土，质地略硬，其上保留有少量木炭碎块，红烧土厚约0~10厘米（图16）。

（二）遗物

出土数量较少，仅为少量石器及动物碎骨。石器以打制和压制的细石器为主，包括石片、石叶及细石叶、石刃、石镞、刮削器、尖状器等。

石片16件。均为锤击石片。T0104⑤：1，灰色燧石。为长石片，点状人工台面。劈裂面较平，半锥体微凸，打击点集中，可见放射线，同心波清晰。背面保留有数个石片的剥片疤。长3.4厘米、宽2.1厘米、厚0.6厘米（图24，1）。

石叶及细石叶35件。完整者较少，多为细石叶的近端段及中间段。T0105⑤：8，半透明白色玛瑙。为完整细石叶。整体向劈裂面一侧弯曲，劈裂面打击点集中，半锥体小而突出，背面有一Y形纵向脊。长3.4厘米、宽0.85厘米、厚0.3厘米（图24，4）。T0202⑤：3，青灰色燧石。为石叶中远端段。劈裂面较平，背面有两条纵向脊。长4.9厘米、宽1.4厘米、厚0.5厘米（图24，10）。

石刃7件。以石叶或细石叶为毛坯制作。T0402⑤：7，灰黄色燧石。以细石叶中段为毛坯，背面有两条纵向脊。双侧刃，刃部为单面压制修理，一侧刃为反向加工，修疤较细小而连续，一侧刃为正向加工，修疤较大而不连续。近端段经两面压制修理。长2.4厘米、宽0.7厘米、厚0.3厘米（图24，6）。T0202⑤：2，灰色燧石。以细石叶为毛坯，背面为自然石皮。单侧刃，刃部为单面压制修理，反向加工。长2.7厘米、宽0.85厘米、厚0.2厘米（图24，7）。T0402⑤：6，青灰色燧石。以细石叶为毛坯，背面有两条纵向脊。双侧刃，刃部为单面压制修理，反向加工。长3厘米、宽0.5厘米、厚0.2厘米（图24，8）。T0204⑤：3，灰色燧石。以石叶为毛坯，背面有两条纵向脊。双侧刃，刃部为两面压制修理，复向加工，修疤细小不甚连续。长3.7厘米、宽1.3厘米、厚0.3厘米（图24，9）。

石镞6件。以石叶或细石叶及石片为毛坯制作，据形态不同分为柳叶形和

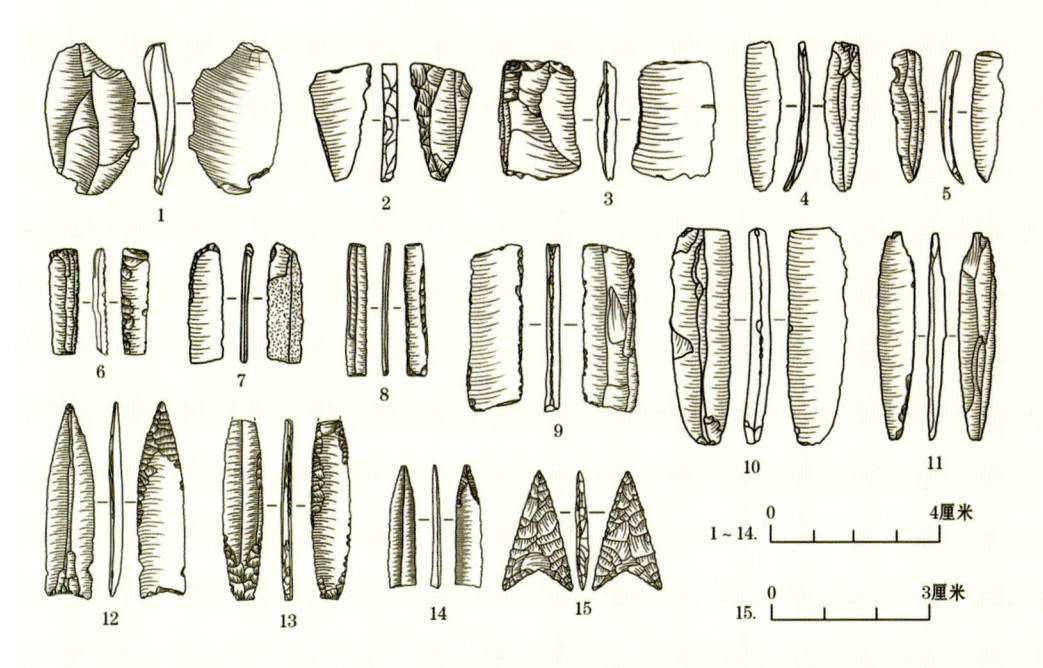

图 24 第四期文化遗存出土石器

1. 石片（T0104⑤：1） 2、3. 刮削器（T0101⑤：1 T0401⑤：1） 4、10. 石叶（T0105⑤：8 T0202⑤：3） 5. 尖状器（T0402⑤：4） 6～9. 石刃（T0402⑤：7 T0202⑤：2 T0402⑤：6 T0204⑤：3） 11～15. 石镞（T0102⑤：1 T0103⑤：2 T0204⑤：4 T0105⑤：9 T0402⑤：1）

图 25 石镞（T0402⑤：1）

三角形等。T0102⑤：1，浅黄色燧石。以石叶为毛坯，背面有多条不规则纵向脊。为石镞毛坯，仅对尖部及尾部简单整形，劈裂面一侧可见少量修疤，为单面压制修理、反向加工。长4.7厘米、宽0.9厘米、厚0.5厘米（图24，11）。T0103⑤：2，浅棕色燧石。以石叶为毛坯，背面有两条纵向脊。镞身近柳叶形，尖部较锐利，前锋微弧，凹底。尖部及前锋为单面压制修理、反向加工，修疤细长而平远。底部经两面压制修理。长4.4厘米、宽1.1厘米、厚0.3厘米（图24，12）。T0204⑤：4，灰色燧石。以石叶为毛坯，背面有一条纵向脊。镞身近柳叶形，尖部已残，侧锋微弧，小平底。侧锋为单面压制修理、反向加工。底部经两面压制修理，背面一侧修疤较多。长4.1厘米、宽0.9厘米、厚0.2厘米（图24，13）。T0105⑤：9，青灰色燧石。以细石叶为毛坯，背面有一条纵向脊。镞身近柳叶形，尖部较锐利，前锋微弧，平底。尖部及前锋为单面压制修理，反向加工。尾部经截断未修理。长2.8厘米、宽0.6厘米、厚0.2厘米（图24，14）。T0402⑤：1，青色燧石。以石片为毛坯。镞身近三角形，尖部锐利，侧锋斜直，凹底。为两面通体压制修理，修疤细长而平远。长2.2厘米、宽1.3厘米、厚0.25厘米（图24，15；图25）。

刮削器5件。T0101⑤：1，灰色燧石。以石片远端断片为毛坯。单直刃，刃部为单面压制修理、正向加工。长2.7厘米、宽1.4厘米、厚0.4厘米（图24，2）。T0401⑤：1，黑色燧石。以石片为毛坯。单凹刃，刃部为单面压制修理、反向加工。长2.7厘米、宽1.9厘米、厚0.5厘米（图24，3）。

尖状器1件。T0402⑤：4，青灰色燧石。以细石叶为毛坯，背面有两条纵向脊。尖部较锐。背面右下缘修理较细致，其余则较随意而断续，为单面压制修理、正向加工。长3厘米、宽0.8厘米、厚0.3厘米（图24，5）。

六、第五期文化遗存

（一）遗迹

发现数量略多，包括灰坑（H3）1座，以及灶址（Z2、Z3、Z4、Z9、Z10）5处。

Z4位于T0202、T0203内，叠压于第4层下。地面灶，平面呈椭圆形，长径约0.7米、短径约0.48米，开口距地表深约0.3米。灶面由北向南倾斜，为细腻沙土，质地略硬，其上保留有少量木炭碎块，红烧土厚约0~8厘米（图26）。

Z2位于T0102、T0202内，叠压于第3层下。地面灶，平面近圆形，直径约0.72米，开口距地表深约0.2米。灶面由北向南倾斜，为细腻沙土，质地略硬，其上保留有少量木炭块,红烧土厚约0～12厘米(图27)。

(二)遗物

出土数量较少,包括少量陶器、石器及动物碎骨等。

1.陶器出土数量较少,为少量破碎的陶片,完整器仅复原1件。陶器多为砂质灰褐陶或黄褐陶,器壁较薄,火候较高,质地略硬。器表以素面居多,有少量的附加堆纹及戳印篦齿纹等纹饰。可辨器形仅为罐类一种。

陶罐3件。T0202③：3,砂质灰褐陶。侈口,方唇,深弧腹,小平底。上腹近口部饰一周宽条附加堆纹,其上又饰由戳印篦齿纹构成的错向平行斜线纹。口径36.5厘米、底径9厘米、高32厘米(图29;图30,1)。T0202③：4,砂质黄褐陶。口沿残片。侈口,圆唇,侈沿较厚,弧腹(图30,6)。

2.石器32件。以打制和压制的细石器为主,包括石片、石叶、细石叶、石刃、刮削器、石镞等。有少量形体稍大的打制和磨制石器,包括砍砸器、砺石、石砧等。

石片11件。均为锤击石片。T0101③：2,半透明红色玛瑙。线状人工台面。劈裂面较平,半椎体微凸,打击点集中,可见放射线,同心波清晰。背面遍布石片的剥片疤。长2.6厘米、宽1.7厘米、厚0.7厘米(图30,3)。H3：1,浅灰色燧石。点状人工台面。劈裂面较平,半锥体微凸,可见锥疤,同心波清晰。背面保留有数个石片的剥片疤。长3.8厘米、宽2.8厘米、厚1厘米(图30,8)。

石叶及细石叶8件。T0201③：2,黄灰色燧石。为石叶近中段。劈裂面较平,背面有两条纵向脊。长3.8厘米、宽1.3厘米、厚0.3厘米(图30,10)。T0401④：1,黄灰色燧石。为细石叶近中

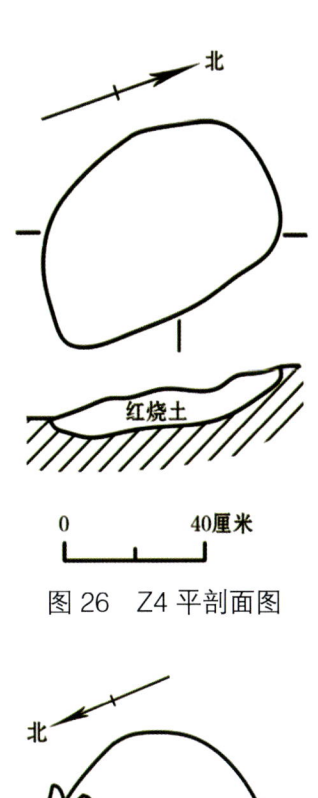

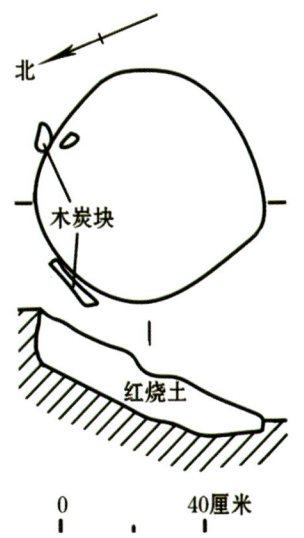

图26　Z4平剖面图

图27　Z2平剖面图

图28　Z8平剖面图

段。劈裂面较平，背面有一条纵向脊。长3.1厘米、宽0.7厘米、厚0.2厘米（图30，11）。

石刃4件。T0401④：2，青灰色燧石。以细石叶为毛坯，背面有两条纵向脊。单侧刃，刃部为单面压制修理，反向加工。长3.3厘米、宽0.7厘米、厚0.2厘米（图30，15）。T0201③：3，黄灰色燧石。以石叶为毛坯，背面有一条纵向脊。双侧刃，刃部为单面压制修理，正向加工为主。修理粗糙，修疤不连续，应为半成品。长4厘米、宽1.1厘米、厚0.3厘米（图30，16）。

刮削器5件。T0102④：1，白色玛瑙。以石片为毛坯，背面有少量自然石皮。边刮器，单凸刃。刃部为单面压制修理，正向加工。长2.5厘米、宽1.6厘米、厚0.5厘米（图30，4）。T0202④：6，半透明红色玛瑙。以石片为毛坯。拇指盖形。端刮器，凸刃。刃部为两面压制修理，背面全部经压制修理。长1.6厘米、宽1.4厘米、厚0.5厘米（图30，9）。T0202④：2，半透明红色玛瑙。边刮器，双刃。直刃为单面压制修理，反向加工。凸刃为两面压制修理，复向加工。长2.3厘米、宽1.8厘米、厚0.5厘米（图30，12）。T0102④：2，黄绿色燧石。以石片为毛坯。端刮器，凸刃。刃部及器身经通体压制修理，修疤较大而浅平。长3.1厘米、宽2.4厘米、厚0.85厘米（图30，13）。

石镞1件。T0402④：1，青灰色燧石。近三角形。钝尖，侧锋斜直，尾部残断。两面通体压制修理。长1.9厘米、宽0.7厘米、厚0.3厘米（图30，5）。

砍砸器1件。T0101③：3，安山岩。整体近梯形。下部经简单的打制修理出较钝刃部，左右两侧亦经简单的打制修理。长15.3厘米、宽6.3厘米、厚1.8厘米（图30，14）。

砺石2件。T0202③：1，凝灰岩。整体呈平行四边形。通体磨制，表面较为平整光滑。长8.2厘米、宽3.7厘米、厚0.6厘米（图30，19）。

石砧1件。T0404③：1，安山岩。整体近梯形。一面经打磨较为平整，其上有较多的近圆形的砸击小浅坑。长31.2厘米、宽20.8厘米、厚4厘米（图30，18）。

七、第六期文化遗存

（一）遗迹

发现数量较少，包括灶址（Z1、Z8）2处。

Z8位于T0402、T0403内，叠压于第2层下，西部被2014TG1打破。地面灶，平面呈椭圆形，长径0.56米、短径0.44米，开口距地表深约0.1米。灶面由北

图29 陶罐（T0202③：3）

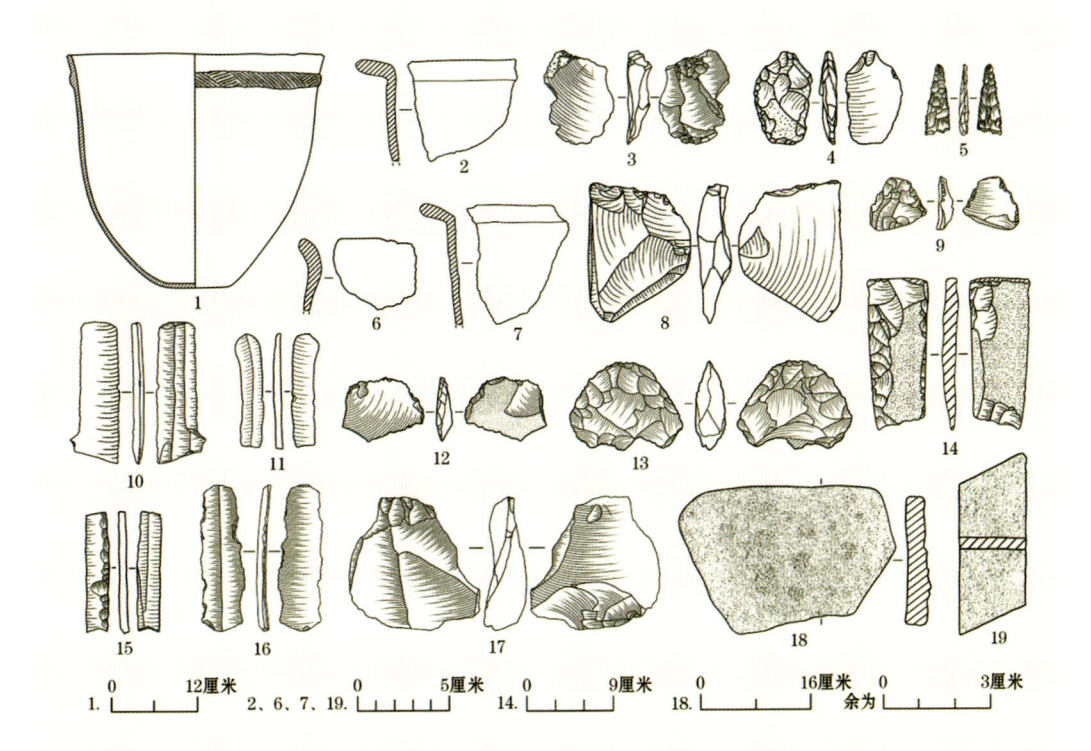

图30 第五、六期文化遗存出土遗物

1.陶罐（T0202③：3） 2、6、7.陶罐口沿（T0202②：1 T0202③：4 T0202②：2） 3、8.石片（T0101③：2 H3：1） 4、9、12、13、17.石刮削器（T0102④：1 T0202④：6 T0202④：2 T0102④：2 T0201②：3） 5.石镞（T0402④：1） 10、11.石叶（T0201③：2 T0401④：1） 14.砍砸器（T0101③：3） 15、16.石刃（T0401④：2 T0201③：3） 18.石砧（T0404③：1） 19.砺石（T0202③：1）

向南倾斜，为细腻沙土，质地略硬，其上保留有少量木炭碎块及大量灰烬，红烧土厚约 0～10 厘米（图 28）。

（二）遗物

出土数量极少，包括少量陶片、石器及马齿等动物碎骨。

1. 陶器仅见少量陶片。均为夹砂灰褐陶，火候较高，陶质坚硬，器表均为素面，略经打磨。可辨器形仅为罐类。T0202②：1，罐口沿残片，侈口，折沿，圆唇，直腹微弧（图 30，2）。T0202②：2，罐口沿残片，侈口，折沿，圆唇，斜直腹（图 30，7）。

2. 石器出土极少，有石片、刮削器等。T0201②：3，灰色燧石。边刮器，单凸刃。刃部为单面压制及打制修理，反向加工，修理较为粗糙。长 3.6 厘米、宽 3.6 厘米、厚 1.1 厘米（图 30，17）

八、结语

（一）文化分期、特征与年代

北山洞遗址地层堆积较厚，文化面貌较为复杂，依据层位关系及出土遗物特征差异，该遗址可分为六个时期文化遗存。

第一期文化遗存，以遗址第 9、10 层下叠压的灶址等遗迹和出土遗物为代表。遗物仅为少量石器及大型鹿科动物牙齿及碎骨等。石器原料以燧石为主，包括石叶石核、石片、石叶、刮削器、尖刃器、尖状器、石球等。剥片技法以锤击法为主，工具加工多采用打制和软锤修理技术，部分小型工具采用压制修理技术。从现有发现来看，此期遗存至少应包含石片工业和石叶工业两种类型，石叶工业占据重要地位。遗址出土的大型鹿科动物骨骼以及使用的工具说明，当时应为森林狩猎（大型动物）为主、兼营采集的生业方式。本期有 3 个碳十四测年数据（均由北京大学加速器质谱实验室测试，下同）可参考，测试样品采自 T0205⑨（BA171117）、Z12（BA171118）、Z13（BA171119），碳十四年代分别为距今 11 885±45 年、11 940±40 年、12 235±40 年，经树轮校正的年代为公元前 11910—前 11680 年、前 11970—前 11750 年、前 12270—前 12020 年。据此可将第一期文化遗存的年代推定为距今 14 200～13 700 年左右，属旧石器时代晚期晚段。

第二期文化遗存，以遗址第 7、8 层出土遗物为代表。遗物仅为少量石器，原料以燧石为主，包括石叶石核、细石叶石核、石片、石叶、细石叶、石刃、钻器、刮削器、铲形器等。剥片技法包括锤击法与间接的压制法，工具加工多采用较精细的压制修理技术。此期遗存以石叶技术和细石叶技术为主要工业类型。本期有1个碳十四测年数据可参考，测试样品采自T0401⑦（BA171112），碳十四年代为距今8 570±30年，经树轮校正的年代为公元前7605—前7540年。据此可将第二期文化遗存的年代推定为距今9 600~9 500年左右，属新石器时代早期早段。

第三期文化遗存，以遗址第6层下叠压的灰坑、灶址等遗迹和出土遗物为代表。遗物包括陶器、石器、玉器及动物碎骨等。陶器仅为少量陶片，为细砂质黄褐陶或灰褐陶，器壁较厚，火候较低，陶质疏松，体现出一定的原始性。部分陶片的唇面或上腹饰有戳压纹及附加堆纹等纹饰。石器原料以燧石为主，玛瑙次之。出土数量巨大的细石器，包括细石核、细石叶、石刃、石镞、刮削器、钻器等。剥片技法以间接法压制的细石器为主要技术特点，工具加工多采用较为精细的压制修理技术。此期遗存以细石核、细石叶等为代表的细石器工业占据绝对优势，小石叶工业与小石片工业类型也占有一定比例。本期有6个碳十四测年数据可参考，测试样品采自T0403⑥（BA171107）、T0202⑥（BA171109）、T0103⑥（BA171110）、Z5（BA171111）、H1上部（BA171113）、H1底部（BA171114），碳十四年代分别为距今6 995±30年、6 930±30年、6 855±30年、7 020±35年、6 915±30年、6 975±30年，经树轮校正的年代为公元前5990—前5790年、前5890—前5730年、前5810—前5660年、前6000—前5810年、前5880—前5720年、前5980—前5760年。据此可将第三期文化遗存的年代推定为距今8 000~7 700年左右，属新石器时代早期晚段。

第四期文化遗存，以遗址第5层下叠压的灶址等遗迹和出土遗物为代表。遗物包括少量石器及动物碎骨等。石器仍以压制的细石器为主，原料多为燧石和玛瑙，包括石片、石叶及细石叶、石刃、石镞、刮削器、尖状器等，通体压制修理的三角形凹底石镞为新出现器形。本期有3个碳十四测年数据可参考，测试样品采自T0402⑤（BA171105）、Z11（BA171108）、T0403⑤（BA171115），碳十四年代为距今5 535±35年、5 615±30年、5 760±30年，经树轮校正的年代为公元前4460年—前4330年、前4510年—前4360年、前4710年—前4530年。据此可将第四期文化遗存的年代推定为距今6 700年~6 300年左右，属新石器时代中期。

第五期文化遗存，以遗址第3、4层下叠压的灰坑、灶址等遗迹和出土遗物为代表。遗物包括少量石器、陶器及动物碎骨等。石器原料多为燧石和玛瑙。仍以细石叶、石刃、石镞、刮削器等细石器为主，有少量的砺石、石砧、砍砸器等形体稍大的磨制或打制石器。陶器多为砂质灰褐陶或黄褐陶，器壁较薄，火候较高。

质地略硬。器表以素面居多，有少量的附加堆纹及戳印篦齿纹等纹饰。可辨器形仅有罐类一种。本期有2个碳十四测年数据可参考，测试样品采自Z2（BA171101）、Z3（BA171102），碳十四年代为距今4 400±40年、4 480±33年，经树轮校正的年代为公元前3330年—前2900年、前3340年—前3020年。据此可将第五期文化遗存的年代推定为距今5 300年~4 900年左右，属新石器时代晚期。

第六期文化遗存，以遗址第2层下叠压的灶址等遗迹和出土遗物为代表（遗物包括少量陶片、石器等2014年试掘时还出土少量铁器、料器）。陶片均为细沙质灰褐陶，火候较高，陶质坚硬，器表均为素面，陶器可辨器形均为口部外侈的折沿深腹罐，器形与内蒙古呼伦贝尔地区鲜卑墓葬[1]及嫩江中上游红马山遗址[2]出土的同类器接近。第六期文化遗存应与早期鲜卑遗存有密切关系，年代应为东汉时期。

（二）初步认识

北山洞遗址先后经两次发掘，出土陶器、石器、玉器、骨器、铁器、料器及动物骨骼等遗物共计2 500余件，自上而下揭露地层堆积11层，包括旧石器时代晚期，新石器时代早期（早晚两段）、中期、晚期，以及早期鲜卑等六个时期文化遗存，年代跨度为距今1.4万年左右至东汉时期。旧石器时代晚期遗存和新石器时代遗存的发现是本次工作最主要收获。北山洞遗址第一期文化遗存属旧石器时代晚期，石器工艺分为石片工业和石叶工业两种类型，以石叶工业占据较重要地位。大兴安岭地区以往发现的旧石器时代晚期遗存数量较少，主要包括代表大石器类型的漠河老沟河遗址[3]，以及具有石叶及细石叶工艺因素的呼玛十八站遗址[4]和老卡遗址[5]等。北山洞遗址第一期文化遗存石器制作工艺与

---

[1] 内蒙古文物工作队：《内蒙古扎赉诺尔古墓群发掘简报》，《考古》1961年第12期；内蒙古文物考古研究所：《扎赉诺尔古墓群1986年清理发掘报告》，《内蒙古文物考古文集》，北京：中国大百科全书出版社，1994年；内蒙古文物考古研究所等：《额尔古纳右旗拉布达林鲜卑墓发掘简报》，《内蒙古文物考古文集》，北京：中国大百科全书出版社，1994年。

[2] 张伟：《红马山文化辨析》，《北方文物》2007年第3期。

[3] 杨大山：《漠河出土的打制石器》，《黑龙江文物丛刊》1982第1期。

[4] 张晓凌、于汇历、高星：《黑龙江十八站遗址的新材料与年代》，《人类学学报》2006第2期。

[5] 黑龙江省文物考古研究所：《黑龙江呼玛老卡遗址调查简报》，《北方文物》1996年第2期。

老沟河遗址面貌差别较大，而与十八站遗址及老卡遗址面貌更为接近，只是北山洞遗址没有体现出典型的细石叶工艺因素。对北山洞遗址第一期文化遗存石制品的研究能补充大兴安岭旧石器时代晚期的材料缺环，为探索这一地区狩猎采集者的活动特点和生计方式提供基础性的认识。北山洞遗址第二、三期文化遗存属新石器时代早期。其中，第三期文化遗存出土石器的数量最多，器类最为丰富，以压制的细石核、细石叶及利用石叶或细石叶制作的石刃、石镞等为代表的细石器工艺类型占据绝对优势，其石器制作工艺与地处大兴安岭以西的内蒙古呼伦贝尔地区辉河水坝遗址早期遗存[1]、哈克遗址早期遗存[2]等最为接近。黑龙江省西部以嫩江流域细石器发现的数量最多，但多为新石器时代中、晚期阶段资料，而新石器时代早期阶段资料则相对较为缺乏[3]，北山洞遗址第三期文化遗存出土的大量细石器是对黑龙江省西部地区新石器时代早期阶段石器研究资料的极大补充。第三期文化遗存出土少量砂质陶片，制作工艺较为原始，部分罐类口沿的唇面饰有戳压纹或上腹部饰有条形附加堆纹，其施纹风格可能继承了嫩江流域双塔一期文化[4]的部分文化因素，与大致处于同一时期的黄家围子文化[5]（包括额拉苏C地点[6]、黄家围子早期遗存[7]、后套

---

[1] 中国社会科学院考古研究所细石器课题组、内蒙古自治区文物考古研究所等：《内蒙古呼伦贝尔辉河水坝细石器遗址发掘简报》，《考古学报》2008年第1期；岳够明等：《内蒙古辉河水坝细石器遗址1996年发掘简报》，《人类学学报》2016年8期。

[2] 中国社会科学院考古研究所、内蒙古自治区文物考古研究所等：《哈克遗址——2003—2008年考古发掘报告》，北京：文物出版社，2010年。

[3] 李有骞：《嫩江流域细石器考古的回顾与展望》，《黑龙江社会科学》2018年第5期。

[4] 王立新、段天璟：《中国东北地区发现万年前后陶器——吉林白城双塔遗址一期遗存的发现与初步认识》，《吉林大学社会科学学报》2013年第2期；吉林大学边疆考古研究中心、吉林省文物考古研究所：《吉林白城双塔遗址新石器时代遗存》，《考古学报》2013年第4期。

[5] 王立新：《后套木嘎新石器时代遗存及相关问题研究》，《考古学报》2018年第2期。

[6] 大贯静夫：《昂々溪采集の遗物について—額拉苏C（オロス）遗址出土遗物を中心として》，东京大学文学部：考古学研究室研究纪要（第六号）。

[7] 吉林省文物考古研究所：《吉林镇赉县黄家围子遗址发掘简报》，《考古》1988年第2期。

木嘎二期遗存[①]等）亦有密切联系。鉴于大兴安岭与嫩江流域分属不同地貌单元，暂将第三期文化遗存推定为大兴安岭地区新石器时代早期阶段一支独立的考古学文化，由于陶器材料较为单薄，还需要今后更多工作加以认定与充实。北山洞遗址第四、五期文化遗存属新石器时代中、晚期，石器出土数量略少，仍以压制的细石器为主，石器加工出现通体压制修理技术。第四期文化遗存未发现陶器，对其文化性质的认知还有待于今后的新发现。第五期文化遗存出土陶罐的造型及纹饰特点鲜明，面貌区别于周临地区同时期已知的任何考古学文化，可能代表了新石器时代晚期阶段一支新的考古学文化类型。

北山洞遗址是黑龙江省大兴安岭地区首次发现包含多个时期文化堆积的洞穴类遗址。与内蒙古嘎仙洞遗址[②]相比较，两处洞穴类遗址多有类似之处：如两者的洞口外部岩壁均发现有人或动物形的彩绘岩画遗迹，洞穴内均包含有旧石器时代晚期、新石器时代、鲜卑等多个时期文化堆积。嘎仙洞遗址虽规模较大，但科学的考古工作反而较少，对其整体文化内涵的认识并不十分清晰。而北山洞遗址规模虽小，但经过科学发掘，文化序列清晰，年代明确，出土遗物较为丰富，在一定程度上对大兴安岭东麓山区考古学文化编年体系的构建具有填补空白的意义，对深入开展该区域文化谱系、生业方式、石器工艺、生态环境及人地关系等方面研究具有积极的推动作用。

---

① 吉林大学边疆考古研究中心、吉林省文物考古研究所：《吉林大安后套木嘎遗址 A Ⅲ 区发掘简报》，《考古》2016 年第 9 期。

② 呼伦贝尔盟文物管理站：《鄂伦春自治旗嘎仙洞遗址 1980 年清理简报》，《内蒙古文物考古文集》（第二辑），北京：中国大百科全书出版社，1997 年。

黑龙江大兴安岭呼中北山洞遗址

1. T0401～T0404 东壁地层剖面（西→东）

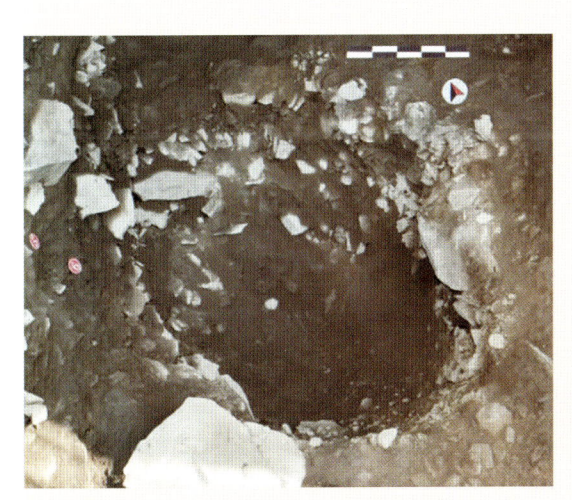

2. H1（南→北）

3. Z4（南→北）

作者王长明，黑龙江省文物考古研究所考古研究部主任，研究馆员。文章原载《北方文物》2020年第1期，题目略有改动。

第三节　大兴安岭呼中北山洞遗址碳十四年代和岩画颜料科学分析报告

一、大兴安岭呼中北山洞碳十四测年

为了了解大兴安岭地区岩画的年代范围，我们对2015—2017年黑龙江省文物考古研究所正式考古发掘的大兴安岭呼中区北山洞遗址出土的木炭等样品进行了碳十四年代测定。

北山洞共获得不同地层出土碳样22个，除了表层2个年代为现代碳外，共得到20个有效的年代信息。对有效年代进行了树轮校正，以获得其日历年代。校正结果参见下图。

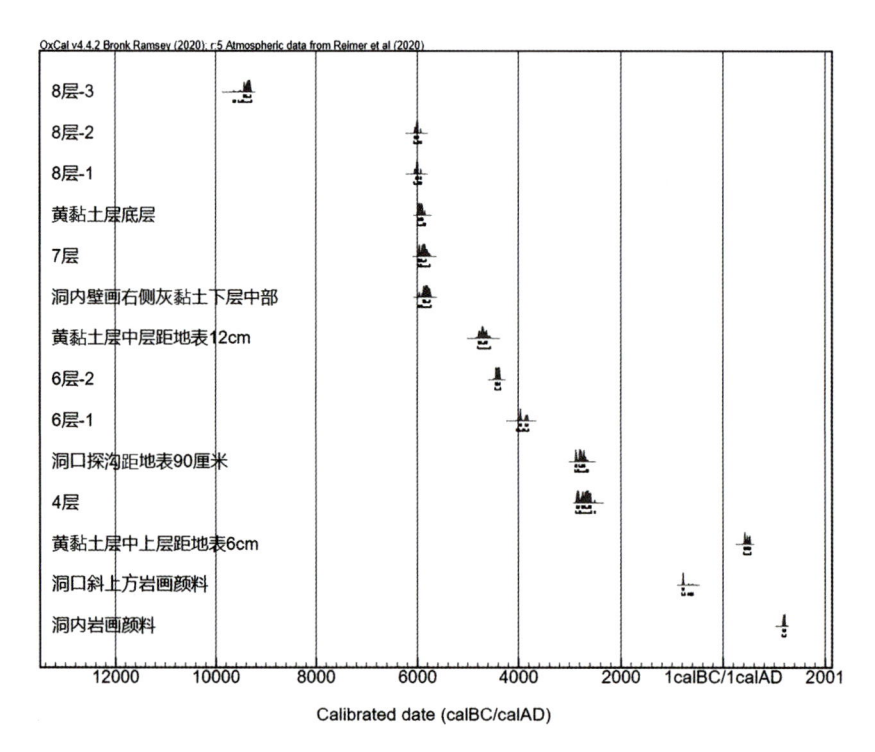

图1　北山洞遗址碳十四年代树轮校正

北山洞碳十四年代

根据树轮年代校正结果，从探沟最下层（即最早有人类活动）到距离洞里地表 5~6 厘米的黄黏土层，一共可以分为四个时期。

（1）旧石器晚期—新石器早期，为生土层上的第 8、7 层，该层共获得 6 个碳十四年代，最早为距今 11 500~11 200 年；其次为距今 8 900~9 000 年左右；最晚的两个年代为距今 7 985~8 035 年。说明北山洞最早有人类活动的时间为距今 8 000~11 500 年。

（2）新石器中期，为第 6 层，该层获得 3 个碳十四年代，树轮校正结果为 5 800~6 800 年，该层年代已经进入了新石器中期。和第 7、8 层之间有将近 1 000 年的时间间隔。

（3）新石器晚期—青铜时代早期，为第 4 层，共获得 2 个碳十四年代，树轮校正结果为距今 4 800~4 600 年，和第 6 层有 1 000 年左右的时间间隔。

（4）铁器时期（中古时期），为距地表 6 厘米的黄黏土层，应该是文化层最上层。该层获得 1 个年代，经过树轮年代校正为公元 380—540 年，即中原的魏晋南北朝时期。

（5）我们还对两个壁画颜料进行了全样品测年，主要测年对象为其中的胶黏剂。其中洞内颜料的年代经过树轮年代校正为公元 1170 年左右，即金代；而北山洞洞口斜上方的颜料年代树轮校正后为公元前 800—前 750 年左右，即西周早期。

从碳十四测年结果看北山洞遗址至迟在距今 11 000 年前的旧石器晚期就有人类居住。大兴安岭地区还发现了呼玛十八洞等旧石器晚期遗址，这说明大兴安岭地区有人类活动的历史可以追溯到距今 11 000 年前。距今 10 000 年左右的旧石器向新石器过渡阶段，是人类发展史上的重要阶段，测年结果表明，大兴安岭地区在该阶段占据了重要的位置，很可能是早期人类南迁华北平原的重要中转站。

此外，北山洞的年代序列非常完整，从旧石器晚期一直到近现代都有人类活动的迹象，这和北山洞优越的地理位置有关系。

测试的两幅岩画年代，一幅距今 2 800 年，一幅距今 1 000 年左右，这说明岩画年代延续时间也非常长。大兴安岭地区发现了 3 000 多幅岩画，而且岩画地点分散，因此不大可能是同一时期绘制的。需要我们加大测年力度，对能够进行测年的岩画尽量进行检测，这样才能揭开大兴安岭岩画的神秘面纱。

二、大兴安岭彩绘岩画颜料科学分析

采样地点：黑龙江大兴安岭呼中区北山洞

分析仪器：Niton XL3t 型便携式 X 荧光光谱仪（p-XRF）

分析结果：谱图参见图版 1—6、数据表 1。

表 1 北山洞颜料、岩壁及红色石头的化学成分分析（ug/g）

	Fe	Mn	Ti	Ca	K
洞内颜料	40012	5190	2615	15844	9632
洞内岩壁	36279	1966	2755	25213	8319
洞口斜上方颜料	59885	1172	3872	18658	10427
洞口斜上方岩壁	48067	873	3969	25485	14511
洞口正上方颜料	46606	1114	3430	24905	14214
红色石头	78524	4724	6815	14997	23374

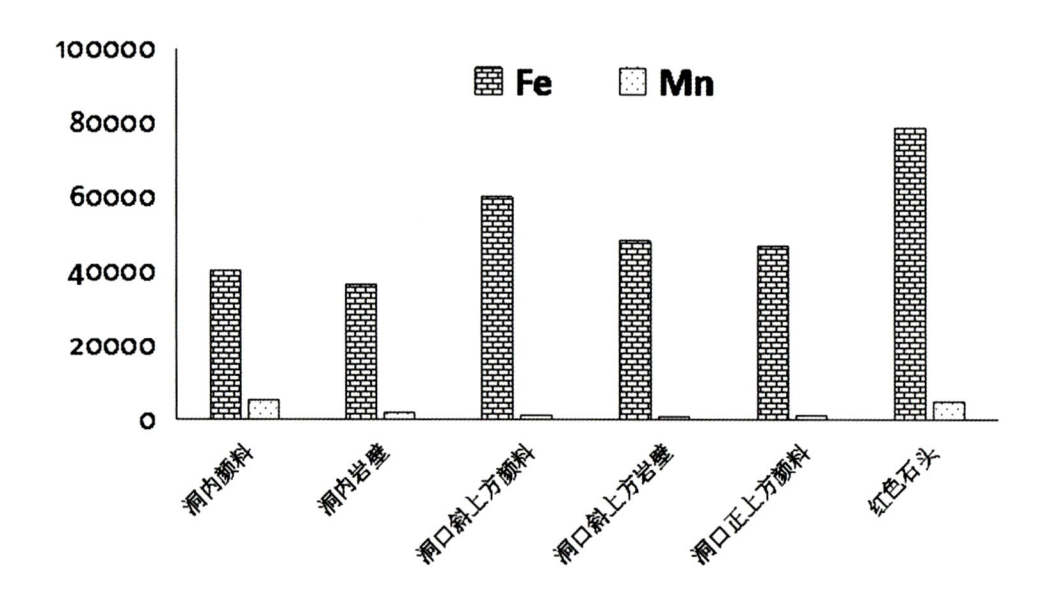

图 2 铁（Fe）、锰（Mn）的元素含量柱状比较图

结果讨论

从以上分析结果可以看出，岩画部分所包含的铁和锰元素的含量都高于岩壁的含量。Fe为其中主要元素，说明红色颜料为含锰较高的铁矿石，应为赤铁矿（赭石，Fe_2O_3）或者褐铁矿[$FeO(OH)·nH_2O$]等矿物。由于XRF只能测出元素含量的高低，不能确定其具体的矿物种类，因此具体矿物种类的分析需要进一步的测定。锰是铁矿中常见的类质同象元素，Mn^{2+}可以完全置换矿石中的Fe^{2+}，因此天然铁矿物中大多含有一定量的锰。而锰含量高低可以作为衡量是否是天然铁矿石的标志。而此次颜料中都测到比岩壁高的锰含量，因此可以推断这些红色的部分都是天然铁矿物颜料。

洞内疑似颜料的分析结果表明其铁含量比周边岩壁的铁含量高4 000ppm左右，而Mn的含量更高出近2.5倍以上，说明红色部分富集铁和锰。这与洞口两处岩画的特点非常接近，据此可以判断其为天然的铁矿物颜料，而并非现代的红色油漆。

洞口斜上方岩画保存较好，所以其铁含量较岩壁的高出较多，锰含量也比岩壁高。而正上方的岩画基本剥落，其铁含量和岩壁成分相接近，但锰含量也高出岩壁不少，说明其还是以铁矿石所画的岩画。

洞口的红色石头也具有高铁和高锰的特征，其铁的含量高出岩壁近1倍，锰的含量也高出岩壁数倍，说明红色石头中很可能含有一定的铁矿石。而且其围岩中钾（K）的含量高于钙（Ca）。根据岩壁的分析结果，岩洞中及洞口的石头所含钙含量都高于钾，说明这块石头可能并不是来源于山洞及其附近的围岩。而洞内颜料的分析结果表明颜料与岩壁相比，钙含量有所降低，而钾的含量有一定提高，这表明颜料中可能钙含量较岩壁低而钾含量较岩壁高。结合其锰含量显著偏高的情况，推测洞口的这块红色石头有可能是被搬入洞中用作岩画颜料使用剩余的。

三、结论

综上分析，根据铁和锰含量都高于周边岩壁的情况判断，洞内红色的部分应是天然铁矿物颜料的遗迹，可以排除其为油漆黏附的可能。绘制岩画的颜料应为含锰较高的铁矿石，具体的矿物种类需要利用其他科技手段进行分析。洞口的一块红色石头可能并不来自岩洞或其周边，有可能是被用来作为颜料搬上山使用的。

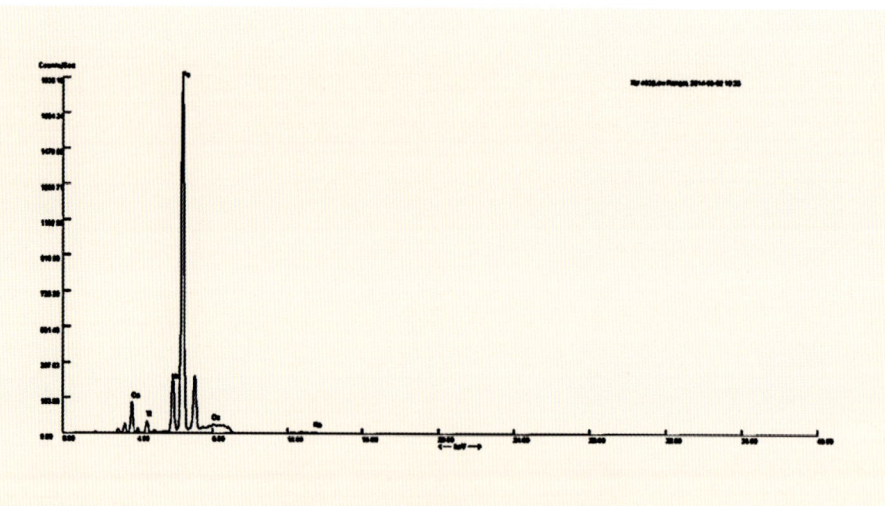

图版 1　洞内颜料的 XRF 图谱

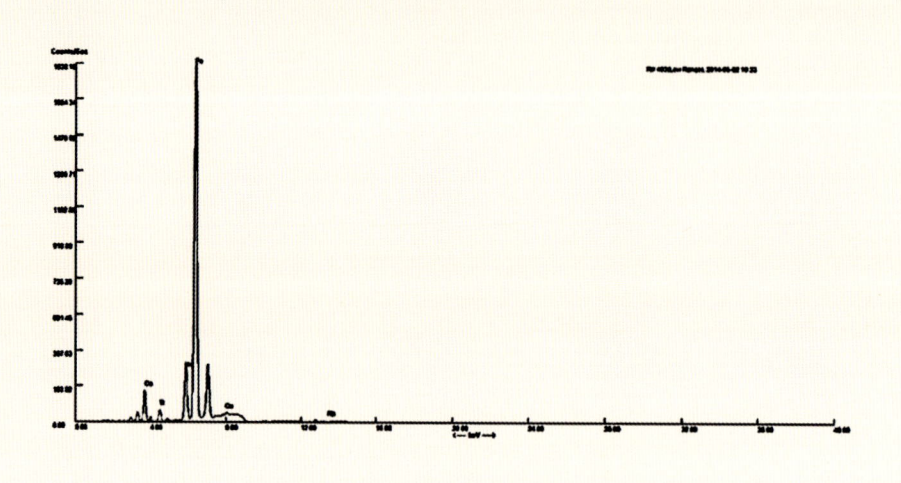

图版 2　洞内岩壁的 XRF 图谱

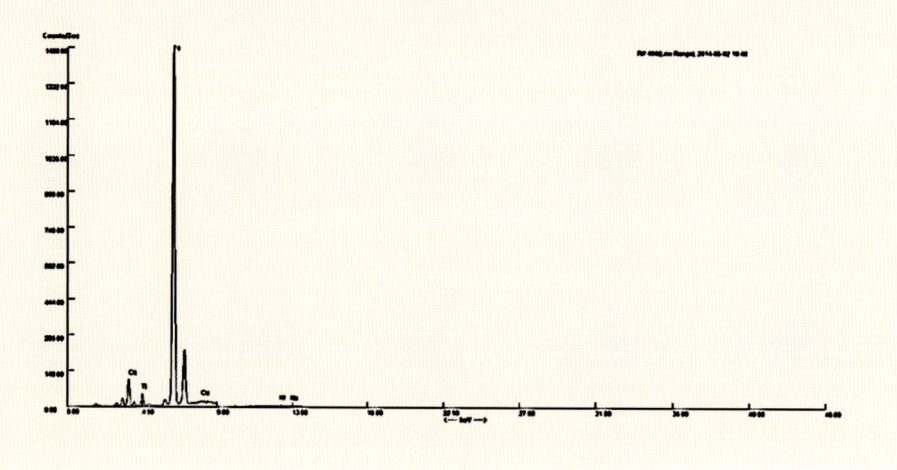

图版 3　洞口一侧颜料的 XRF 图谱

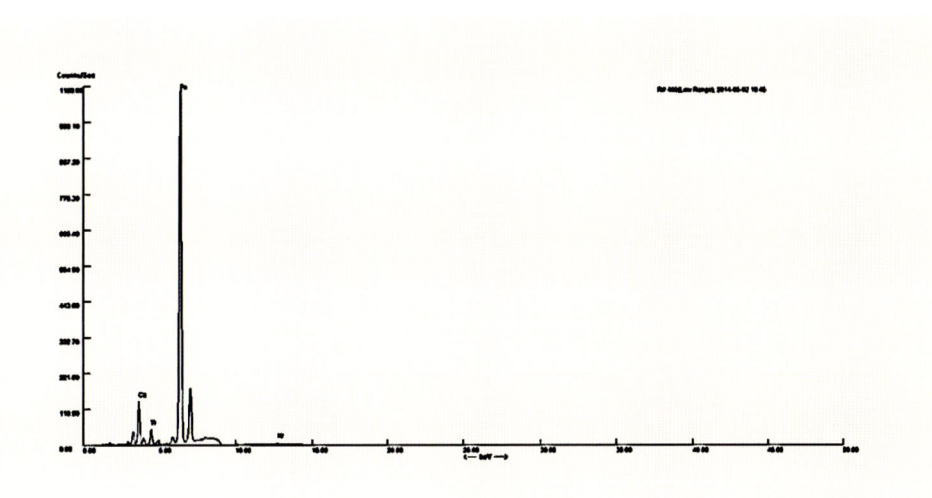

图版 4　洞口一侧岩壁的 XRF 图谱

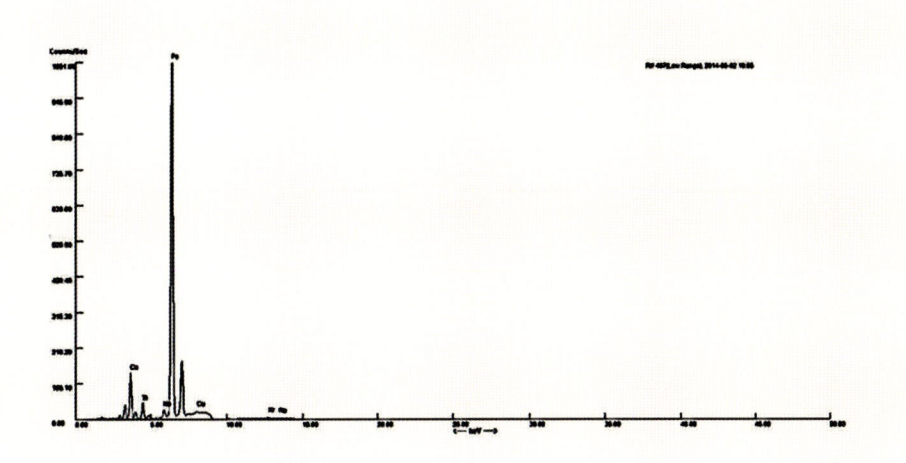

图版 5　洞口上方岩画的 XRF 图谱

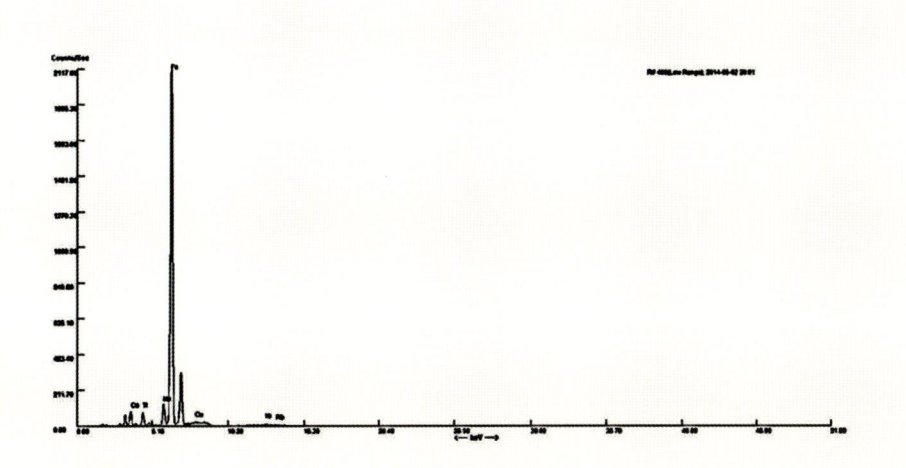

图版 6　洞口红色石头的 XRF 图谱

作者崔剑锋，北京大学考古文博学院副院长，教授、博士生导师。

第四节　呼中碧水北山洞岩画考古背后的故事

在大兴安岭林区这片神奇的土地上，早在原始社会旧石器晚期，就有人类在这里繁衍生息。

这里，曾是东胡、鲜卑、室韦、契丹、蒙古、女真等众多北方先民进行采集和渔猎生活的地方，这片土地就是绵延8万平方千米的黑龙江省大兴安岭，它位于黑龙江省和内蒙古自治区之间，北起黑龙江畔，南至西拉木伦河，是多民族分散杂居的边疆地区，与俄罗斯边境线长786千米，是我国木材资源战略储备基地，是我国东北部最具生机的一片土地。在这片土地上，众多的北方民族为中华民族融合做出了巨大的贡献。

大兴安岭，古称大鲜卑山，是拓跋鲜卑入主中原建立北魏王朝的龙兴之地。碧水北山洞古人类文化遗址位于大兴安岭呼中区碧水镇西北2千米处北山天然洞穴内，通过近年来两次考古发掘和地层实物遗存研究，初步证明了大兴安岭地区是早期人类繁衍栖息之地，是我国东北远古文化的重要发祥地之一。黑龙江省西北部山区早期人类历史文化研究，为研究大鲜卑山远古文明提供了真实佐证。

一、岩画考古，引出万年遗迹

2012年，大兴安岭地委行署高度重视，在黑龙江省文化厅的大力支持下，大兴安岭地委宣传部与黑龙江省文物考古研究所联合组建大兴安岭岩画考古队，由黑龙江省文物考古研究所研究员赵评春带队，大兴安岭地委宣传部牟海军参加，对大兴安岭地区所有石砬子上的岩画开展全面普查。

2013年9月，在岩画田野调查中，发现位于呼中区碧水镇北山的一个天然形成的石洞。洞内是否有岩画？岩画考古队向大兴安岭地委宣传部做了汇报，随后大兴安岭地委宣传部决定组织人员进洞勘察。

2014年8月12日，大兴安岭地委宣传部分别与呼中区委宣传部、碧水镇场党委联系后，地委宣传部曹国志、牟海军，碧水镇场刘来君及林场扑火队12名队员，登上伊勒呼里山北坡陡峭的山腰处，行程一小时后抵达北山洞。

该山洞距呼中区约25千米，依山傍水，风景秀丽，洞口山岩凸立裸露，属地质时期自然形成，洞穴口朝向西南，整体呈拱形，直临山崖，十分陡峭，站在洞口可见碧水镇全貌。洞口形状为三角形，洞口海拔高程约540米，进入后较宽敞，洞内长16米、宽5米、高2.6米，并呈阶梯状形成三个区域，南距呼玛河支流约250米，与山下呼玛河谷地相对高差约93米。呼玛河五条支流在此汇聚，东南隔河与碧水镇相望。该山洞洞口被一座厚重的现代坟堆遮挡并立有一座石碑，洞口已经被人填埋，只留下漆黑的缝隙，在此洞口上面，发现彩绘岩画遗迹，通过镜下观察，洞口彩绘遗迹与其他已经调查过的岩画彩绘颜料、微颗粒形态属于同一类"赭石"物质，属古时期人工合成的自然矿产颜料。[1]

洞口外附近立碑墓地。原碧水镇居民姜崇奇、姜崇文将故去的父亲姜义功及母亲付艳荣、厉淑芹葬于此洞

2014年8月，经大兴安岭地委宣传部与姜崇奇、姜崇文联系沟通，将其父母棺椁迁出，安葬在大兴安岭地区加格达奇区青龙山公墓

---

[1] 王长明：《黑龙江大兴安岭呼中北山洞遗址2016年发掘简报》，《北方文物》2020年第1期。

大兴安岭地委宣传部曹国志、牟海军，碧水镇场刘来君，扑火队孔凡盛、刘国强进入洞内，发现了三口近代木质灵柩。经了解，该墓为姜义功与付艳荣、厉淑芹两位夫人的合葬墓。大兴安岭地委宣传部与呼中区委区政府商定，由区政府出资为其在加格达奇区购置墓地重新安葬。

据姜崇奇讲："曾有人给我50万我没给他们，家乡林区正在转型发展旅游产业，让碧水人早日富起来，这是我为家乡做的一点贡献，把三位老人的遗骨安葬在大兴安岭地区加格达奇区青龙山公墓，老人安息，我也放心了。"自此，拉开了考古序幕。

二、抢救挖掘，发现惊人秘密

2014年8月20日，大兴安岭地委宣传部与姜崇奇、姜崇文联系，在呼中区委、区政府的大力支持下，在呼中区委宣传部全体同志和碧水林场扑火队队员的积极配合下，将北山洞灵柩顺利迁出。曹国志和姜崇奇、姜崇文家人迁移途中与大兴安岭岩画考古队领队赵评春、队员牟海军会合交换意见。当日下午因下雨，考古队没有进入现场发掘，第二天考古队正式进入北山洞，进行考古清理及抢救性发掘工作。

碧水北山洞位于碧水镇北山，因蜿蜒如龙，被百姓称为青龙山，东西走向，东为"龙头"，西为"龙尾"。洞穴位于"龙头"处，因此称为"龙首洞"，距离嘎仙洞直线距离不足300千米，在鲜卑文化及其源头研究方面与嘎仙洞称"姊妹洞"。根据史料和考古印证，大兴安岭是东胡、鲜卑、室韦、契丹、蒙古、女真等众多北方先民进行采集和渔猎生活的摇篮，这些北方民族在中华民族融合进程中做出过巨大贡献，这也充分证明了大兴安岭文化与黄河文化、长江文化、草原文化一样，成为中华文化的重要源头之一。

时任大兴安岭地委宣传部副部长曹国志（左）、黑龙江省文物考古研究所研究员赵评春（右）在了解北山洞实物清理情况

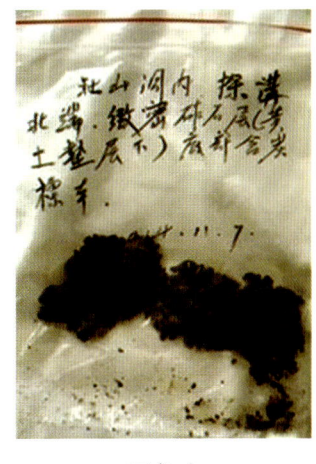

五色土 　　　　　　玛瑙质的箭镞 　　　　　　玛瑙珠

经过70余天抢救性考古清理，发现1 000余件石器、骨器、玉器、陶器、铁器、古玻璃、玛瑙料珠等文物，并发掘出8个从东汉时期的鲜卑文化上溯到旧石器时代晚期文明的叠压紧密的文化层。在洞内新石器文化层以下的山基岩壁上发现的红褐色彩绘岩画遗迹，经黑龙江省文化厅专家组赴呼中现场考察认定，根据发现于第6层的新石器早期与第8层旧石器时期之间的第7层叠压层中的远古彩绘岩画遗迹，可以认定红褐色岩画绘制不晚于新石器早期，疑似旧石器时期，这一结论，经北京大学科技考古专家采用国际最先进的美国热电公司Niton XL3t型便携式X荧光光谱仪现场测定，属于远古人类调和铁、锰等原料制作的彩绘颜料，根据地层和出土器物类型关系判断，大兴安岭彩绘岩画是迄今为止我国最早产生的岩画。

北山洞洞口缓坡清理出火坑、灶石和石凳，适于围坐烤火、用餐、晒暖；中层是护坡石和约10厘米厚黄黏土垫起的平台，平台上覆有约二三厘米厚的褐色草木灰层，整个平台可分两排容纳20余人卧居；再往上是被先民们无数次手摸脚蹬后磨掉棱角的温润石带，石带上面是最高处的平台，平台正中、岩洞尽处赫然出现一把石椅，椅背呈三角形，椅上垫有黄土，椅宽约60厘米，两侧扶手光滑圆润，坐上去十分舒服，石椅两侧亦有石凳，适合围坐议事、休息，洞顶有明显的烟熏痕迹。环顾洞内，半圆形穹顶下三个平台连接紧凑，结构巧妙。

考古人员先在洞口右侧清理出一个探方区，探方区自上而下标记，8个文化层，其中带有毛矸石的第7层又可分上中下三层，斜压到第8层上。

此次考古第7层以上出土的文物分别有铁镞、铁耳环、墨玉管饰、玛瑙料珠、古玻璃饰品、陶片、骨锥等精致器物以及石刃、石叶等磨制石器，时间推测约在2 000年前至10 000年以内；而第8层出土的石茅、石铲、石斧等石器较为粗笨，带有明显的打制印记，初步判定为12 000年以上旧石器时代的工具。诸多文物中较为罕见的是从第8层出土的一枚青玉刃，该刃呈弧形，两面起刃，方便抓握，带有包浆，硬度在5.5HRC以上，轻划玻璃即现裂痕，赵评春推测这是剥兽皮用的"尖端工具"，是非常罕见的远古时代玉器，堪称兴安"镇岭之宝"。[1]

三、专家把脉，科学测年鉴定

2015年9月3日，由黑龙江省文化厅主办，黑龙江省文物考古研究所承办，大兴安岭地委宣传部、呼中区委宣传部协办的"大兴安岭岩画与北山洞遗址考古成果研讨会"在大兴安岭呼中区召开。参加论证会的专家有北京大学的夏正楷教授、崔剑锋副教授，中国人民大学的魏坚教授，河北师范大学的汤惠生教授，中国文化遗产研究院的乔梁研究员。他在听取黑龙江省文物考古研究所对大兴安岭岩画及北山洞考古工作的详细汇报后，综合北山洞遗址现场考察情况，形成了权威论证。

2015年9月15日，黑龙江省文化厅在哈尔滨召开大兴安岭岩画调查与北山洞遗址考古新闻发布会。经黑龙江省文物考古研究所抢救性考古发现，洞内文化遗存以洞口处较为丰富，地层堆积比较明确，共分8层：其中，第2层为鲜卑时期文化层，出土有夹砂黑褐陶片、铁镞、铁针、料珠遗物；第3层至第6层为新石器时期文化层，出土大量石片、石核、石叶、石刃、石镞、水晶料、玛瑙珠、玉石管饰等遗物。考古专家根据碳十四测年，可以确定洞内洞外文化层堆积距今已有8 000多年；有一个木炭样品（第8层）得出距今11 500年的结果，但因为只有一个，是否10 000年前的确有人类活动，需要通过进一步考古发掘寻找相关证据。

---

[1] 赵评春：《大兴安岭呼中北山洞的新发现》，《瞭望》2015年第5期。

大兴安岭地委宣传部组织召开北山洞遗址考古与大兴安岭岩画学术研讨会

黑龙江省文化厅在哈尔滨召开大兴安岭岩画调查与北山洞遗址考古新闻发布会

四、中印研讨，展现岩画魅力

2016年2月24—27日，中印岩画展暨国际学术研讨会在印度首都新德里顺利召开。此次研讨会由中央民族大学中国岩画研究中心、宁夏贺兰山岩画管理处和印度印迪拉甘地国家艺术研究中心联合举办。黑龙江省文化厅，黑龙江省文物考古研究所，大兴安岭地委宣传部，北京、宁夏、云南、河南、内蒙古、陕西、青海等省市高校和科研单位的35位专家学者，以及印度岩画研究机构和科研单位的专家学者参加了开幕式并参观了岩画展。

研讨会共有22位专家学者发言，其中中方专家16位、印度学者6位，分别就岩画的调查、记录、保护和阐释等方面做了深入交流。赵评春以《中国大兴安岭彩绘岩画考古——旧石器时期文化特征的发现认识》为题做专题发言。大兴安岭三人纹出土岩画、整体天象岩画、人与天体岩画入选岩画展，全方位展现了大兴安岭彩绘岩画的独特魅力，不仅提高了中国岩画在国际岩画界的地位，而且提升了大兴安岭彩绘岩画的国际影响力和知名度。

五、二次发掘，再现重要遗存

为进一步明确该洞穴内各层堆积的文化内涵及年代，推进大兴安岭地区考古学及岩画学的深入研究，2015年初，黑龙江省文物考古研究所向国家文物局申请该遗址的主动性发掘计划。2015年3月，该项目获国家文物局审批通过。

2016年9—10月，第二次考古发掘获得了新石器时代至鲜卑时期几个阶段的考古学文化的底层关系和出土遗物。

"发掘区地势北高南低，呈斜坡状。南部近洞口外部区域的堆积较厚，最厚处达2.3米，灰坑、灶址等遗迹均分布于此。北部洞穴内部堆积相对较薄，最浅处约0.4米，无遗迹分布。地层堆积自上而下分为10层，通过对地层、遗迹中出土遗物的全面分析和比较后，可以将本次发掘所获的文化遗存划分为四个时期：第一期属鲜卑时期文化遗存，年代为距今约2 000~3 000年。第二期属新石器时代晚期文化遗存，年代为距今约4 000~5 000年。第三期属新石器时代早期文化遗存，年代为距今约7 000~8 000年。第四期属旧石器时代晚期文化遗存，年代鉴定为距今30 000年以上。

"出土遗物分为石器、陶器、骨器三类，其中石器共出土1 774件，器类包括石片、石叶、石刃、石镞、刮削器、石核、断块、石珠、磨盘、石锤、石球等。陶器有可复原筒形罐1件（新石器时代晚期）、陶器口沿残片5件（鲜卑时期1件、新石器时代早期4件）、器底2件以及陶器腹片100余件。骨器3件、镞1件（残）、匕2件。另出土有动物牙齿、碎骨标本等30余件。"[1]

此次考古发掘出10个不间断的文化层，在整个东北地区极为罕见，进一步证明了大兴安岭是孕育黑龙江乃至中国远古文明的摇篮，是早期人类繁衍栖息之地，对确立整个东北亚文化编年将起到重要作用。

大兴安岭是一个美丽、古老而又神奇的地方，是我国古代鲜卑、室韦、蒙古等多个北方民族的发祥地，在历史上同属中华文化传承地区，遗存有丰富的历史文化遗产。为更好地保护北山洞出土文物及对遗址进行深入研究，2017年3月，大兴安岭地委宣传部组织召开部长办公会议，研究向省委宣传部争取"呼中北山洞古人类文化遗址"保护资金。在省委宣传部的大力支持下，投入60万元建设面积为115.5平方米的北山洞古人类文化遗址博物馆。为了保护好古人类文化遗产，大兴安岭地委宣传部与呼中区委宣传部编辑整理完成了北山洞考古档案，并委托大兴安岭地区勘察设计院形成了《北山洞古人类文化遗址保护开发项目可行性研究报告》，设计完成北山洞古人类文化遗址宣传册。2018年呼中碧水镇场党委建设完成了碧水北山洞古人类文化遗址，并修建了栈道，于2019年对外开放，让世人更加明晰地了解神秘的大兴安岭古人类文化。北山洞古人类文化遗址和大兴安岭岩画的发现，成为研究大鲜卑山远古文明的又一里程碑。为保护传承宝贵的历史文化遗产，2021年3月政协大兴安岭地区工作委员会组成考察组，赴宁夏贺兰山岩画遗址进行考察，学习先进经验，为下一步做好全区岩画遗址的保护利用和场馆建设奠定了坚实的基础。

---

[1] 王长明：《黑龙江大兴安岭呼中北山洞遗址2016年发掘简报》，《北方文物》2020年第1期。

下篇

守护遗产 传承根脉

第四章 大兴安岭岩画的考察与研究
第五章 大兴安岭岩画的文化特征及保护利用
第六章 大兴安岭岩画的数字化信息采集与系统建设

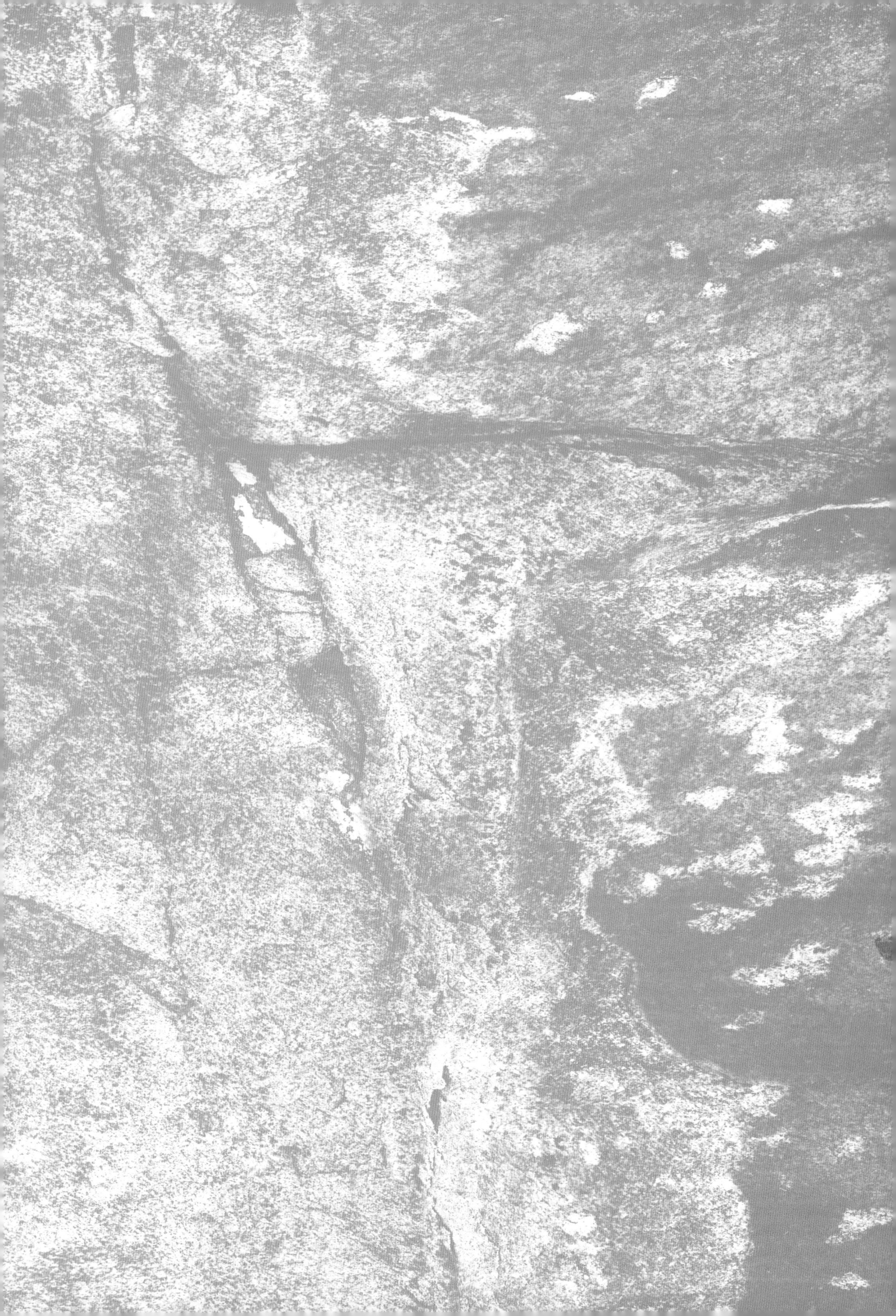

大兴安岭岩画
DAXING'ANLING YANHUA

第四章

大兴安岭岩画的考察与研究

大兴安岭彩绘岩画是反映我国北方游牧民族最悠久的文化符码，是绘画在石头上的史诗，是人类形象思维与抽象思维的结晶，是人类早期视觉文明表达体系中最为重要的一个组成部分，是远古华夏先民的伟大创举，反映了中华民族文化的丰富内涵和博大精深。

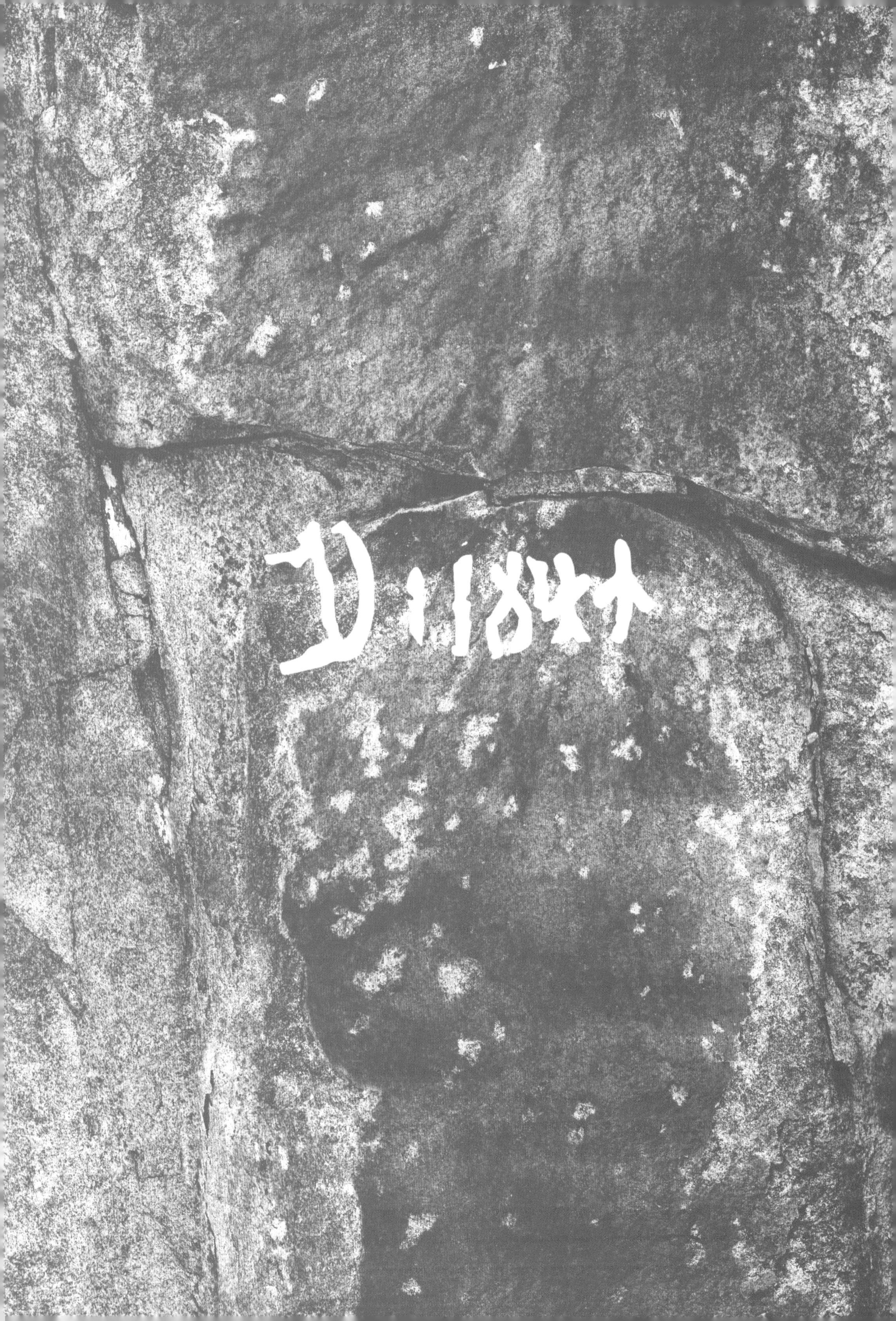

第一节 大兴安岭彩绘岩画研究

2011年大兴安岭先后发现彩绘岩画遗址，引起了专家学者的广泛关注。2012年开始，省内和国内专家学者对大兴安岭发现的彩绘岩画进行研究。

2014年，经中国岩画专家组现场考察确认，大兴安岭岩画为距今10 000年左右的旧石器时代晚期绘制，为中国目前发现最早的岩画。依据大兴安岭岩画的内容风格、绘制方法、地理位置等因素，认定大兴安岭岩画开创了中国岩画新学派，并初步命名为"中国北方森林岩画"，与中国北方草原岩画、中原岩画、西南岩画和东南沿海岩画并列构成了中国岩画体系，具有极其珍贵的研究价值。

松岭区飞龙山地质公园内的石林、杜鹃花和彩绘岩画被当地人们称为"三宝"。这是大兴安岭岩画数量最多、最集中的地区，创作年代可追溯到10 000年以前甚至更早。这些岩画处于人迹罕至的石崖峭壁岩石平面上，虽然经历过不同程度的风化，有些已经模糊不清，但从这些红色图案中依旧可以感受到来自远古的气息。

新林区塔尔根、翠岗、碧洲、塔源发现近百幅较为清晰的彩绘岩画，多为象形的花、蛙、鱼、人形等图腾、祭祀图案，也有部分漫漶不清、残缺不全的画

世界岩画组织联合会执行主席罗伯特·贝德纳里克与大兴安岭地委原书记苏春雨会谈

大兴安岭旧石器时期彩绘岩画学术讲座

面。在距离新林区新林镇东南方5千米新林林场施业区110林班塔哈尔河东岸再次发现百余幅描绘头戴面具的萨满、太阳神、狩猎、三界图、跳舞等古代人类在此生产生活、祭祀场景的图案。岩画画面清晰、内容多样，这是迄今为止发现的唯一一处距中心镇较近的彩绘岩画遗址，同时也是大兴安岭地区较为罕见的大规模岩画遗址。

在距离大兴安岭地区政府所在地加格达奇区30千米处的加格达奇林业局施业区，翠峰林场天台山的岩画距今约有10 000年左右。该岩画为"C"形纹，是与翁牛特旗三星他拉村出土的"C"形玉龙一样的"C"形龙或者一条腾飞的"C"形巨蛇，岩画总面积1.6平方米，共4组30余单幅。岩画的左上方为两个十字纹符号，中间为一个开口向右的"C"形纹和11个人形纹，"C"形纹大小为人形的2倍。人物双臂上举，双腿叉开，其中7个人形图像清晰，4个人形被7个人形叠压，手臂平行并微微上举呈朝拜状，岩画上还有2个月亮、星星、大片的云朵。经中国岩画学会会长王建平考证，这是大兴安岭地区目前发现的唯一一幅以天体崇拜为内容的岩画，在中国乃至世界彩绘岩画中极为罕见。

呼中区位于呼中镇内北山一处石崖山上，岩画方向为正南，面积约2平方米，由左向右依次由一个远古巫术符号"十"字、"马"型岩画和一个漫漶程度很高的"十"字组成，是一个部落的领地标志或迁徙印记，具有较高的研究价值。苍山岩画位于苍山石林景区内，绘制在高耸的巨石上，反映了远古人类的"巨石崇拜"或是"生殖崇拜"。岩画内容单一，共3幅，依次为"十"字、"人"字和"十"字图形，中间"人"字也有"十"字的意思，可能是一种标记事物、领地的手段，也可能是文字的雏形。

呼玛县迎门砬子岩画遗址紧邻黑龙江边，距离呼玛县城约150余千米。该岩

漠河市清理出土的三人纹彩绘岩画　　　　　　松岭劲松西山岩画

画遗址直立黑龙江江面约100米，异常陡峭，尽显奇绝与神秘。岩画所在山体风化状态严重，急需保护。岩画遗址朝向为正南，面积约1平方米，内容以十字纹、人字纹、动物纹为主，为黑龙江畔首次发现的史前岩画，对研究黑龙江流域文明史和黑龙江流域边疆史具有重要意义。该岩画遗址为大兴安岭最东部的岩画遗址，填补了呼玛县岩画空白。

漠河岩画位于漠河至育英铁路线北侧一处小石砬子山上，面积约0.5平方米。该岩画漫漶程度很高，被一层厚厚的白色矿物质钙化物覆盖，主体岩画为2只粗壮的鹿角，鹿角的枝杈部分呈对称状排列，根部紧紧连在一起，整幅岩画突出的鹿角极具视觉冲击力，是反映大兴安岭远古先民鹿神崇拜的一幅典型作品。漠河出土的呈螺丝底部六棱形，左右棱部各有一横线突起和三人纹的红褐色彩绘岩画，角锥骨器和一大批动物骨骼，对于初步确定大兴安岭彩绘岩画为新石器时期提供了重要佐证。

阿木尔岩画位于阿木尔林业局依林林场一公路旁的石砬子山上，共发现有4处岩画。第一处岩画漫漶程度中等，为一个典型的直立成年人，挨着直立人的是一个"巨鹿"形象，可理解为鹿神崇拜；第二处岩画漫漶严重，依稀可辨"十"字等图案；第三处岩画可辨，是由三角形、长方形、点、斜线等组成的有机整体，具体内容无法解读；第四处岩画从上而下为背靠背并列的2个动物图案，无头，下面为主图案，是一个体态较长的动物图形，依据身形判断为鹿形岩画，下面是一个小鹿形状岩画和半蹲状的大萨满，大萨满双臂上举，左右手均持法器。

据专家介绍，大兴安岭岩画遗址的发现初步证明了大兴安岭是孕育黑龙江乃至中国远古文明的摇篮之一，是早期人类繁衍栖息之地，填补了黑龙江省早期人类历史研究的空白。

松岭区古源岩画　　　　　　阿木尔依林三角形、点形等异纹岩画

呼中区碧水以太阳和狼为图腾的岩画　　　　加林局翠峰日月星云整体天象岩画

　　大兴安岭地区发现岩画后,大兴安岭地委、行署高度重视,从文物保护、发展文化旅游的角度,积极联系邀请专家学者对发现的岩画给予认定。黑龙江省委宣传部、省文化厅、省财政厅给予大兴安岭岩画研究与保护多方面指导与支持。大兴安岭地委宣传部积极协调黑龙江省文物考古研究所、中国岩画学会、世界岩画联合会等专家学者先后到大兴安岭考察调研,召开研讨会。

　　2016年8月,黑龙江省文化厅与大兴安岭地委宣传部组织考古、文物专家对大兴安岭松岭区劲松南线石壁岩画、劲松西山岩画和古源石林岩画三处彩绘岩画点进行现场考察,并召开专家论证研讨会议。经过为期两天的考察论证,专家组一致认为:松岭区新发现的劲松、古源三处岩画点填补了大兴安岭彩绘岩画在表现形式、岩画内容、创作手法等方面的空白,是大兴安岭迄今为止发现的保存最完好、数量最集中、内容最丰富的彩绘岩画,其圆形带光芒的太阳神图案、人形与动物的丰富组合图案等均是黑龙江地区首次发现,对全国乃至东北亚地区岩画研究具有重要意义。

　　2017年6月,由世界岩画联合会执行主席、联合国教科文组织岩画委员会主席罗伯特·贝德纳里克,印度岩画协会副主席库玛尔,世界岩画委员会执行委员、河北师范大学岩画断代中心教授汤惠生等一行5人组成的国际岩画专家组齐聚大兴安岭,对分布在大兴安岭地区的彩绘岩画点进行考察。在为期一周的时间里,专家组对各处岩画点都进行了认真细致的观察、比对。专家组认为,大兴安岭岩画历经了古老漫长岁月,确系古岩画。

　　罗伯特·贝德纳里克是微腐蚀断代分析法的创始人,该分析法通过对各种岩石上制作痕迹风蚀程度的测定和分析来确定岩画的制作年代,是目前国际上少数能够对岩画进行直接断代的一种方法。几年来,罗伯特·贝德纳里克、库玛尔以及世界岩画委员会执行委员、河北师范大学岩画断代中心教授汤惠生一行对我国河南、宁夏和江苏几十处岩画和岩刻进行考察研究，利用微腐蚀分析技术从众多岩画遗址搜集到大量数据。

汤惠生表示，微腐蚀分析应用于除南极洲外的所有大洲，主要利用结晶石英和长石两类矿物质。大兴安岭岩画的绘制岩石基本以花岗岩、页岩和变质页岩等为主，绘制颜料中的碳与胶已经无法提取，因而尤其适合采用微腐蚀断代法。

负责主持国家社科基金项目"大兴安岭与环太平洋岩画带研究"的庄鸿雁认为，大兴安岭岩画的发现，将中国北方岩画带连接起来，为研究东北早期族群、民族的形成及文化的变迁提供了新的鲜活材料。

庄鸿雁说，大兴安岭岩画与其他地区岩画不同，处于连接中国北方岩画带和环太平洋岩画圈的结点上，它的发现填补了中国北方岩画带的缺环，起到了勾连中国北方岩画带、俄罗斯远东岩画带与北美西海岸的环太平洋岩画圈的作用，并为研究东北亚远古人类向美洲大陆迁徙提供佐证，具有巨大的文化与考古价值。

大兴安岭岩画虽已裸露于自然之中数千年乃至万年，但大多能保持色彩鲜艳，就是因为这些岩画多处于人迹罕至的深山密林之中，没有遭到环境恶化的影响和人为的破坏，使现代人有幸能一睹千万年前先民文化的风采。

为保护好先人留下的宝贵文化遗产，2015年，大兴安岭地委、行署在漠河县北极村筹建了东三省唯一的岩画馆，填补了东北地区岩画遗存场馆建设的空白。

松岭区政府先后把劲松西山天书台岩画和翠峰林场天台山岩画列为区级文物保护单位。采取有效措施对岩画进行保护，在岩画发现地设立检查站安排专人常年看护。采取对岩画进行围栏隔离的保护方法，防止人员私自接近岩画。以游人须知的形式提醒大家不要触摸岩画和洒水，有游人参观岩画时，会安排向导人员全程参与，实行看管保护。同时，他们加大工作力度，一方面积极向上级部门争取岩画保护资金，并将争取到的资金拨付到岩画保护地；另一方面，编制了岩画群落保护项目，争取到了省级文化事业专项资金支持，为继续开展岩画保护工作做足资金储备。

松岭区还整合优势资源，通过深入挖掘、整理和开发利用远古彩绘岩画资源，努力走出了一条转型新路。他们依托岩画资源，全力谋划飞龙山地质公园建设。同时，在飞龙山岩画发现地古源镇，打造一个彰显岩画文化的古源岩画小镇，力争将松岭区建设成为展示远古文明和现代林区建设的特色旅游休闲胜地。

为深入挖掘大兴安岭地区的文化内涵，全面呈现国家艺术瑰宝的原形态、历史信息，同时结合岩画遗址处于旅游自驾游景区内的情况，新林区启动了有史以来最大的文物抢救保护工作。投入抢救保护工作资金，拟对岩画画面进行全面测

绘及复制，在山体上铺设防护网，在岩画岩体外2米处搭建防止游人进入的防护围栏，修建一条便于考古工作者和游人进入的2千米长、6米宽砂石硬化路面。

加格达奇林业局制定了对天台山岩画的保护措施。建设岩画观景平台，对游客进行有效隔离。在保障游客安全的同时避免游人直接触摸岩画，对岩画造成损害。游人可通过仿制图片及电子观测设备欣赏岩画。设立了1.8米×2米岩画保护屏风，采用特殊材质对天台山岩画进行遮罩，避免风吹、雨淋、日晒对岩画的破坏。安装视频监控系统，对天台山岩画进行全方位监控保护。

大兴安岭呼中碧水北山洞遗址的发掘和彩绘岩画的发现，是与远古人类来一次穿越时空的对话。为更好地保护传承根脉，大兴安岭地委、行署通过加强对历史文化遗址的发掘保护和利用，提升了大兴安岭岩画在国内外的知名度，推动当地经济发展，使文化遗产惠及当地民众。

第二节　大兴安岭岩画与北山洞遗址考古研究

2015年9月3日，由黑龙江省文化厅主办，黑龙江省文物考古研究所承办，大兴安岭地委宣传部、呼中区委宣传部协办的大兴安岭岩画与北山洞遗址考古成果研讨会在大兴安岭呼中区召开。参加论证会的专家有北京大学夏正楷教授、崔剑锋副教授，中国人民大学魏坚教授，河北师范大学汤惠生教授，中国文化遗产研究院乔梁研究员。在听取黑龙江省文物考古研究所对大兴安岭岩画和北山洞考古工作的详细汇报及对北山洞遗址现场考察后，经研究，与会专家对大兴安岭岩画和北山洞遗址考古成果形成如下意见：

第一，通过北山洞遗址的发掘，确认遗址内至少包含鲜卑时期和新石器时代两大阶段不同时期的文化遗存，确认新石器时代遗存在大兴安岭地区首次发现。这在一定程度上对大兴安岭地区考古学文化编年体系的构建起了填补空白的作用。

第二，目前，在大兴安岭地区发现的大量彩绘岩画是对我国岩画类型的新补充，反映了森林游猎人群丰富多彩的精神世界。北山洞遗存的发现第一次将当地考古学文化遗存与岩画之间的联系研究建立在科学的基础之上。通过岩画题材的分析和碳十四测年初步研究，虽然岩画年代跨度较大，但北山洞岩画为新石器时代的可能性相对较大。

第三，根据野外实地考察，北山洞基岩为基性岩浆岩，所以不同于常见的石灰岩和花岗岩洞穴，可能代表了一种新的成洞类型。其演变过程与古人类利用方式值得进一步探讨，也应当作为下一步工作的重点。

第四，北山洞碳十四测年数据取得了一定的成果，但由于反映各时代的年代数据偏少，还需要测定更多的样本，建立系列科学测年数据。通过对岩画颜料进行的碳十四测年是对岩画断代手段的新探索，北山洞遗存的测年具有示范性的意义，在今后的工作中值得进一步探索。

第五，大兴安岭地区考古及岩画研究具有国际性的意义，特别是在东北亚地区考古中更具重要的影响。有必要对北山洞遗存做进一步的考古发掘，引入更精确的发掘方法和多学科的介入，特别是考古遗址微环境及多种测年手段的应用，将考古学文化遗存与岩画的相互关系进一步明确。

北山洞遗存及岩画的发现具有特别重要的意义，通过科学的考古调查与发掘及环境研究有助于接近既往大兴安岭地区的岩画断代问题，并为东北亚同类型岩画的研究提供科学的线索。因此，北山洞遗存的考古工作应当持续进行。鉴于大兴安岭地区特殊的地理环境和地理状况，还需加强考古学遗存与岩画关系的研究，利用现代科学手段确定其年代序列，通过现代地理信息系统的建立确定它们之间的空间关系。

专家学者实地考察
呼中碧水北山洞

专家学者实地考察
松岭区飞龙山岩画

第三节　大兴安岭彩绘岩画分析论证

2016年8月18日，大兴安岭地委宣传部邀请省内国内专家学者在松岭区召开论证会并组织考古文物专家对大兴安岭松岭区新发现的劲松南线石壁岩画、劲松西山岩画和古源石林岩画三处彩绘岩画点进行实地考察。中国人民大学教授、中国岩画学会副会长、国务院学位委员会考古学科评议组成员魏坚，黑龙江省文物考古研究所所长、研究员、省文博专家组成员张伟，黑龙江省文物考古研究所研究员、省文博专家组成员赵评春，省文化厅文物保护与考古处副处长、省文博专家组成员吴疆组成的专家组形成如下论证意见：

一、松岭区彩绘岩画意义重大

第一，松岭区彩绘岩画的发现是在当地党政各级部门的高度重视下取得的可喜成就，特别是对岩画调查和保护方面的成就值得肯定。

第二，松岭区新发现的劲松、古源三处岩画点，填补了大兴安岭彩绘岩画在表现形式、岩画内容、创作手法等方面的空白，是大兴安岭迄今为止发现的保存最完好、数量最集中、内容最丰富的彩绘岩画，其圆形带光芒的太阳神图案、人形图案与动物图案的丰富组合等，均是黑龙江地区首次发现，对全国乃至东北亚地区岩画研究具有重要意义。

专家组讨论研究大兴安岭彩绘岩画

第三，松岭区新发现的彩绘岩画具有重要历史价值、学术价值和社会价值，同大兴安岭其他地区彩绘岩画属于同一类型，是大兴安岭早期人类活动的重要文化遗迹，反映了大兴安岭地区的原始社会形态。魏坚教授认为大兴安岭松岭彩绘岩画产生于春秋战国，

中国岩画学会副会长魏坚在大兴安岭考察岩画

下限到两汉时期；赵评春研究员根据出土的彩绘岩画遗迹与猛犸象等动物图案，认为大兴安岭松岭彩绘岩画为旧石器时期岩画。关于大兴安岭岩画的确切考古年代分析，应尽快提上日程，做进一步的科学测定。

二、专家提出岩画保护利用相关建议

第一，松岭区新发现的彩绘岩画是我省的重要文物资源，要妥善做好文物保护基础工作。建议松岭区政府尽快将三处岩画点全部公布为区级文物保护单位，按文物保护法的要求，全面落实文物保护"四有"工作。适时划定公布保护范围，建立规范的文物档案，落实文物保护管理机构，树立文物保护标志和界标。在全面做好文

中国岩画协会副会长魏坚在会上发言

黑龙江省文化厅文物保护与考古处副处长吴疆在会上发言

中国人民大学考古文博系主任、教授、博士生导师，北方民族考古研究所所长，中国岩画学会副会长魏坚在大兴安岭考察岩画

物保护基础工作后，择机提升文物保护单位级别。

第二，建议地方政府做好岩画研究和文物保护方面的人才培养和队伍建设，积极参加省、地等各级文物部门及大专院校组织的文物保护等相关专业的培训，为今后的文物保护、科学研究及专业化管理提供智力支撑。

第三，继续加大岩画调查和研究力度。制定并落实进一步开展岩画调查的具体工作计划，丰富大兴安岭岩画内涵。在岩画研究方面，要有考古学、民族学、人类学、生物学等多学科研究人员介入，加强学术交流、科学研究与保护论证工作，进一步提升大兴安岭岩画的研究和保护力度。

第四，结合当地产业转型，在做好文物保护的基础上做好文物有效利用工作。加大基础设施投入力度，适时适当将可利用的文物资源打造成当地旅游精品，做好文化旅游开发，打造中国北方岩画标志。加强文化创意产品开发，打造更多的岩画衍生产品项目。通过文物保护、宣传、利用，提升大兴安岭岩画在国内外的知名度，推动当地经济发展，使文化遗产保护成果惠及当地民众。

专家学者在松岭区飞龙山岩画点考察

第四节　松岭区彩绘岩画研究

2016年以来，松岭区在境内陆续发现大面积近千幅彩绘岩画，先后被区内省内国内专家及学者所广泛关注并开展研究。

在松岭区劲松镇、古源镇、绿水林场施业区内均发现彩绘岩画遗存。其中劲松镇发现两处，一处为天书台岩画，位于镇址西侧直线距离1.6千米处，已经被列为松岭区区级文物保护单位；另一处岩画点位于劲松镇南线40千米处。古源镇发现的岩画集中在古源飞龙山石林地质公园内，距古源镇直线距离14千米。绿水林场施业区发现的岩画位于松岭区平岚正南方向11千米处，加上之前发现的古源苗圃岩画、翠峰林场天台山岩画，目前松岭区共有6处岩画点，基本形成岩画群落。

一、岩画的内容及特征

劲松镇天书台岩画图案有人形、兽形和大型祭祀场景等，还有一些其他的特殊标记，约278幅；南线40千米石壁岩画108幅左右，古源飞龙山石林岩画410幅；松岭区平岚正南方向11千米处发现的岩画，约在300幅左右；古源苗圃岩画在20幅左右；天台山岩画在30余幅，加之其他一些零散和漫漶不清的岩画，全区目前发现的岩画总数量逾千幅。

古源镇岩画知识讲座　　　　　　　岩画艺术创作工作交流会

松岭区境内发现的岩画均是用红色颜料绘制成的各种图案，线条粗犷神秘，颇有远古神韵。有大量的树形人、动物图案、大型祭祀和围猎场景等，是目前大兴安岭地区发现数量最多、保存最好、颜色最鲜艳的彩绘岩画群。关于彩绘岩画的颜料，有专家给出的意见是赭石粉、赤铁矿加上动物血液、混合蛋清、植物汁液等形成。松岭区境内岩画的岩石表面处理方式独特，绘画内容、表现形式与大兴安岭其他岩画有显著区别，其中很多图案是黑龙江地区首次发现，对全国乃至东北亚地区岩画研究具有重要意义。

二、岩画的相关研究工作

发现大量彩绘岩画后，松岭区委、区政府高度重视，安排区委宣传部在地委宣传部的指导下开展了一系列岩画调查研究工作。邀请黑龙江省文物考古研究所、中国人民大学、中国岩画学会、世界岩画联合会等专家学者先后到松岭考察调研，组织召开岩画研讨论证会，拿出了最权威的认定意见，认为松岭区新发现的劲松、古源岩画点填补了大兴安岭彩绘岩画在表现形式、岩画内容、创作手法等方面的空白，且具有重要历史价值、学术价值和社会价值，同大兴安岭其他地区彩绘岩画属于同一类型，是大兴安岭先民早期人类活动的重要文化遗迹，反映了大兴安岭先民的原始社会形态。同时，还邀请省、地岩画专家及学者在松岭区内和古源镇开展了3次7个部分的专题讲座，黑龙江省文物考古研究所专家对该区岩画进行了为期一个月的图像采集、数据留存等考古研究工作。2018年，邀请世界文化遗产左江花山岩画地广西宁明县委常委、宣传部部长、副县长韩日辉同志一行，来大兴安岭地区开展松岭区与广西宁明县两地岩画交流，并进行实地考察，提出了很好的指导性意见。

松岭区对劲松镇南线、天书台、古源飞龙山、古源苗圃等处岩画点进行了数据采集和地理信息测绘工作。区委宣传部和劲松镇也将该区典型岩画图案整理编辑成岩画图册进行广泛宣传。目前松岭区建有"松岭岩画""古源岩画小镇交流群"等众多微信群，成员全部为岩画爱好者和关注者，现有百余人。同时在各镇（场）和中小学校培养研究岩画的骨干人员，参与到岩画艺术创作工作中。李宝成同志当选中国岩画协会会员，作为松岭区岩画人才获得国家艺术基金会免费培训机会，全面接受国家岩画艺术学科的培训，这是黑龙江省唯一获得全额免费进修的人员。

三、岩画的抢救性保护

松岭区岩画大多绘于花岗岩、流纹岩等裸露的岩石表面，随着时间的推移，自然的流水和风蚀使岩画遭到严重损坏，特别是流纹岩体表面受热胀冷缩影响崩裂严重。同时，人类活动使岩画遭到了前所未有的破坏，在岩画发现前，劲松镇和古源镇的岩画都遭到不同程度人为划痕等破坏。面对这种现状，相关部门采取了相应保护措施。

首先，开展岩画保护工作。松岭区委区政府把全区彩绘岩画遗址列入区级文物保护单位。松岭区文体局积极申报，松岭区政府召开专门会议研究，将天书台岩画、天台山岩画列为区级文物保护单位。同时积极申报地级、省级文物保护单位。

其次，采取切实措施对岩画进行保护。劲松镇购买了两套太阳能远程监控系统，用于岩画保护。在劲松镇南线岩画处设立检查站，安排专人常年看护，工作人员按要求严格做好出入的记录；在天书台岩画处采取围栏保护的方法，把岩画与游客隔离，防止人员私自接近岩画，确保岩画不受人为破坏，并且还用石块等材料制作了石板路，方便游客行走。古源飞龙山岩画点，镇政府在入山主干公路上和岩画点上，都驻有人员 24 小时看守。以游人须知的形式提醒大家提高保护意识，在游客参观岩画时，向导人员全程参与引领，实现了看管保护。

第三，提供保护资金支持。松岭区委宣传部积极向上争取岩画专项保护资金，编制了岩画群落保护项目册，为后续开展岩画保护工作做足资金储备。

四、文旅融合惠及民生

松岭区已将岩画工作纳入区委区政府重要议定日程，古源岩画小镇和飞龙山岩画旅游景区作为大兴安岭文旅特色纳入到了全域旅游发展规划当中，充分依托古代岩画和飞龙山地质景观，开发探幽寻古游等特色旅游项目。

首先，制定规划，科学有效管理。制定了岩画保护规划和具体保护措施，对松岭岩画进行严格科学的保护与管理。保护的目的是为了更好地利用，在保护好岩画的基础上进行资源开发，形成旅游资源在保护中开发，又在开发中促进保护的良性循环。继续做好岩画资源防护措施，在岩画比较集中的地方完善防护栏的设置，设立岩画防护警示标识、游人须知等，避免人为触摸，严格规范人员进山的记录登记，减少人为因素对岩画的破坏；加快建立和完善松岭区岩画的业内档案，建立文字和电子档案，进行全方位踏查、信息采集、影像留存等，邀请专业人员进行岩画临摹，为进一步研究松岭岩画做好信息储备。

其次，扩大影响，加快培育人才队伍。充分利用广播、电视、网络等新媒体和自媒体宣传推介松岭岩画，将古源飞龙山岩画作为岩画旅游的形象代表，制作专题片，大力宣传，提高知名度。继续做好岩画小镇推介力度；邀请知名媒体和广大旅游、摄影、文艺爱好者亲身实地体验，扩大松岭区岩画的品牌影响力和美誉度；劲松镇、古源镇等岩画所在地要组织宣传委员等工作人员以创新的形式深入当地机关、社区、学校、企业对岩画知识及利用和保护工作进行宣传普及；聘请专家作为岩画顾问，对松岭区岩画工作进行科学指导，积极争取培训学习机会，加大对松岭区尤其是镇（场）等基层的岩画人才挖掘和培养，鼓励岩画文艺作品和歌舞表演等创作；在区内及各镇（场）继续深层次地举办岩画知识讲座及培训班，邀请国内外岩画专家来松岭区进行岩画研究和开展论坛活动，对松岭岩画的保护、研究与利用工作提出专业指导性意见。

第三，文化与旅游产业相结合。结合地方民俗和北方民族特色，为旅游产业助力。加大岩画普查发掘力度，加大对岩画的断代、族属问题、宗教信仰等问题的研究力度。紧紧依靠全国各大院校专家教授，对岩画的绘制风格、技术、石垢、色泽、所表现的动物种类、服装及武器、技巧、工具痕迹、地层和遗迹出土物等进行仔细分析研究，就考古数据和人类学、民族学、宗教学数据进行比较分析，综合岩画所表现的内容、风格、手法与文献记载做好岩画解读。继续研究岩画文化与当地旅游资源相融合，结合全域旅游规划的综合考量，充分利用好当地特有的自然资源、人文资源，依托石林、岩画和杜鹃花谷等景色，打造特色文化旅游产业带，进而达到互利互助的效果。加快完善岩画与旅游方面的基础设施和场馆建设，积极推进岩画小镇的建设，打造岩画广场，建设岩画字符墙，全面体现岩画的代表图案及字符释义，选择场地建设古源飞龙山仿真石景观，展现古人生活的自然场景和人文环境，提供飞龙山岩画近距离仿真体验。为游客和专家学者们尽可能多地提供各种类型文娱场所，使其可以进行观赏、研究以及创作等多种体验；研究举办岩画文化节、岩画旅游节等文化活动，其间可开展国内乃至国际文化交流，吸引国内外学者开展研学活动；积极组织教师、学者根据松岭区的岩画进行艺术创作，大力支持各镇（场）、企业、个人开发并制作岩画旅游方面的文化创意产品，挖掘岩画背后的历史故事和文化价值。

第五节　中外岩画专家深入大兴安岭地区考察

岩画是人类社会早期的文化现象，是人类先民留给后人的珍贵文化遗产。岩画不仅涉及原始人类的生产和生活，同时还作为人类的精神产品，以艺术语言打动人心。大兴安岭地区发现的岩画多为彩绘岩画，反映了大兴安岭先民的生产、生活方式及对大自然的认识，具有十分重要的研究价值，一经发现，便引起广泛关注。

2017年6月5日，世界岩画组织联合会执行主席、联合国教科文组织岩画委员会主席罗伯特·贝德纳里克，印度岩画协会副主席库玛尔，世界岩画委员会执行委员、河北师范大学岩画断代中心教授汤惠生以及部分中国岩画专家深入大兴安岭开展调查研究。

一、国际岩画专家组深入漠河市考察

2017年6月6日上午9时，漠河一直下着阵雨，国际岩画专家考察组第一站来到了漠河市岩画遗址进行考察。

罗伯特·贝德纳里克表示，专家组将采用目前国内外学术界比较认可的微腐蚀断代分析法，通过对岩石的细小颗粒进行观察、分析和计算，推断出岩石在自然界中的腐蚀程度，从而达到断代目的。

世界岩画委员会执行委员、河北师范大学岩画断代中心教授、岩画专家汤惠生说，用现代技术手段获得有关数据来证明岩画的创作时期，有利于促进对岩画的深入研究、保护和展示，"我们希望通过收集充分的资料，对大兴安岭的岩画年龄进行科学认定，把相关研究做得更加深入"。

罗伯特·贝德纳里克是岩画微腐蚀断代的创始人，微腐蚀断代法就是通过对各种岩石上制作痕迹风蚀程度的测定和分析来确定岩画的制作年代，是目前国际上少数能够对岩画进行直接断代的一种方法。1995—1997年，罗伯特·贝德纳

岩画专家考察组参观大兴安岭"5·6"火灾纪念馆

岩画专家对漠河岩画进行讨论交流

里克、库玛尔与中国的汤惠生教授等三位专家用此方法对澳大利亚、印度和中国的岩画分别进行过为期三年的断代研究，取得了非常好的成果。随后又对中国河南、宁夏和江苏省的几十处岩画和岩刻进行考察研究，利用微腐蚀分析技术从众多岩画遗址搜集到了大量的数据。

中国已发现岩画的省区有 20 多个，分布在阴山、贺兰山等地的岩画作为中国北方岩画的代表，因数量巨大、分布集中、特色鲜明、内涵丰富、易于观赏而在世界上占有重要地位。大兴安岭岩画历史久远，关于大兴安岭岩画的相关成果，人们拭目以待。

下篇　守护遗产　传承根脉

二、国际岩画专家组深入新林区考察

2017年6月8日，由世界岩画组织联合会执行主席、联合国教科文组织岩画委员会主席罗伯特·贝德纳里克，印度岩画协会副主席库玛尔，世界岩画委员会执行委员、河北师范大学岩画断代中心教授汤惠生，河北师范大学考古学博士

国际岩画专家组成员现场考察岩画

生李曼及南京师范大学考古学博士生金安妮组成的专家组深入大兴安岭新林区御龙山岩画群、塔源镇岩画遗址进行断代研究，欲解开这些岩画的精确绘制年代、染料构成及表达内容等谜团。

大兴安岭地委宣传部常务副部长谭俊，地委宣传部文化产业办主任牟海军，新林区委常委、宣传部部长石磊，新林林业局副局长李道玉以及相关人员陪同考察。

考察中，专家们采取岩画微腐蚀断代分析法对岩画进行了深入研究，就岩画年代、染料及石壁切面的形成等进行了讨论。专家们认为新林区御龙山岩画群及塔源镇岩画遗址具有较高的历史研究价值。

专家组实地考察

在塔源镇岩画遗址，罗伯特·贝德纳里克及库玛尔对岩画进行科学考察

在距离新林区新林镇东南方5千米新林林场施业区110林班塔哈尔河东岸的御龙山岩画群，专家们通过望远镜观察崖壁上的岩画

下篇 守护遗产 传承根脉

专家在考察现场讨论交流

三、国际岩画专家组深入呼中碧水北山洞考察

2017年6月9日，由世界岩画联合会执行主席、联合国教科文组织岩画委员会主席罗伯特·贝德纳里克，印度岩画协会副主席库玛尔，世界岩画委员会执行委员、河北师范大学岩画断代中心汤惠生教授，河北师范大学考古学博士生李曼，南京师范大学考古学博士生金安妮组成的河北师大国际岩画专家组深入呼中区，对碧水北山洞进行科研考察。

专家组一行在地委宣传部文化产业办负责人，呼中区委常委、宣传部部长、统战部部长刘同欣，以及碧水镇场负责人的陪同下，对碧水北山洞的地理地貌、岩画考古、山洞形成等课题进行了考察。

专家组成员向呼中区碧水北山洞行进

世界岩画联合会执行主席、联合国教科文组织岩画委员会主席罗伯特·贝德纳里克与河北师范大学岩画断代中心教授汤惠生、印度岩画协会副主席库玛尔等考察呼中区碧水北山洞岩画

罗伯特·贝德纳里克、库玛尔在北山洞一面用射灯照亮，一面仔细寻找洞内岩画及历史痕迹。

经过仔细寻找发现与现场分析，专家们对洞穴成因及年代断定进行了讨论，一致认为北山洞研究价值不可估量。

专家组成员考察呼中区碧水北山洞岩画

作者王平，大兴安岭地区呼中区文体广电旅游局局长。

第六节　寻根问路总关情
——赴宁夏贺兰山岩画遗址考察

2021年3月29—4月3日，以钟志林主任为组长，白永清副主任为副组长，刘福军、曹国志为成员的政协大兴安岭地区工作委员会考察组赴宁夏贺兰山岩画遗址考察。在银川市政协领导和银川市岩画管理处的同志引导下，先后深入银川世界岩画馆、贺兰山岩画遗址公园、银川韩美林艺术馆、石嘴山市岩画博物馆考察。这次考察令考察组成员受益匪浅，特别是石嘴山彩绘岩画是宁夏唯一一处彩绘岩画，与大兴安岭彩绘岩画相同，给我们以深刻的启示和深远的影响。

当我们走进中国西北地区，映入眼帘的是一座神奇的山脉，它雄浑壮丽、巍峨耸立，南北走向，绵延200多千米，形成一道天然屏障，阻挡住了西伯利亚寒流和腾格里沙漠东袭，揽引了黄河北上、并行相依，这就是驰名中外的贺兰山。贺兰山汉代称卑移山。汉代在今银川地区设廉县，《汉书·地理志》载："廉县卑移山在西北。"贺兰山又称阿拉善山，内蒙古自治区的阿拉盟就得名于贺兰山。"贺兰"之名源于古代北方民族的"胡语"，是把这座起伏有型色彩斑斓的山比喻为"青白色的马"。依偎在贺兰山与黄河之畔闻名遐迩的"塞上江南"宁夏，

贺兰山

考察银川世界岩画馆

下篇　守护遗产　传承根脉

是我国北方游牧民族通往中原地区的交通要道，"朔方之保障，沙漠之咽喉"，也是中原农耕民族与北方游牧民族密切交往和争夺的地方，这里留下了各民族活动的丰富遗迹。贺兰山的神奇还在于远古先民先后在这里繁衍生息了上万年，他们背靠大山、面对黄河，常驻在养育他们的山谷中，将他们最宝贵的信仰以及生产、生活、祭祀、战争等真实的历史场景用原始古朴的艺术创作手法遗留下来，这就是保留至今依然熠熠生辉的镌刻于山崖石壁上的大量岩画。这些充满幻想和意境的岩画遗存至今，是祖先向我们传递着他们的信息，呼唤我们把历史文化遗迹传承下来。

岩画是记录在石头上的形象史书，无论是大兴安岭彩绘岩画，还是贺兰山石刻岩画，都是一脉相承的，只不过绘制手法不一样，一个是绘制，一个是石刻，它们都反映了古代民族的审美意识和艺术特色，再现了古代先民的生活方式与聚落文化图景，展示了各个地区、各个民族独特的历史风貌。无论是大兴安岭彩绘岩画，还是贺兰山石刻岩画，都是中国北方岩画的典型代表，尤其是贺兰口岩画中的太阳神岩画，是世界岩画中反映古代先民崇拜自然、祈求与自然和谐相处、敬畏太阳的杰出作品，而贺兰口又是贺兰山岩画分布最为集中的地区。大兴安岭松岭区壮志天书台太阳神岩画与贺兰口太阳神岩画是一脉相承的，只不过绘制方法上有所不同，祭祀崇拜的目的是一致的。

政协大兴安岭地区工作委员会考察组深入银川世界岩画馆考察

一、文物说话，历史讲述

我们驱车56千米，来到坐落在宁夏回族自治区银川市贺兰口岩画风景区内的银川世界岩画馆，它是陈展世界各国在旧石器时代、新石器时代产生的岩画精品的专题博物馆，是目前中国唯一、世界最大的岩画博物馆。该馆占地面积72 000平方米，建筑面积4 106平方米，展区面积2 000平方米。岩画馆设有世界岩画展区、中国岩画展区、贺兰山岩画展区、原始艺术展区，还另设岩画研究交流区、主题展示区、研究信息档案资料区，把世界、中国，尤其是宁夏各地最具代表性的岩画及最新研究成果融为一体展示其中，其内容丰富，适合文化交流、科普教育、学术研讨等。

馆内集中展示了贺兰山（含宁夏）、中国其他地区及世界各地的岩画图片资料、拓片、单体岩画石、岩画脱模复制品、石器、原始艺术品（复制）、场景、研究成果（含著作、研究图例、类别分布图、国际岩画大事记）、信息资料这些内容丰富、艺术风格不同、分布在世界六大洲的500多件最具代表性的精品岩画图录、拓片、实物等原始艺术品让人耳目一新，倍感震撼。

世界岩画馆展示区展示了来自世界70多个国家的经典岩画图片、仿制实物等，其中图片100余幅、线描图15~20幅、场景展示7处，还提供了VR场景展示等。这些岩画在创作风格、表现形式及画面内容等方面都具有不同的地域特点，有很大的差异性。

中国岩画展示区，展示了内蒙古、甘肃、西藏、青海、黑龙江、辽宁、山东、江苏、浙江、福建、广东、山西、四川、贵州、云南、湖南、湖北、台湾等多个省区的代表性岩画精品。

贺兰山一角

贺兰山岩画展区，主要包括贺兰山岩画分布图、宁夏岩画分布图、宁夏各地精品岩画（图片、岩画复制品、拓片、信息资料等）几部分。贺兰山岩画以其时间跨度大、文化内涵深厚、表现形式丰富、分布区域集中、距离中心城市近而闻名于世，其中尤其以贺兰口人面像岩画数量多而集中，名冠世界岩画之首。岩画中还展示了原始游牧民族放牧、狩猎、祭祀、争战、娱乐等生活场景，其原始特色、地域特色及民族特色浓厚。

银川世界岩画馆展示世界岩画、中国岩画精品的手段是依据翔实的资料，依据原比例或按一定比例将世界岩画、中国岩画及其所凭借的一段山体、一穴洞窟、一块巨石进行仿真制作。其背景以大幅面灯箱形式再现岩画载体所处的自然环境和周围地物特征，使人在身临其境的氛围中欣赏到世界各国精美的岩画珍品。同时，在广泛吸收世界各国岩画研究成果的基础上，编写雅俗共赏的文字说明，配以必要的岩画图版、拓片、线描图等，使观众更多地了解岩画艺术，从中得到美的享受和岩画知识的熏陶。

二、岁月失语，惟石能言

从银川世界岩画馆走出，乘坐电瓶车行驶 10 分钟后，抵达贺兰山岩画风景区贺兰口岩画保护遗址区。首先，映入我们眼帘的是一块石碑，上面刻着的"岁月失语 惟石能言"八个红颜色醒目大字。岁月总是无声地走过，一直到生命的尽头，并不能留下什么，只有石头能深深地体会到岁月的流逝，并诉说着历史见证下的真言，让我们感知它的伟大。

据银川世界岩画馆副馆长李学军介绍："宁夏贺兰山绵延 250 千米，在贺兰山东麓 27 个山口内外分布着数以万计的古代岩画，揭示了原始氏族部落自然崇拜、生殖崇拜、图腾崇拜、祖先崇拜的文化内涵，是研究中国人类文化史、宗教史、原始艺术史和古人类历史的文化宝库。贺兰山贺兰口岩画保护区，处于宁夏贺兰山中段，是贺兰山岩画的富集之地，也是贺兰山岩画的代表地。在山口内外分布着 5 679 幅岩画，内容涉及贺兰山岩画中史前人类放牧、狩猎、祭祀、争战、娱舞等生活场景以及羊、牛、马、蛇、虎、豹等多种动物图案和抽象符号，其中人面像岩画达 700 多幅。20 世纪 60 年代末期被发现后，便引起了考古学界、艺术史学界、宗教史学界和民族史学界的轰动。1996 年，贺兰口岩画被国务院公布为第四批全国重点文物保护单位；1997 年，贺兰口岩画被联合国教科文组织国际岩画委员会列入非正式世界文化遗产名录；2004 年 4 月，贺兰口岩画正式

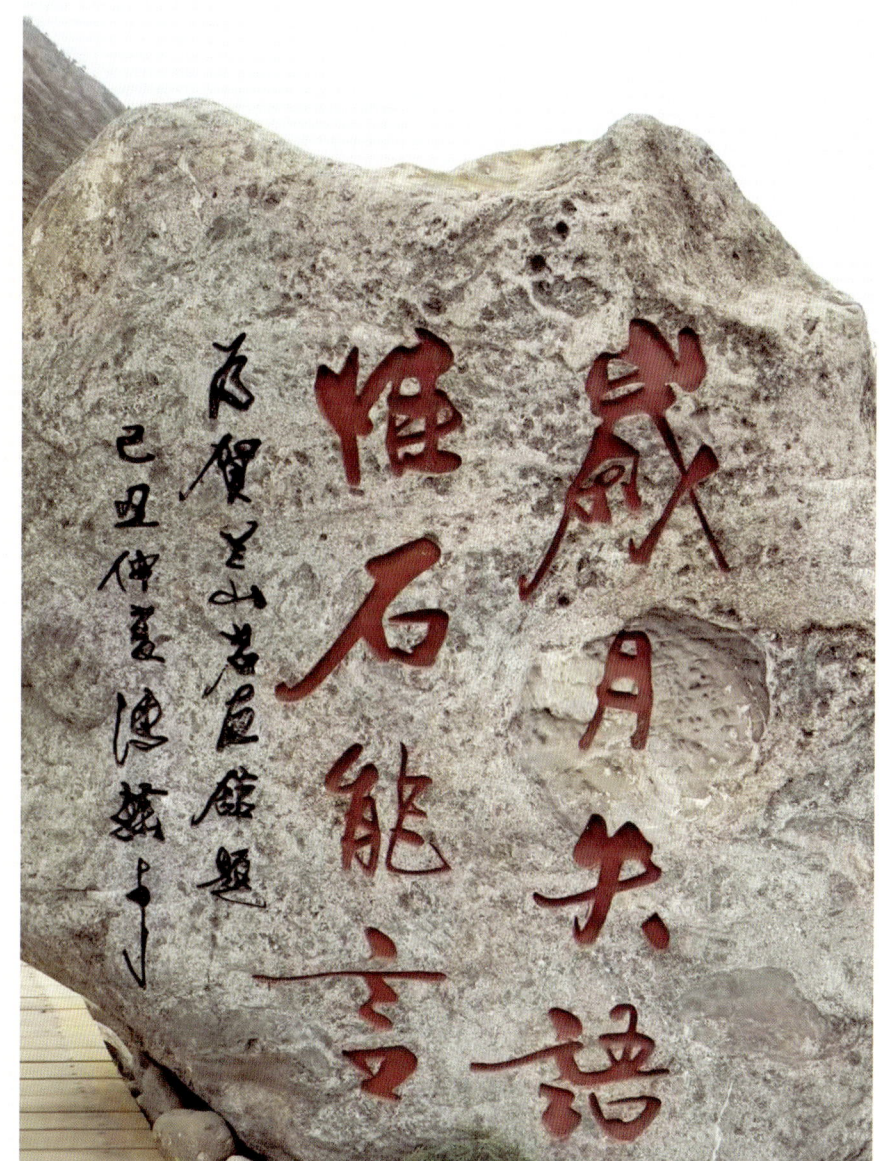

贺兰口岩画保护遗址区石碑

下篇　守护遗产　传承根脉

人面像岩画

启动申报世界文化遗产；2005年12月，贺兰口岩画作为"宁夏贺兰山——西夏王陵风景名胜区"的重要组成部分，被建设部列入《中国国家自然遗产、国家自然与文化双遗产预备名录》。

在南北长200多千米的贺兰山腹地，近6 000幅神秘诡异的岩画被刻制在贺兰山贺兰口峡谷两侧绵延800多米的山岩崖壁上，成为今天我们研究人类文化史、宗教史、原始艺术史的文化宝库，是一座名副其实的北方少数民族的"艺术画廊"。

人面像群是贺兰口人面像岩画重要的分布形式。在贺兰口沟谷两侧石壁上，集中分布有8处人面像群，而且每一处人面像群的构图风格、表现形式都区别甚大。人面像群的出现，不是单个人面像的无规律拼合，而是有意识的"安排"，反映了一组不同的"故事"、一个不同的活动场面，往往是集体劳动的结晶，是先民们对一个宏大的祭祀场景的描绘，或者是一个重要事件的概括记录，抑或是对众多膜拜对象的汇集，反映了本部落的整体生存轨迹和精神世界。

太阳神岩画是贺兰山岩画中的精品，它磨刻在距地面20余米处的石壁上，头部有放射形线条，面部呈圆形，重环双眼，长有睫毛，炯炯有神，看上去很威武，这就是古代游牧民族心目中的"太阳神"。

贺兰山太阳神岩画

我们第一次来到贺兰山,有幸见到了好多只岩羊,随着人们对野生动物保护意识的增强,在贺兰山地区生活的野生岩羊,据说已经达到30 000多只。这些岩羊在山壁上跳跃行走如履平地,漫步在景区,也成了岩画的主角。因为从未遭到人类侵犯,所以它们并不怕人。在景区见到人时,它们不仅不躲,反而会主动与你嬉戏。动物在人群中穿行,人与动物一同散步,这种和谐的景象随处可见。

贺兰山岩画是人类祖先记录了10 000年前原始牧民的生活场景,凿刻在岩石上面的图画,数量有6 000余幅,征战、生产、祭祀、放牧是岩画所记录的主要内容。这些岩画带着原始特色和浓郁的民族气息,具有厚重的历史研究价值。有的岩画形似太阳神、甲壳虫、乌龟、手印等,都与先民们的生活内容密切相关。历经风雨的冲刷,虽然有些岩画已经模糊,但如此大规模的岩画还是令人震撼的。从岩画的内容、雕刻技巧上分析,这些岩画属于不同历史时期的产物,是对某一特定环境人类社会生活、生产发展的真实记录,是古代人们古朴艺术的再现。石壁石材,都是坚硬的花岗岩,所以这10 000年来石壁没有风化,保留得比较完好。从岩画的内容看都与生活有关,如脸谱、太阳和常见的小型动物。岩画的内容能反映出当时的社会文化,应该处于狩猎或畜牧业初期。画中人脸的大小与平常人脸的大小差不多,动物大小小于实物。画面以线条为主,很少有色块,线条宽度约2厘米左右,深度比较浅,光滑,是用同样硬度的石块敲击研磨出来的,有些线条约5毫米左右,线条深度约3毫米左右,用手摸上去,线条极其流畅。

我们站立于贺兰山峡谷前,仰视傲然挺拔的贺兰山群峰,凝视着太阳神、圣像壁等一幅幅古人类的艺术杰作,思绪无限驰骋,仿佛走进了一部宏伟古老的史书里,站在10 000年前古人类生活的场景里。这里山势峥嵘险峻、伟岸雄浑、

贺兰山野生岩羊

政协大兴安岭地区工作委员会考察组考察贺兰山岩画

奇峰突兀、怪石嶙峋，清泉四季长流，鹏鸟展翅滑翔，岩羊蹦跳自如。置身其间，我们不仅能领略到贺兰山的雄伟、大自然的秀美、古岩画的神秘，而且会陶醉于古村落、古遗址原始厚重的文化氛围中，发思古之悠情。

贺兰口不仅是古代岩画的富集之地，也是原始游牧民族的祭祀中心，同时又是贺兰山东麓民俗文化积淀丰厚的古村落所在地。以范家大院为主的古村落及其古代建筑呈扇面分布于沟口外台地上，这里除了有大量的岩画外，还发现有原始人类居住的山洞及房屋遗址、帐址、祭坛、古代北方游牧民族的圈石墓以及反映生殖崇拜的石砌沟筑物。同时，在景区内还分布有西夏寺庙建筑遗址、明代水关、明代石器哨台、清代龙王庙、土地庙和羊圈圈神祖庙等古建筑，仿佛在向我们诉说着那已经永远消失的过去，顽强地证实着人类艰难的生存历程。对比可见，大兴安岭岩画也以其丰富的内容，多样的表现形式，与阴山、贺兰山等其他北方地区岩画不同的制作方法，形成了独特的区域性特点。

银川世界岩画馆馆长李学军讲解人面像岩画

三、艺术天堂，千古守望

我们从贺兰山岩画遗址公园出来，走进银川韩美林艺术馆，首先看到墙上写着这样一段话："上苍告诉我：'韩美林，你就是头牛，这辈子你就干活吧！'"韩美林大师太幽默了，说得太形象了，我去过他北京的画室，的确像他所说，一天忙得不可开交，值得我们去学习。

20世纪80年代，著名艺术家韩美林先生第一次踏足宁夏银川就被古老神秘的贺兰山岩画深深打动，先后7次来到这里观摩岩画艺术，汲取创作灵感。2010年6月，他怀着对贺兰山的深厚感情和回报之心，决定将几十年来创作的1 000余件艺术精品捐赠给银川市人民政府。为了收藏、陈列、研究这些珍贵的艺术作品，银川市人民政府决定在银川市贺兰山岩画遗址公园内兴建银川韩美林艺术馆。我们在馆里每个展厅看到韩美林先生用当代艺术形式对贺兰山岩画进行了全面的解读与诠释，令古老的岩画文化更为直观、广泛地传播，开辟了一条全新的古老岩画与新时尚的艺术有机融合之路。这是继杭州、北京之后，在国内建立的第三

政协大兴安岭地区工作委员会考察组考察韩美林艺术馆

座以陈列展示韩美林先生个人作品为主的艺术馆，堪称当代中外艺术家中的"世界之最"。

该馆位于贺兰山岩画遗址公园文化艺术展示区，占地总面积15 868平方米，建筑总面积6 694平方米，主要包括展厅、互动区、创作区以及游客服务区，集参观、教学、展览、休闲等多功能于一体。全馆现有"五厅二室一廊一谷"，其中包括序厅，1、2、3、4号厅，手稿廊以及太阳峡谷，展品共1 000余件，集中展示了韩美林先生以岩画为题材的绘画、书法、雕塑、陶瓷、染织等各个门类的艺术精品。

1号厅以时间为轴线，以图片实物结合的形式全面系统地介绍了韩美林的艺术成就，辅以影像室内韩美林经典作品的创作视频，将韩美林人生轨迹中的每个精彩瞬间呈现出来。

2号厅从韩美林与民族民间艺术的关系出发，重点展现韩美林由岩画产生灵感的各类创作，如钧瓷、木雕、铁艺、绘画等，以各类民间艺术形式来再现岩画

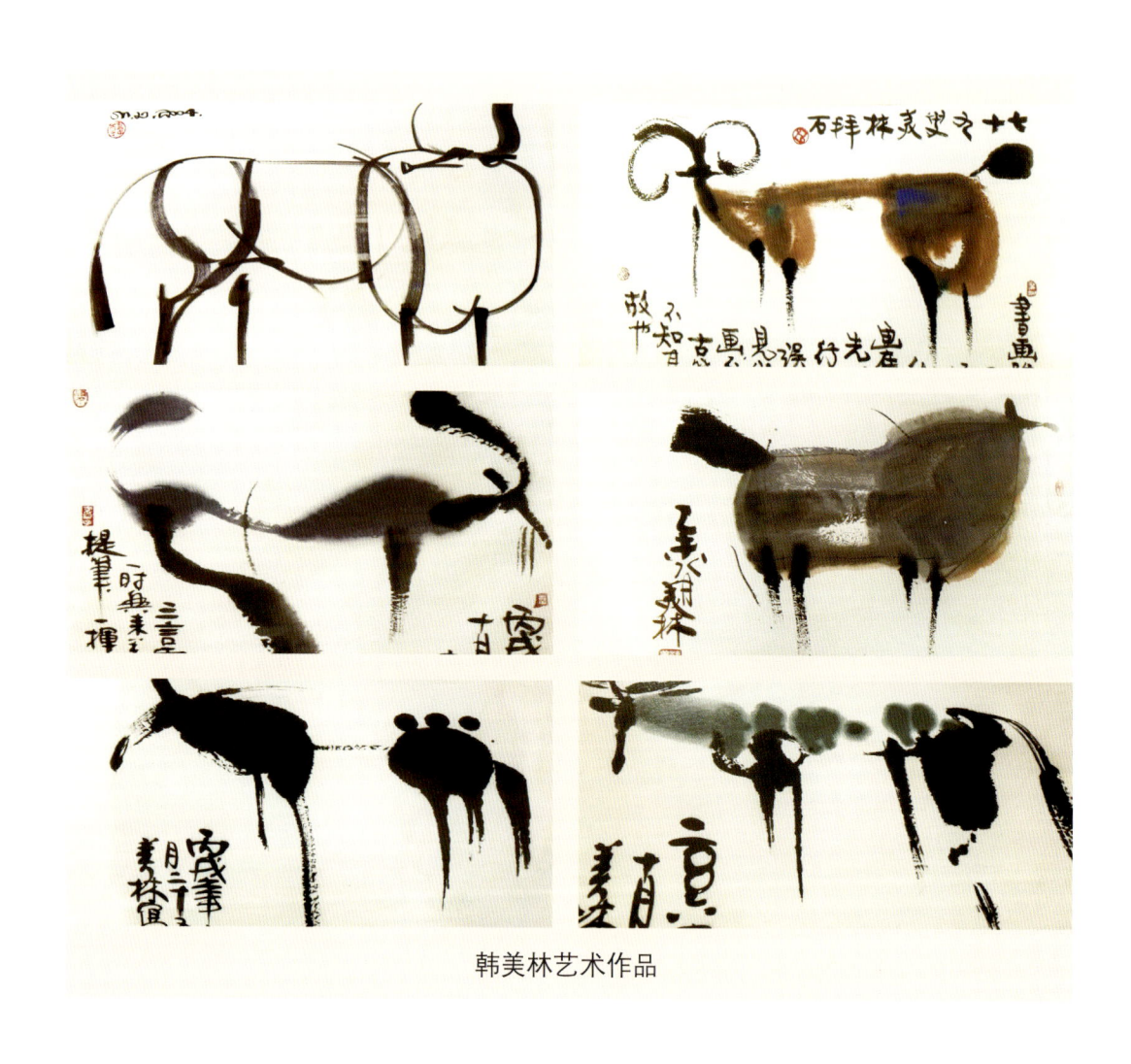

韩美林艺术作品

韩美林正在创作中的艺术作品

的浑厚古拙。从这些作品中，可以看到岩画对韩美林艺术的启示和影响，从而深刻理解岩画对韩美林艺术的激荡与升华。扎根于民族文化土壤之中的韩美林，以岩画为灵感和素材，在对民间艺术的研习、传承和创新中，为其注入现代审美情趣，使其焕发出新的生机与活力。

3号厅对于传统艺术的千古守望，成就了韩美林艺术的大美无言。韩美林的文化高度是以多元视角为基础，他努力探寻传统艺术中为我所用的内容，同时把自己生活经验中的审美记忆演绎、升华为自我风格的符号，将民间艺术中的土味变成时尚潮流中的文化，并演化为"美林风格"。因此，来源于民间印染织绣中的丰富内容也就有了特别的意义，而岩画挂盘等类别则能在传统陶瓷工艺中表现出现代的特色。

4号厅作为临时展厅，它是服务社会、沟通业界、为观众提供多元审美的窗口，是艺术博物馆中的一个特别的内容。为了韩美林艺术馆（银川）的开馆，特别展出了韩美林为纪念世界反法西斯战争胜利70周年而创作的《和平守望》，这一捐献给联合国教科文组织的巨型雕塑，以其别具哲思的造型和美好的寓意，表现了韩美林一以贯之的以"和平与爱"为主题的创作特色。

《和平守望》

银川韩美林艺术馆建筑设计灵感源于对贺兰山苍茫雄壮的感动，以及对当地居民因地制宜建造房屋方式的传承。艺术馆建筑的外形和构造完全与贺兰山融为一体，整体嵌入场地，空间错落有致。规矩方正的主展厅与更开放、空间更丰富的互动展区有机结合，并在多元化空间中引入日光与山景，

下篇　守护遗产　传承根脉

真正做到了空间功能与空间形态的完美结合。艺术馆外墙面装饰毛石，均就地取材自贺兰山区域，是目前银川市最高的外装毛石砌筑建筑，同时也表现了现代艺术与大自然的对话。

四、岩画技法，兴安相通

我们从宁夏银川驱车100千米，来到宁夏回族自治区北部石嘴山市，该市东临黄河与内蒙古自治区鄂尔多斯市为邻，西依贺兰山与内蒙古阿拉善盟隔山相望，北依黄河水与内蒙古自治区乌海市相邻，南连银川平原与银川市兴庆区、贺兰县交界。东西宽约88.8千米，南北长119.5平方千米，海拔1 090~3 475.9米。因山河交汇处"山石突出如嘴"而得名。

政协大兴安岭地区工作委员会考察组考察石嘴山博物馆

石嘴山，1960年建市，现辖大武口区、惠农区和平罗县，人口73万，面积5 310平方千米。

自秦始皇统一中国、北逐匈奴始设行政建制。平罗县城始建于明永乐，清雍正时置县至今。石嘴山游牧历史可追溯到秦统一中国之前；农耕历史向前可追溯2 000多年；煤炭开采、冶铁、制瓷工业历史可上溯到清康乾时期；商业从明万历年间开始，至清乾隆年间形成宁夏三大市口之一。石嘴山还是新民主主义革命时期宁夏革命斗争的重要地区，有着光荣的革命传统。新中国成立后，成为全国十大煤炭基地之一，为国家经济建设做出了重要贡献。

石嘴山博物馆建筑面积16 118平方米，布展面积8 252平方米，分古生物化石、岩画、历史（革命史）、民俗、工业、农耕六个展厅，全方位展示了石嘴山的历史文化。

石嘴山白芨沟彩绘岩画

下篇　守护遗产　传承根脉

249

位于石嘴山境内的白芨沟彩绘岩画洞窟，是一个坐北朝南的天然洞窟，岩洞为敞口状，可容纳数百人。彩绘岩画分布在高8米、长10米的崖壁上，坐西向东，以赭石颜料涂绘，有24组42幅精美的彩绘岩画，内容有射猎、骑者、牧归和牛、羊、马狗等动物，是目前宁夏唯一一处彩绘岩画，这也是继新疆、内蒙古和大兴安岭地区发现彩绘岩画后的又一重大发现。

围绕这一彩绘岩画目前仍有尚未破解的秘密。白芨沟彩绘岩画以许多弥足珍贵的空心手印岩画著称，肉眼可辨别的就有18个。

石嘴山岩画分布在贺兰山北部，山势巍峨，西长城蜿蜒其中，地理环境十分优越。这里的岩画是先民游牧生活的真实写照，从多方面反映了他们的真实生活、美好的愿望以及热烈的情感。这些艺术珍品是历史凝聚积淀下来的"活化石"，直接向我们提供了大量的形象材料，是一个硕大的艺术宝库。

早在15 000年前就有人类在此繁衍生息，陶乐南界水洞沟和境内长城古塔、汉墓夏冢、西夏离宫等众多的历史文化遗存，记录了石嘴山市灿烂的历史文明。石嘴山地势险要，游牧文化与农耕文化交融，自古以来就为兵家必争之地，自北魏开创大规模水运以来，石嘴子成为西北地区的重要口岸和商品集散地，曾是清末西北地区的繁华之地。

白芨沟彩绘岩画组合图案中既有跃马扬鞭者，又有引弓射箭者，充分展示了紧张激烈的狩猎场景。还有拴有缰绳的奔马图景，有的坐骑还备有马鞍，群马的线条均优美修长、生动传神。据介绍，白芨沟彩绘岩画目前主要采取封闭式管理，借助森林警察等力量予以保护。

石嘴山彩绘岩画颜料、绘制内容和技法与大兴安岭彩绘岩画相同，都记录了远古人类在3 000~10 000年前放牧、狩猎、祭祀、征战、娱舞等生活场景，以及羊、马、狗、蛇等各种动物图案和抽象符号。无论是贺兰山石刻岩画、石嘴山彩绘岩画，还是大兴安岭岩画都有其不同特点和共同特点，顺着这个多彩的岩画万花筒我们可以窥见古代游牧民族一幕幕富有生趣的社会生活，唤起对人类文化一致性的认识。

大兴安岭岩画
DAXING'ANLING YANHUA

第五章 大兴安岭岩画的文化特征及保护利用

　　大兴安岭岩画是象形文字产生前的雏形，是人类的视觉书写形式，是生活的浓缩和历史的积淀，是人类最古老而又不断绵延换新的文化基因，具有视觉传播的吸引性、象征性、类比性、痕迹性的特征，自然地留存了人类物质文明和精神文明的原始形态，是人类把对于生命的理解和生活的体验，把自己的信仰、需求、欲望、快乐、痛苦、悲伤、恐慌等内在的心理表现用手指或羽毛等写在岩石上的历史性遗存，它向后人展示了一种远古的文化意蕴和原始的生存状况。它是原始先民在大兴安岭生活期间延续自己的生命、放飞自己的灵魂、留下自己思想的根本性手段，它比文字更古老、更直观、更真实。大兴安岭彩绘岩画通过独特的艺术手段，以原始而朴实的表现手法，承载着原始人类的生存气息，向人们诉说着人类童年的故事。

　　大兴安岭彩绘岩画分布在群山深处的山崖岩壁的平面上，裸露在自然环境中，不同程度受到自然灾害、风化以及人为等各种因素的破坏，为了科学地保护和利用好这一珍贵的文化遗产，大兴安岭地委、行署高度重视，有关部门坚持"保护为主，抢救第一，合理利用，加强管理"的工作方针，多次召开座谈会、研讨会，听取专家意见和建议，建立了一整套适合大兴安岭岩画的数字化管理体系和规范的保护利用措施，并做好了岩画申遗工作。

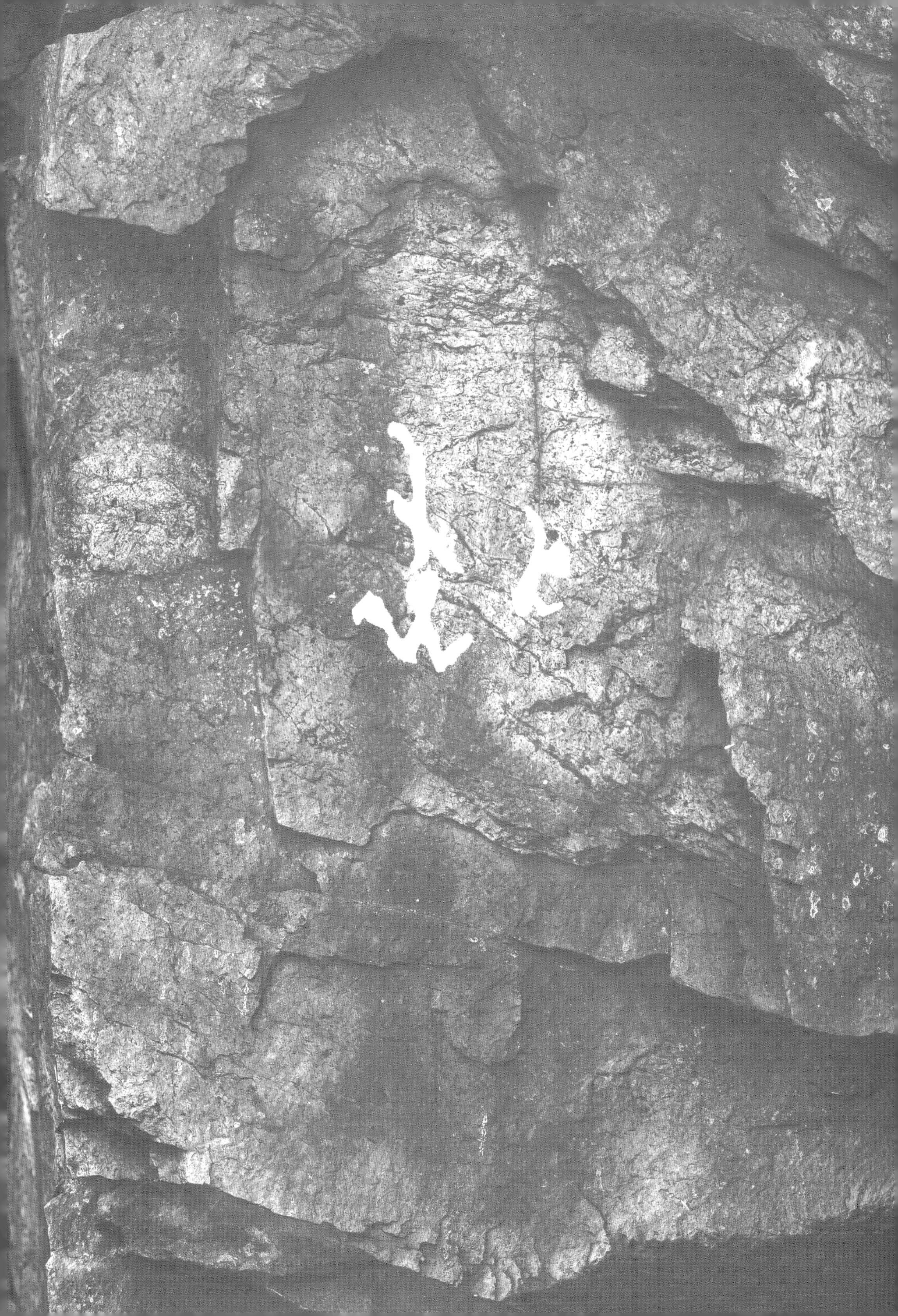

第一节　大兴安岭岩画的文化特征

下篇　守护遗产　传承根脉

我国的岩画以长江为界有南系和北系之分，大部分分布在有林地区。南系的岩画是用"书写工具"将颜料画在岩石上，其内容主要反映的是以农耕为主的定居民族的生活；而北系的岩画则是用石、骨等坚硬的物质在岩石上雕凿磨刻而成的，主要反映的是游牧、游猎民族的生活。大兴安岭岩画绘制技法与南系岩画相同，内容却与北系岩画相同，体现了我国岩画的丰富内涵和多样性，这些岩画遗产是古代先民表达情意的符号，被黑龙江省考古专家形象地称为"跳舞的小人"，向世人展示了先民多彩的生活、风俗习惯、图腾崇拜和审美观念。

大兴安岭从古至今是多民族生存、融合和生活的舞台，是多元文化生成、繁荣和传播的驿站。岩画是人类生活的浓缩和历史的沉淀，是一种思想的结晶，是压缩了的历史时空，是人类把对于生命的理解和生命的体验用粗笨的工具写

在岩石上的历史性遗存。它向世人展示了一种远古的文化意蕴和原始的生活状态，它是原始先民在大兴安岭生活期间延续自己的生命、放逐自己灵魂、留下自己思想的根本性手段，它比文字更古老、更直观、更真实。他们在创造的艰辛中度过了快乐的岁月，他们在自然演变中保持着心中最真诚的信仰，他们在短暂的生命过程中书写着永恒。

大兴安岭岩画分布广、数量多，具有重要的史料和艺术研究价值，是黑龙江古代游猎民族社会生活和意识形态的生动再现，有着鲜明的森林游猎民族的舞蹈特色。从表现形式上看，有单人舞、双人舞、三人舞和集体舞。从内容上看，有反映日常生活的手臂呈向下自然垂臂的悠闲状，有反映生活场景的手臂平行状，有反映祭祀的手臂上举状，还有反映狩猎成功形态各异的手臂形状。例如，碧洲镇塔哈尔河岩画，从左至右依次为一个野猪造型，后面有几个人物手臂姿势各异，上举、平行，还有一手下、一手平行等。大兴安岭岩画表现手法及内容单一，人物腿部叉开造型居多，且多与动物同时出现，具有原始舞风的特点和神韵，为研究大兴安岭远古先民的美学特征、审美情趣、生产生活、祭祀祈祷等提供了丰富的佐证。

舞蹈文化的本质是承载艺术情感的符号，岩画中"跳舞小人"通过各式各样的动作形态，反映了大兴安岭古代民族的原始生活景象。这些静态的舞蹈造型体现出古人的审美情趣，对风格各异的民间舞蹈产生一定影响。从艺术风格、美学角度上看，大兴安岭岩画舞蹈造型呈现出浑朴、神秘、阴柔的特点；翠峰岩画中出现的日月星云整体天象的描绘，展现出古代大兴安岭先民神秘的祭天仪式；而从画面上7个手臂上举、手臂偶有交叉呈朝拜状的人物舞蹈造型，我们依然可以联想出当时祭祀时候壮观的场面。

舞蹈在原始艺术中是最古老的艺术形式，舞蹈艺术在史前阶段早已走向成熟，在文明破晓之际，已达到一种完美的程度。尽管有人认为人类舞蹈艺术的起源之早几乎是无法查证的，但在旧石器时代的岩画上却留下了众多的图像，法国学者雅克·沙耶曾把法国三兄弟洞穴的鹿角巫师岩画看作最古老的舞蹈形象。

原始舞蹈常常是与狩猎等生产活动和祭祀、巫术等宗教活动联系在一起的，原始人认为通过舞蹈可与神灵沟通、与大自然和解。舞蹈纹岩画则是对原始先民舞蹈活动的再现，他们试图通过舞蹈纹产生的交感巫术的力量，达到更高层次更为永久的祈愿目的。生殖崇拜舞蹈纹岩画就是这样一种形式。在大兴安岭已发现的50余处岩画点中，如天书岭、白灰窑等岩画点都有生殖崇拜舞蹈纹岩画。原始岩画舞蹈纹图像就其生成的原生形态来说，并不具有现代意义的"艺术"含义，而是一种巫师—萨满文化形态，是为原始宗教信仰服务的，通过简化的舞蹈动作，营造一种巫术氛围，给人们以无限的遐想空间，以达到与神灵沟通、与天地沟通的目的，最后达到"大乐与天地同和"。

大兴安岭岩画作为原始先民创造的史前艺术，其生殖崇拜主题表现形式的多样性与丰富性告诉我们，大兴安岭及黑龙江流域先民对生命本源的崇拜与探索，激励着一代又一代后世子孙，使他们战胜严酷的自然环境，繁衍、生存、壮大，并最终融入中华民族的大家庭之中，为中华民族与中华文明的形成与发展做出了贡献。

政协大兴安岭地区工作委员会考察组与中国岩画学会副会长魏坚（左一）研究大兴安岭岩画

第二节　大兴安岭岩画的损毁

一、自然损毁

（一）物理风化

由于气温的变化使岩石产生机械破坏，由大变小、由坚硬变疏松而化学成分不发生变化的过程，称为物理风化作用，如风、雨、雷电、温度的变化，水、盐等物质、物态的变化以及生物的活动等。大兴安岭彩绘岩画承受物理风化作用的成因有以下几种：一是坍塌破坏；二是风蚀破坏；三是水蚀破坏；四是泥石流破坏；五是温差破坏。

（二）化学风化

化学风化是岩石在水、水溶液和大气的化学作用及有机体的生物化学作用下所引起的破坏作用。其特点是可以改变岩石（矿物）的化学成分，产生新的矿物，直到适应新的化学条件。岩画因岩石空隙中存在的毛细管水、重水和固态水而遭

松岭区飞龙山岩画群

受侵害。因岩石中的毛细管水和重力水属于自由水，所以当自由水渗透运动时就可能使岩画出现水蚀现象。

地处阴坡山体上的岩画，因积湿现象使岩面上繁殖大量微生物，对岩画的表面产生酸解、碱解和还原作用，产生化学作用的主要因素是水、氧、二氧化碳。它们通过氧化溶解、水化、水解和碳酸化的方式导致岩石潮解酥软，留下蚀痕；或者分解岩面，使岩石表面出现粉末状脱落，岩石表层渐渐降低，岩画颜色越来越浅，岩画也随之消失。

严冬季节，岩石裂隙水呈固态水存在于岩石内部，因发生冰劈现象而导致岩石裂隙逐渐扩大、加深，最后造成岩石崩解掉块，使岩画残破不全。

（三）生物风化

岩石和矿物受生长在它上面的动植物影响而发生的破坏作用叫生物风化。生物对岩石的破坏方式既有物理作用的崩解，又有化学作用的分解，但经常是两者的综合作用。

二、人为损毁

多年来，由于大兴安岭彩绘岩画没有得到有效保护，经常会遭受到人为的破坏，以致造成不可弥补的损失，主要有以下几种：一是建设性破坏。如拉砂取石、修渠筑路都能够对岩画造成极大的破坏。二是收藏性破坏。随着收藏热的升温，有些人以盈利为目的，采取违法偷盗的手段将山体岩石上的岩画用撬棍撬下山体剥离取走。三是研究性破坏。存在借对岩画进行数据收集和研究，不经文物管理部门批准，非法进入岩画密集区搬运岩画石现象。四是摄影爱好者为拍摄到理想的画面，往岩石画面泼水，由于气温的变化，导致岩画色彩逐渐退化。

第三节 大兴安岭岩画的保护利用

一、设立防护栏、标志和界标

为了防止前来参观的游客对大兴安岭彩绘岩画进行踩踏、触摸、刻画、泼水等行为，可在岩画密集区设置防护栏和在重要岩画点设置防护罩。如松岭区在飞龙山岩画密集区对所有的岩画和重点危险路段设置了防护栏；加格达奇林业局在天台山岩画点设立防护罩，既避免了游人对岩画的破坏，同时保证了游客的安全。松岭区飞龙山岩画群三处岩画点为区级文物保护单位，按文物保护法的要求落实文物保护"四有"工作，适时划定公布保护范围，建立规范的文物档案，树立文物保护标志和界标。

二、做好防风化工作

大兴安岭彩绘岩画大部分分布在深山沟口内外的山体岩壁或岩石上。千百年来，这些岩画由于受气温变化的影响，在气体、水溶液以及生物等外力的长期联

2020年9月14日，时任大兴安岭地委副书记、行署专员张宝伟深入松岭区就飞龙山岩画群保护利用工作进行调研

合作用下，正在经历着物理、化学的变化过程，遭受到严重的破坏。岩画的保护主要是防止岩画继续遭受自然风化破坏，至今这仍是一个世界性的难题。目前防岩画风化的工程技术保护方法主要有以下几种：

一是对可能造成失稳的岩画载体或对可能塌落碰砸岩画的岩石进行加固处理。运用锚杆加固或灌浆加固的方法稳定加固岩体，使不稳定的岩体不再产生崩塌、位移、掉块现象。

二是对岩画表层进行抗风化处理。运用耐候性、防水性、渗透性和透气性好的表面防水剂，阻断水在岩面载体风化过程中所起到的主导作用，从而最大限度地减缓岩面表层风化的速度。为了加强岩石内部结构之间、风化层和新鲜面之间的结合度，提高岩石的表面强度，增强岩面的抗风化能力，也可以运用有机硅类或复合类的表面加固剂对存有岩画的岩体表面进行喷涂渗透，使其岩面强度增高、抗风化能力增强。

三是定期对岩画存在的岩体表面进行清洗。运用机械清洗或重点人工清洗的方法，清除因受到侵蚀而留在岩面表面上的水溶性盐、难溶硬壳、灰尘烟垢、真菌、藻类等有害物质，保持岩面清洁。

在上述三种保护岩画不受自然破坏的方法中，对化学工程方法要采取慎重的态度。应首选材料性能稳定的物理加固方法，对经过科学实验和技术鉴定后批准施用的化学保护剂，要在充分考虑岩画石的物理、化学性能的前提下优选配比科学的材料，并控制施用化学保护剂的部位和面积。

三、其他保护措施

一是强化各级文物管理部门对大兴安岭彩绘岩画的保护与管理职能，加大大兴安岭彩绘岩画的保护力度。各市县区文化行政管理部门和文物管理保护单位都把辖区内大兴安岭彩绘岩画的保护列入工作日程，划定保护范围，争取专项经费，增加专业人员，切实加强对大兴安岭彩绘岩画的保护和管理。

二是严格禁止在岩画区域内开山辟路、挖砂取石、凿渠建坝、垦田放牧，破坏与岩画共生的自然生态环境，从源头上切断人为破坏的管道和途径。

三是在开辟为旅游区的岩画点上，或供科学考察、考古发掘的岩画密集区域，采取切实可行的措施，严禁踩踏、敲砸、刻画、涂污、搬动岩画石，严禁随意脱模复制或拓印岩画。

四是组织专业队伍，对辖区内的岩画抓紧进行科学调查，做好全面记录、整理编号工作，建立专门档案，完善巡查制度，拒绝一切破坏岩画的苗头发生。

五是加大宣传力度，向广大群众、青少年学生宣传岩画，宣传保护岩画的重要意义，把保护岩画变成公民的自觉行动，共同为保护大兴安岭彩绘岩画做出贡献。

六是对大兴安岭彩绘岩画及其周围的遗址使用实物扫描仪或者全景信息采集仪器进行"抢救性"的扫描、收集、整理和数字化处理。现在已进入数字化时代，采用现代化技术手段对岩画进行采集已不再是梦想，还原历史场景，理清岩画的空间和社会关系已成为可能，因此多层次全方位还原历史场景，对图像等视觉表达进行研究是十分必要和可行的，这也是一个亟待开拓的新型研究领域。

七是制定岩画研究的操作规程、研究方法、阐释手段，对大兴安岭彩绘岩画进行科学合规的精细解读十分必要。

松岭区飞龙山岩画群全景

八是建立岩画宣传网站和自媒体平台，普及传播岩画知识。大兴安岭彩绘岩画已经存在了上万年，但人们对岩画的认识和岩画所表达的意义知之甚少。如何发挥岩画的作用？那就是广泛传播，让更多的人通过岩画看到早期人类的视觉世界，让岩画在传播中呈现人类的视觉表达。

九是将岩画元素引入文化创意产业，建立岩画文化生态圈。大兴安岭彩绘岩画的保护和管理是一个系统工程，也是一项长期而艰巨的历史任务。只要采取有力措施，持之以恒，常抓不懈，就一定能够改变大兴安岭彩绘岩画继续遭到破坏的被动局面，使这一历史文化遗产更好地永续保存下去，传播下去，让更多的人分享人类文明智慧的结晶，这是岩画研究者的使命和责任，也是中华儿女的历史使命。

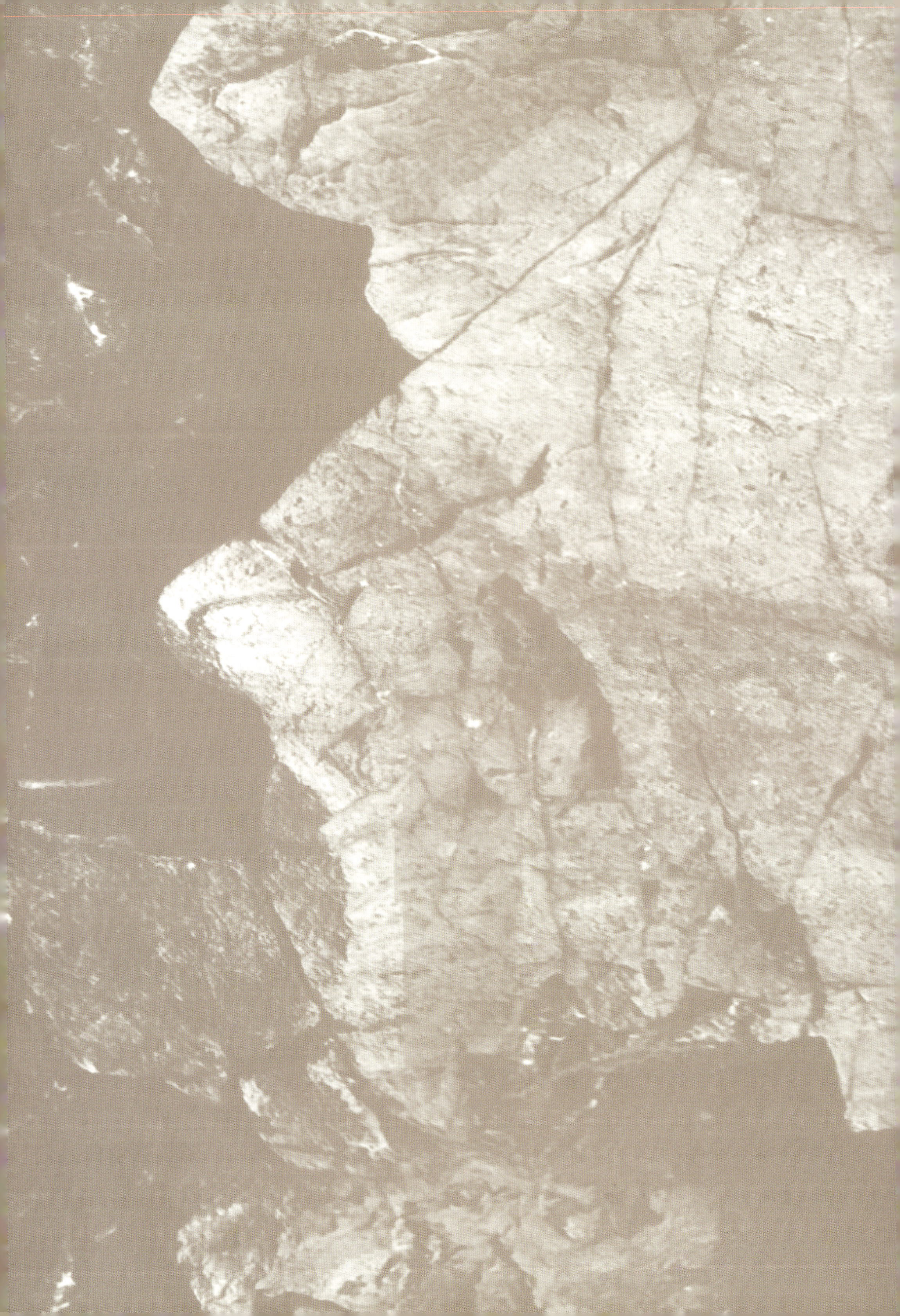

大兴安岭岩画
DAXING'ANLING YANHUA

第六章 大兴安岭岩画数字化信息采集与系统建设

为尽快实施对大兴安岭彩绘岩画的抢救性保护措施，更好地保护及展示大兴安岭彩绘岩画的原始形态，大兴安岭地委、行署高度重视岩画数字化信息系统建设，与专业公司合作，对大兴安岭一市两县四区30个岩画点进行信息采集。

大兴安岭是除广西花山之外，第二个实施岩画信息系统建设的地区。利用无人机航拍、高清纹理拍摄等技术，实现大兴安岭岩画的数字化采集、地理信息测绘、存储和虚拟化展示，通过对岩画的调查记录、照片、绘图、影像、空间、数据等资料的综合管理，用技术化的手段将岩画的保护、研究与展示变成现实，最终实现大兴安岭岩画的数字化保护、分析研究和展示传承。

大兴安岭彩绘岩画大部分分布在公路、铁路、森林、旅游探险等人类活动区域，已不同程度遭到破坏，甚至损毁。为了保护好大兴安岭岩画，采用数字化、信息化技术对石质岩画进行数字化获取、研究和保护，是行之有效的措施。通过对数字化采集成果、空间数据和历史调查资料的整理、汇总，建立大兴安岭岩画基础数据库，实现对岩画调查记录、照片、拓片、绘图、影像、空间数据等资料的创新融合和综合管理，实现大兴安岭岩画在调查、管理、研究和展示各个工作阶段之间的数据流通与共享，不断提升大兴安岭彩绘岩画研究分析和保护利用的水平。

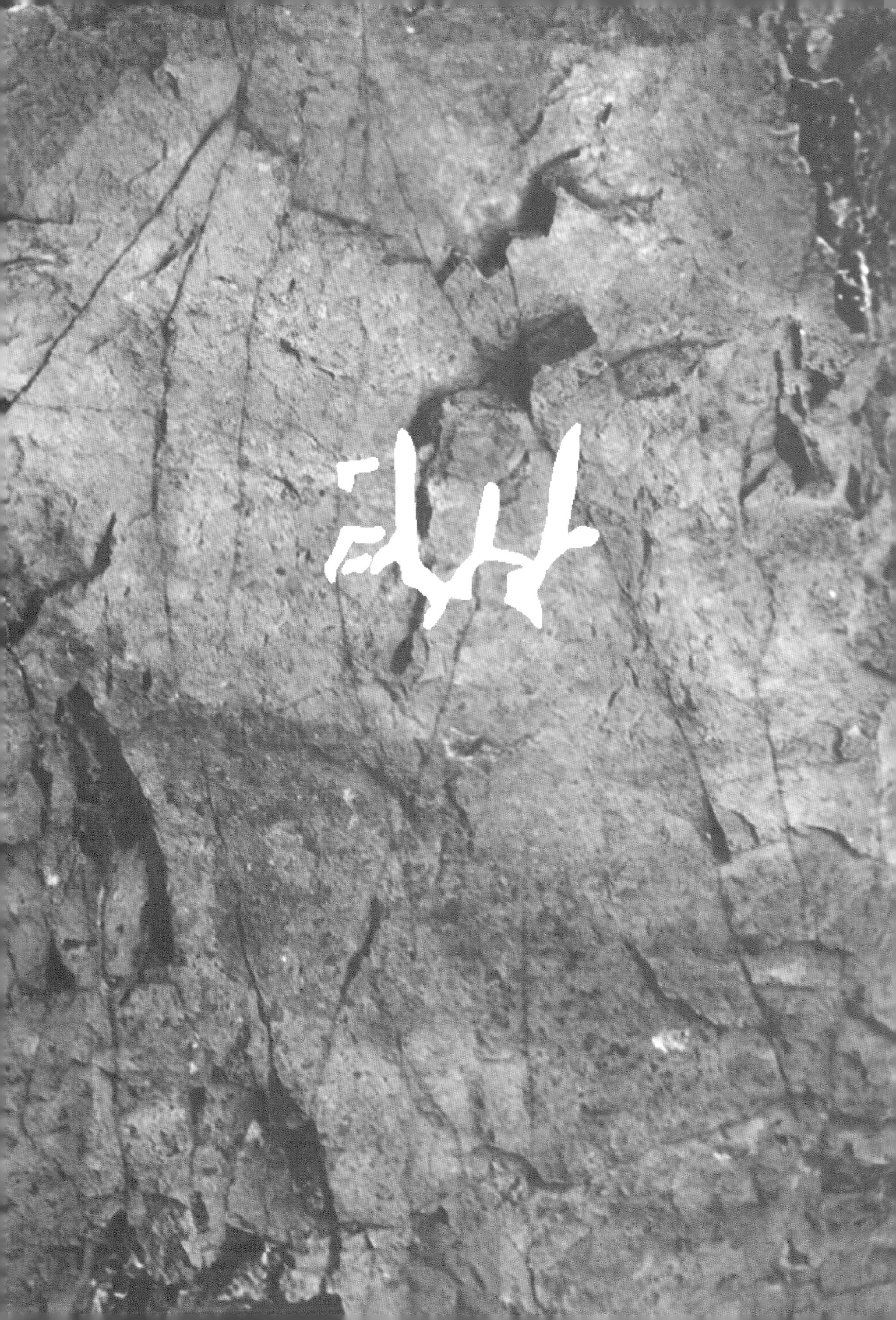

第一节　松岭区彩绘岩画数据采集和地理信息测绘

武汉数文科技有限公司利用无人机航拍航摄、空间信息测绘等技术，对大兴安岭松岭区古源飞龙山、苗圃、劲松镇南线、壮志西山、平岚 5 处岩画点开展数字化信息采集工作。通过地理信息测绘、存储和虚拟化信息展示，科学系统记录岩画本体资料，精确获取岩画空间数据，实现岩画资料的永久保存。

武汉数文科技有限公司技术人员在松岭区开展数据采集工作

第二节　加林局彩绘岩画数据采集和地理信息测绘

　　武汉数文科技有限公司技术人员深入加格达奇林业局大子扬山管护区岩画点、达金管护区半拉山岩画点、跃进林场老道口岩画点、讷尔克气岩画点、白桦林场白桦岗岩画点、翠峰林场天台山岩画点开展岩画数据采集和地理信息测绘工作。利用全站仪、无人机、高清相机等设备对岩画进行了正摄影像、视频素材、空中全景、山体模型、像控点测量等项工作的原始数据采集，完整记录了加林局岩画本体和周边环境信息，实现了岩画点周围空间地理信息的数据永久性留存。

岩画数据采集和地理信息测绘

测绘工作中，在跃进林场老道口岩画的一处山体上发现了新的岩画点，有50余单幅，以人物和动物为主，主体岩画朝向西南，画面比较清晰，极为珍贵，正南有一幅，漫漶不清。

跃进林场老道口新发现的岩画点

白桦林场白桦岗巨大弓形岩画　　白桦林场白桦岗圣像壁岩画

第三节　大兴安岭岩画数字化信息系统建设

一、保护与利用措施

大兴安岭岩画大多分布在人类活动不易到达的群山深处的岩壁立面上，部分珍贵岩画由于公路铁路建设、森林采伐、旅游探险等人类活动已造成严重影响甚至损毁。为了保护好大兴安岭彩绘岩画，采用数字化、信息化技术对石质岩画进行数字化获取、研究和保护尤为重要。

（一）建立大兴安岭岩画数字化保护体系

通过将数字化技术、方法与软件平台广泛应用于大兴安岭岩画管理、研究和保护工作各个流程阶段，充分发挥数字化技术在岩画考古中的重要作用，建立一整套适合大兴安岭岩画的数字化管理体系和规范，推动大兴安岭岩画考古工作创新发展。

（二）促进当地文化遗产旅游事业的发展

文化通过旅游业推动发展，而旅游业的发展反过来促进文化的进步，促使适应当代游客需求的文化产生。通过对大兴安岭岩画的数字化采集和考古科学研究，深入挖掘岩画背后的价值和内涵，利用数字化的方式向公众展示大兴安岭岩画的独特魅力，既可以向社会公众传播历史文化，还可用历史故事及其文化内涵促进大兴安岭当地文化遗产旅游事业的发展。

大兴安岭岩画

二、建设内容

（一）采集岩画成果

建设大兴安岭岩画综合基础数据库软件应用平台，包括岩画数字化资料管理系统、岩画综合展示系统等各系统建设，实现大兴安岭岩画在调查、管理、研究和展示各阶段之间的数据流通与共享，充分发挥数字化系统平台在大兴安岭岩画的管理、研究和展示方面的应用，提升大兴安岭岩画研究分析和保护利用的水平。

（二）岩画拓片制作

（1）确定影像：通过"抽出"目标图像，提取到制作数字拓片的"有意义的区域"。

（2）去色处理：通过"灰度化"使彩色数字照片转换成灰度图像。

（3）消除光照不均：通过"高反差保留"消除影像获取时客观光照条件造成的光照不均现象。

（4）提取拓片图元：通过"阈值"处理，将连续色调图像转换成非连续色调图像，获得黑白颗粒。

（5）脱墨处理：通过"反相"操作，使黑、白两色的分布规律符合"图元黑背景白"的特征。

岩画黑白拓片

（三）数据库建设

随着大兴安岭岩画的考古调查和研究的不断深入，以大兴安岭岩画数字化保护研究为出发点，进行大兴安岭岩画数字化资料的数据库建设，其目的是对大兴安岭岩画考古调查、研究所获各类数据进行处理和分析。通过建立科学、规范的基础资料数据库，为考古调查、研究及大兴安岭岩画保护提供一种数字化的手段与方法。

搭建大兴安岭数据库平台，解决岩画综合展示系统的信息自由交换、统计等管理问题。建立岩画数字化资料管理系统，直观反映各岩画点和单体岩画情况，通过文字记录、表格、图像等形式直观反映各个对象的总体情况，满足大兴安岭岩画数字化管理研究与展示平台的需要，实现信息共享。

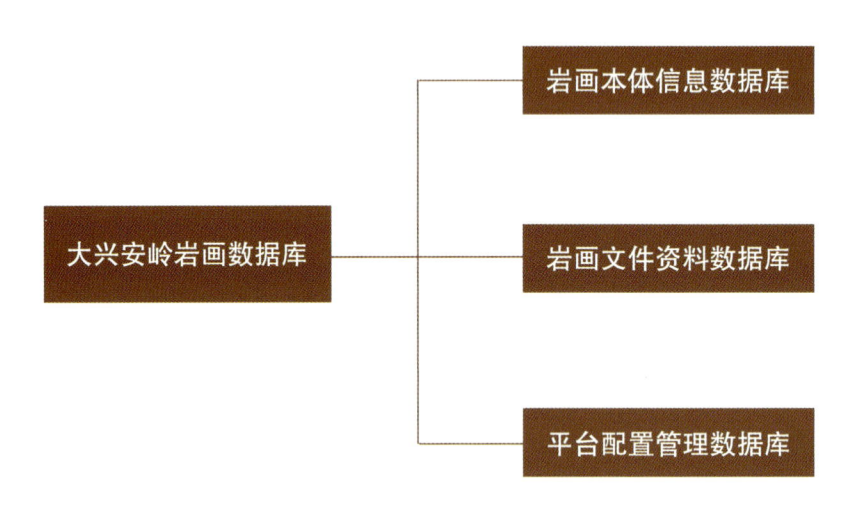

大兴安岭岩画数据库的组成

1. 岩画本体信息数据库

岩画本体信息数据主要指大兴安岭岩画在田野调查、数据采集和管理过程中产生的考古记录资料，如考古调查记录表、岩画个体编号登记、每一幅岩画的个体数量统计表等。岩画本体信息数据库根据现有本体信息资料的内容和结构，形成一个可共享管理和研究的数据库系统，用于存储岩画考古调查、数据采集、管理和研究等各阶段产生的各类数据，主要包括考古调查数据、现场调查记录、岩画本体信息采集成果数据和采集处理中间过程数据。

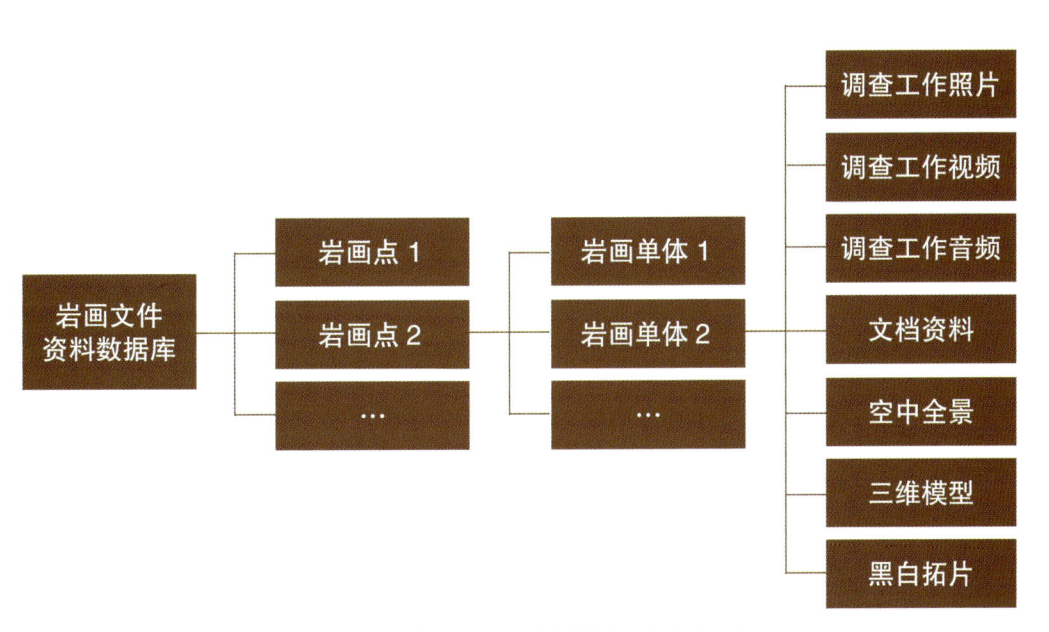

大兴安岭岩画文件资料数据库的组成

2. 岩画文件资料数据库

岩画文件资料数据库是辅助大兴安岭岩画考古调查、数据采集、管理、分析研究等阶段的数字化成果信息库。该库建立了大兴安岭岩画调查区域内所有的数字化档案信息，是黑龙江省真正梳理岩画数字化资料、实现精细化管理的基础。

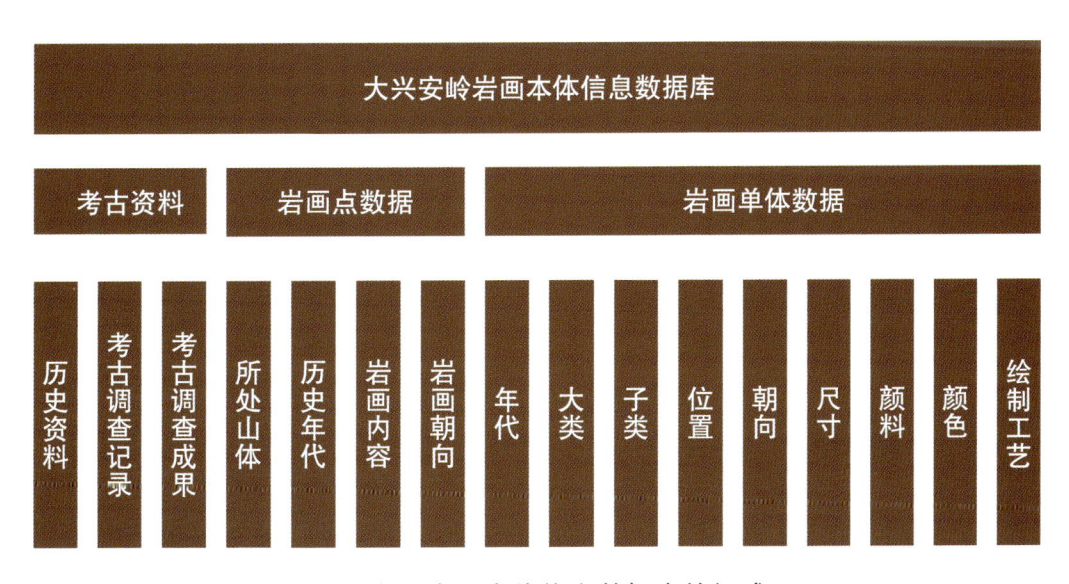

大兴安岭岩画本体信息数据库的组成

4K 高清宣传视频

岩画文件资料数据库包括调查工作照片、调查工作视频、调查工作音频、岩画点 4K 宣传视频、岩画点空中全景、岩画单体三维模型等数字化成果。这些数字化成果按照岩画点、岩画个体的层次结构进行组织，对所有的文件资料对象进行存储。

3. 平台配置管理数据库

平台配置管理数据库提供对整个大兴安岭岩画数字化管理研究与展示平台的配置、管理等系统维护支撑，保障整个系统的稳定、安全运行。通过云存储平台和数据库系统，可以建立一个根据需要自由伸缩的大兴安岭岩画数字化资料管理中心，满足大兴安岭岩画数字化资料管理系统、岩画综合展示系统互联互通的需要。

（四）岩画资料整理入库

为了满足大兴安岭岩画考古研究分析和应用展示的需要。首先需将大兴安岭岩画历年来考古调查、研究的数据资料进行整理、数字化，并利用大兴安岭岩画数字化资料管理系统将这些资料进行统一的保存和管理，建立大兴安岭岩画数字化数据库。同时，在后续的考古调查、采集和整理工作中，不断对考古资料进行补充和完善，为大兴安岭岩画的研究、分析和展示提供更加全面的数据支撑。

1. 大兴安岭岩画历史考古资料录入

充分考虑大兴安岭岩画历史考古成果资料的重复利用，历史考古资料需录入的内容包括：各类考古调查报告、考古发掘报告、数字化测绘数据、课题和论文等研究性资料；前期考古现场的照片、视频、全景等多媒体成果等。录入信息涉及遥感考古、环境考古、植物考古、动物考古、体质人类学、冶金考古、数字考古等对大兴安岭岩画本身及出土遗存的多学科综合研究成果和资料，为后续的深入研究、展示等提供强大、全面、系统性的大数据资料库。

2.大兴安岭岩画考古业务资料录入

大兴安岭岩画考古业务资料是大兴安岭岩画数字化管理研究与展示平台数据管理维护、数据研究分析的基础，该数据库可实现岩画本体资料、考古日志、调查/发掘记录和考古成果资料的规范存储，数据库需录入信息包括：考古调查、数据采集、考古发掘过程产生的业务资料数字化成果。

（五）管理展示平台建设

1.管理展示平台系统建设架构

大兴安岭岩画数字化管理研究与展示平台建立起一个包括大兴安岭岩画数字化资料综合管理、岩画内容有效展示的综合管理研究与展示平台，该平台一方面利用无人机航飞航摄、高清纹理拍摄等技术来实现大兴安岭岩画的数字化采集、存储和虚拟化展示；另一方面通过采集的数字化信息和数据，实现对大兴安岭岩画检索、统计、分析功能，最终满足大兴安岭岩画的数字化保护、分析研究和展示传承的现实需要。该平台主要由岩画数字化资料管理系统、岩画综合展示系统组成。

岩画数字化资料管理系统主要是对大兴安岭区域内的所有岩画资料进行综合管理，包括历史文献资料、调查资料、研究资料等资源都汇入该系统当中，实现对大兴安岭岩画资料全面、高效、综合性的管理。岩画综合展示系统主要是为社会公众提供一个获取数据的窗口，该系统通过合理的方式向社会公众展示多源海量的岩画资料，社会公众可以全面浏览和获取有关资料。几个系统并不是孤立存在，而是相互关联共同构成大兴安岭岩画数字化管理研究与展示平台。同时，系统之间具有不同的权限设置，以确保资料的安全使用和共享，如岩画数字化管理系统主要用户为岩画研究人员和工作人员，而综合展示系统则还包括面向社会的公众人员。

2.岩画数字化资料管理系统

岩画数字化资料管理系统负责对岩画本体记录信息、影像资料等数据的统一记录和存储，实现对包括岩画历史文献资料、调查资料、研究成果资料等在内的相关资料进行有序高效的管理，并提供岩画点、岩画个体资料的综合查询、统计和分析应用等功能，为岩画的研究提供成体系的工具和方法。岩画数字化资料管理系统由岩画信息管理、研究成果管理、展示资料管理以及系统配置管理组成，并为岩画综合展示系统提供展示内容的配置。

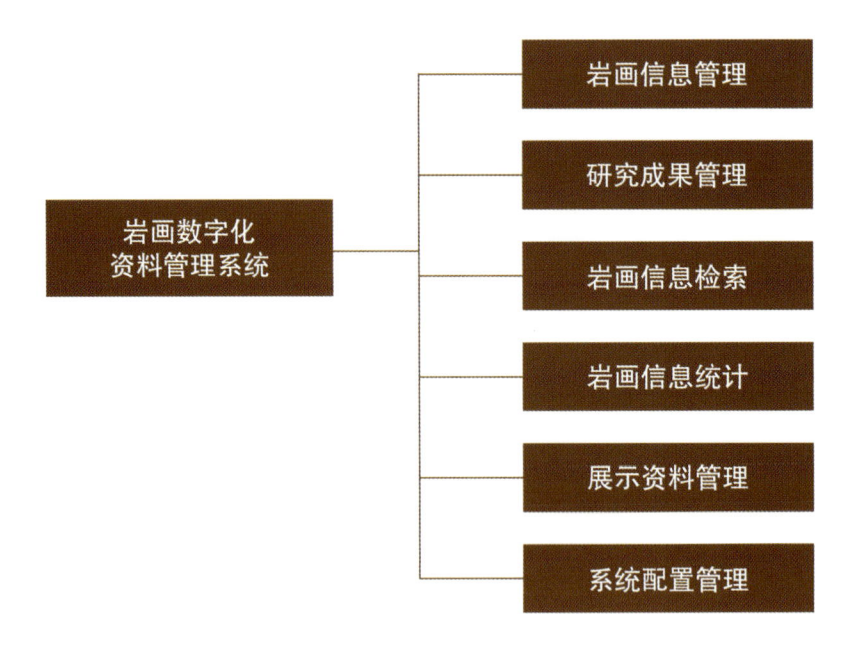

岩画数字化资料管理系统功能组成

3. 岩画信息管理

该系统主要负责对大兴安岭所有岩画资料信息进行综合管理，包括岩画点的管理、岩画个体管理以及调查资料管理。

一是岩画点管理。岩画点管理主要针对大兴安岭30处岩画点数据资料进行统一、综合的管理和维护。该模块除了提供对岩画点的基本概况，包含内容、保存状态、绘制年代、附近遗址等文字描述信息的管理，还支持对照片、视频、场

岩画信息管理系统界面

景影像、文献资料等多媒体文件资料的关联存储和应用，为大兴安岭岩画点数据资料的管理和应用提供更加全面的工作方式。

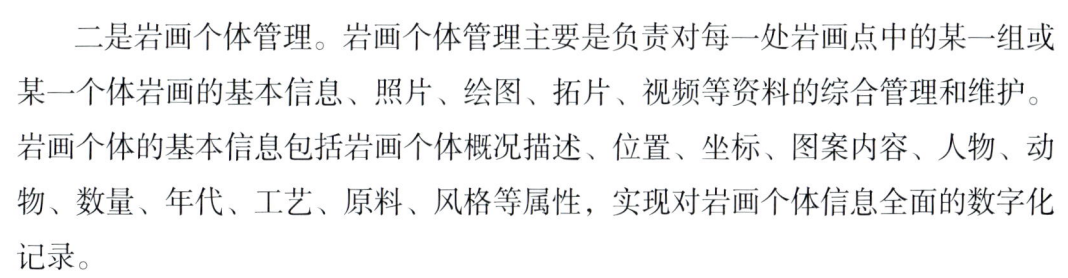

二是岩画个体管理。岩画个体管理主要是负责对每一处岩画点中的某一组或某一个体岩画的基本信息、照片、绘图、拓片、视频等资料的综合管理和维护。岩画个体的基本信息包括岩画个体概况描述、位置、坐标、图案内容、人物、动物、数量、年代、工艺、原料、风格等属性，实现对岩画个体信息全面的数字化记录。

三是调查资料管理。调查资料管理主要是对大兴安岭岩画的调查勘探资料进行综合性的管理。包括调查计划、调查收集资料、调查成果资料、发掘成果资料等。

四是研究成果管理。研究成果管理主要对岩画点或者岩画个体的研究过程、研究成果等文献资料的管理和维护，包括报告、期刊、论文、图录等。研究成果资料支持与岩画本体信息相关联，实现岩画研究成果与记录信息的全方位查阅，并提供资料的快速下载应用。

五是刊布资料管理。刊布资料管理主要是负责对岩画研究的报告、期刊、论文等研究成果资料进行管理和维护，提供相关成果资料的查询检索与下载应用。

六是图录资料管理。图录资料管理主要是负责对岩画的照片、绘图、拓片以及影像等图形化的研究资料进行管理和维护，并提供资料的快速浏览、搜索以及下载应用。

研究成果管理

4. 展示资料管理

展示资料管理主要是负责对岩画综合展示系统所需要展示的内容进行配置和管理，包括栏目管理和内容管理。

一是栏目管理。栏目管理主要是对岩画综合展示系统中的分类栏目进行全面综合管理，如岩画基本信息、地图导览、保护研究等，并实现对栏目分类的可配置化。

二是内容管理。内容管理主要是对岩画综合展示系统中各栏目的内容进行管理，如保护研究栏目下的管理保护研究资料、地图导览下的岩画资料等，并提供对展示内容的可配置化。

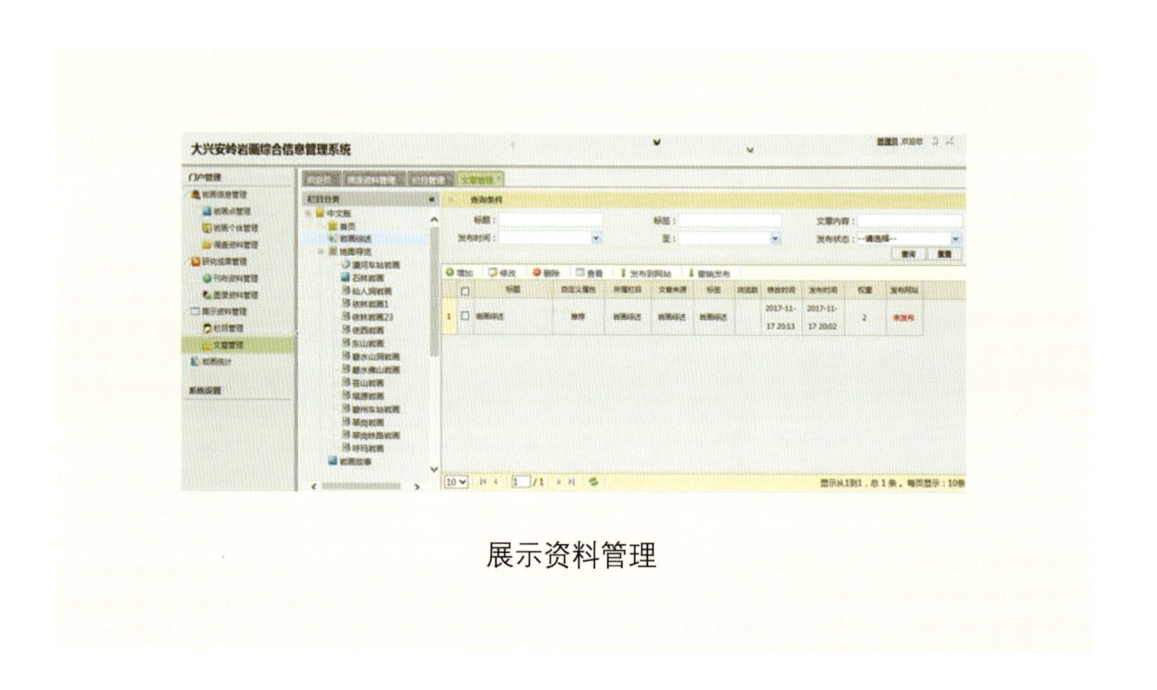

展示资料管理

5. 系统配置管理

系统配置管理主要是对岩画数字化资料管理系统进行日常维护和配置管理，包括系统用户管理、角色管理、日志管理及系统权限配置等，保障系统的安全稳定运行。

（六）岩画综合展示系统

岩画综合展示系统是一个面向社会公众的集浏览欣赏、公众教育和文化传承于一体的互联网信息平台。一方面，利用无人机航飞航摄、高清纹理拍摄等技术来实现大兴安岭岩画的数字化采集、存储和虚拟化展示；另一方面，通过数据接口获取岩画数字化资料管理系统的分析研究结果，并通过可视化的方式呈现给社

岩画综合展示系统

下篇 　守护遗产　传承根脉

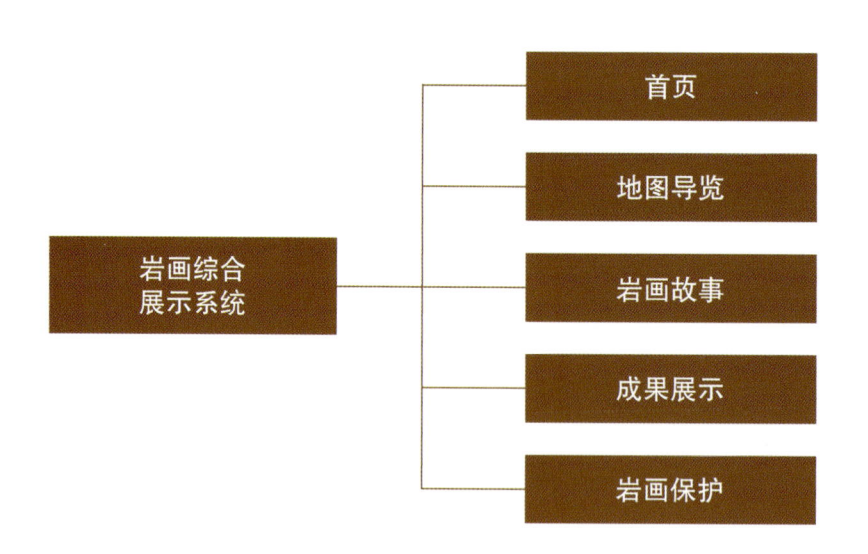

岩画综合展示系统功能组成

会大众，最终打造针对大兴安岭岩画的公众关注、社会参与、全民保护的格局，实现对大兴安岭岩画合理分析研究、有效保护利用的和谐氛围。

岩画综合展示系统由首页、地图导览、岩画故事、成果展示以及岩画保护组成。

1. 首页

首页是岩画综合展示系统窗口，包含整个系统展示内容的汇总和索引，同时还提供系统栏目导航及数据应用接口，方便用户进入相关功能模块和访问数据。同时，还具有岩画环境等基本信息概况的浏览功能。

2. 地图导览

对大兴安岭岩画点分布及岩画点的基本信息进行地图导览。除了具备地图基本功能之外，还将提供岩画地点搜索和介绍、线路查询等功能。

3. 岩画故事

以图文并茂的方式充分展示岩画背后的故事。包括岩画历史背景、发现调查过程故事、岩画所表达的内容故事等，使社会公众深入了解岩画相关知识及岩画内涵，提升公众对岩画保护的意识和能力。

4. 成果展示

主要功能是将大兴安岭岩画进行研究的资料、成果，如报告、期刊、图录、影像等各类形式的资料以图文结合的方式呈现出来。同时还包括全国乃至世界上对岩画研究的最新成果，使用户能够及时获取和浏览最新的研究成果。

5. 岩画保护

主要功能是向用户展示有关大兴安岭岩画保护的相关资料和信息，包括政策文件、保护规划、新闻活动等。

（七）云平台建设

依据建设目标，通过云平台的形式搭建大兴安岭岩画数字化采集与研究支撑平台。为保证本平台的顺利部署和运行，解决异源异构海量数据的统一存储与同步共享问题，实现对各类资源的动态部署，提高考古工作效率，保障考古成果安全，按照统一标准、统一规范、统一接口、统一编码的原则，保证大兴安岭岩画考古信息资源共享的无障碍性，并充分考虑考古成果的数据共享，项目建设将以云平台架构为思路，满足大兴安岭岩画数字化采集与研究支撑平台的建设需求。

通过云端虚拟服务器和存储设施资源，实现平台 Web 服务、数据接口服务，以及考古资料共享数据库的部署和运行，通过互联网络为相关业务单位提供安全、可靠的考古信息服务。

1. 云平台环境建设

主要内容包括三个方面：一是基于互联网的云服务。根据大兴安岭岩画数字化采集与研究支撑平台的运行需要和数据共享需求，搭建基于互联网的云服务平台，将云端虚拟服务器作为平台运行的 Web 服务器和数据库服务器，Web 服务器向用户提供 Web 访问服务、文件资源服务，同时向其他外部系统提供接口数据服务。二是数据存储系统租赁。为满足平台对考古资料数据库的建设需要，应搭建云端数据存储空间服务，组成各服务器的逻辑存储盘，为 Web 服务、数据库服务、考古资料存档、数据备份提供存储空间。为避免资源浪费，保证资源的充分合理利用，在现阶段，存储系统的容量可在 2TB 左右，并在后期项目建设中进行扩容。三是 VPN 专用安全网络服务建设。为保证平台访问的安全性，可采用 VPN 虚拟专用网络实现对考古信息在互联网上的数据传输进行加密控制，以确保对平台进行远程访问的安全可靠，保证考古信息资源的数据安全和管理服务平台的系统安全。

2. 云平台服务内容

云平台服务的主要内容包括两个方面：一是考古资料分级供给服务。考古成果资料需要充分考虑数据的共享，对于大兴安岭岩画的考古成果资料，还需要考虑数据的安全性和保密性。通过云平台的考古资料分级、授权供给服务，一方面可以实现对大兴安岭岩画的统一管理；另一方面也可以通过云平台接入相关部门，实现考古资料的集中共享、统一管理、多级授权等。二是考古成果在线展示服务。考古成果在线展示主要是基于互联网，为相关业务部门提供大兴安岭岩画考古测绘成果的数据共享，包括对岩画的航飞测绘成果、岩画的高清影像以及周边环境的在线展示，为大兴安岭岩画的整体调查、保护规划区域的制定、多学科综合研究、岩画分析管理、岩画保护宣传等提供第一手资料。

三、成果应用展望

（一）岩画展示中心

依托大兴安岭丰富的岩画资源，以大兴安岭岩画成果数字化采集成果为主要展示内容，采用多媒体技术，挖掘岩画背后的故事，让岩画活起来。拉近大众与岩画的距离，让人们共享大兴安岭岩画数字化建设成果，达到科普教育和宣传的目的。

大兴安岭岩画展示中心概念设计

（二）互动体验

互动多媒体，顾名思义，就是使用计算机交互式综合技术和数字通信网络技术处理多种媒体文本、图形、图像、视频和声音，使多种信息建立逻辑连接，集成为一个交互系统，这种交互系统被概括地称为"互动多媒体"。

基于大兴安岭岩画数字化成果展示的多媒体互动体验提升了展示水平。先进的设计理念，再加上高科技多媒体展示技术，用更好的方式、更科学的手段来满足人们的鉴赏需求，带给人们全新的参观体验。

（三）文创开发

文创产品开发，是在现有岩画文化的基础上，提取岩画信息、岩画历史故事，依托于岩画数字化成果，以此为基础进行重新思考、设计与开发。利用岩画数字资源进行二次开发，让文化遗存与当代人的生活、审美、需求对接起来。通过文创产品的开发与推广，让岩画活起来，让历史文化动起来，在对大兴安岭岩画进行深入挖掘和阐发的基础上进行创造性转化，加快岩画知识及内容的传播。

第四节　大兴安岭岩画数字化信息系统建设成果

为了更好地发掘、保护和利用大兴安岭彩绘岩画遗存，工作人员对大兴安岭30余处岩画点进行岩画正射影像成果提取，制作了120余幅黑白数字岩画拓片，将岩画与山体分离，便于永久保存和展示岩画的原始形态。

一、漠河市岩画拓片

漠河铁路岩画——三人纹　　　　　　　漠河铁路岩画——三人纹拓片

仙人洞岩画——仙人洞 1-1　　　　　　仙人洞岩画——仙人洞 1-1 拓片

仙人洞岩画——仙人洞 1-2 　　　仙人洞岩画——仙人洞 1-2 拓片

仙人洞岩画——仙人洞 2 　　　仙人洞岩画——仙人洞 2 拓片

依林岩画 1 　　　依林岩画 1 拓片

下篇　守护遗产　传承根脉

依林岩画 2-1　　　　　　　　　依林岩画 2-1 拓片

依林岩画 2-2　　　　　　　　　依林岩画 2-2 拓片

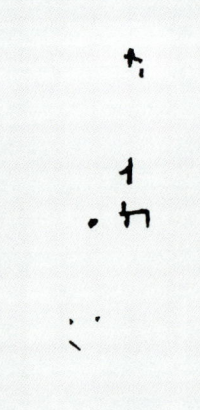

依林岩画 3-1　　　　　　　　　依林岩画 3-1 拓片

依林岩画 3-2　　　　　　　　依林岩画 3-2 拓片

依林岩画 4 　　　　　　　　　依林岩画 4 拓片

依林岩画 5-1 　　　　　　　　依林岩画 5-1 拓片

下篇　守护遗产　传承根脉

依林岩画 5-2（1）　　依林岩画 5-2（2）　　　　依林岩画 5-2 拓片

依林岩画 6　　　　　　　　　　　　依林岩画 6 拓片

依西岩画　　　　　　　　　　　　　依西岩画拓片

二、呼中区岩画拓片

碧水佛山岩画 1　　　　　碧水佛山岩画 1 拓片

碧水佛山岩画 2　　　　　碧水佛山岩画 2 拓片

碧水北山洞岩画 1（1）　　碧水北山洞岩画 1（2）　　碧水北山洞岩画 1 拓片

碧水北山洞岩画 2 　　　　　　碧水北山洞岩画 2 拓片

苍山岩画 　　　　　　　　　苍山岩画拓片

东山岩画 1 　　　　　　　　东山岩画 1 拓片

东山岩画 2　　　　　　　　　　东山岩画 2 拓片

金马岩画　　　　　　　　　　金马岩画拓片

三、新林区岩画拓片

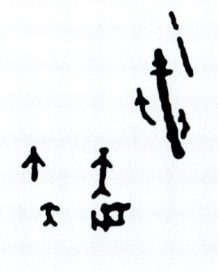

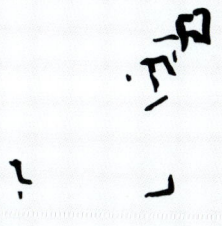

碧洲车站岩画 1　　　　　　　碧洲车站岩画 1 拓片

碧洲车站岩画 2 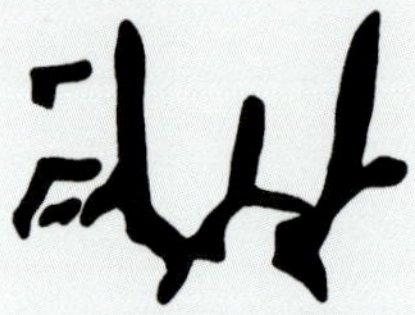　　　　　　　　碧洲车站岩画 2 拓片

碧洲佛山岩画 　　　　　　　　　碧洲佛山岩画拓片

翠岗铁路岩画 1 　　　　　　　　翠岗铁路岩画 1 拓片

翠岗铁路岩画 2 　　　　　　　　翠岗铁路岩画 2 拓片

翠岗铁路岩画 3 　　　　　　　　翠岗铁路岩画 3 拓片

翠岗铁路岩画 4 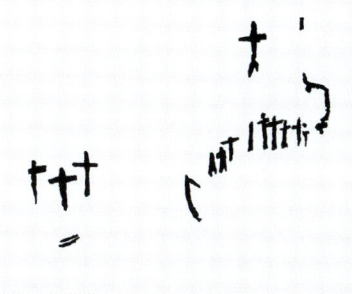　　　　　　　　翠岗铁路岩画 4 拓片

下篇　守护遗产　传承根脉

翠岗铁路岩画 5　　　　　　　　翠岗铁路岩画 5 拓片

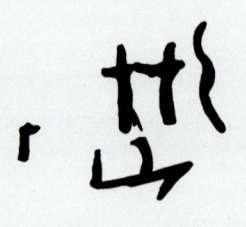

翠岗岩画 1-1　　　　　　　　翠岗岩画 1-1 拓片

翠岗岩画 1-2　　　　　　　　翠岗岩画 1-2 拓片

翠岗岩画 1-3　　　　　　　　翠岗岩画 1-3 拓片

翠岗岩画 2-1 　　　　　　　　翠岗岩画 2-1 拓片

翠岗岩画 2-2 　　　　　　　　翠岗岩画 2-2 拓片

下篇　守护遗产　传承根脉

翠岗岩画 2-3　　　　　　　　　翠岗岩画 2-3 拓片

翠岗岩画 2-4　　　　　　　　　翠岗岩画 2-4 拓片

翠岗岩画 2-5　　　　　　　　　翠岗岩画 2-5 拓片

翠岗岩画 3-1 　　　　　　　　翠岗岩画 3-1 拓片

翠岗岩画 3-2 　　　　　　　　翠岗岩画 3-2 拓片

翠岗岩画 3-3 　　　　　　　　翠岗岩画 3-3 拓片

下篇　守护遗产　传承根脉

295

翠岗岩画 3-4 　　　　　　　　翠岗岩画 3-4 拓片

翠岗岩画 3-5 　　　　　　　　翠岗岩画 3-5 拓片

翠岗岩画 4 　　　　　　　　　翠岗岩画 4 拓片

塔尔根岩画 1　　　　　　　　塔尔根岩画 1 拓片

塔尔根岩画 2　　　　　　　　塔尔根岩画 2 拓片

塔尔根岩画 3　　　　　　　　塔尔根岩画 3 拓片

塔源岩画 1 　　　　　　　　　　　塔源岩画 1 拓片

塔源岩画 2 　　　　　　　　　　　塔源岩画 2 拓片

新林镇岩画 1 　　　　　　　　　　新林镇岩画 1 拓片

新林镇岩画 2 　　　　　　　　　　新林镇岩画 2 拓片

新林镇岩画 3

新林镇岩画 3 拓片

新林镇岩画 4 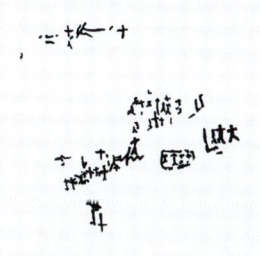　　　　　　　　　　新林镇岩画 4 拓片

下篇　守护遗产　传承根脉

299

四、呼玛县岩画拓片

呼玛岩画 1

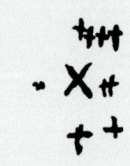

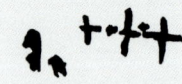

呼玛岩画 1 拓片

呼玛岩画 2

呼玛岩画 2 拓片

五、塔河县岩画拓片

塔河西戈岩画 1

塔河西戈岩画 1 拓片

塔河西戈岩画 2　　　　　　塔河西戈岩画 2 拓片

塔河西戈岩画 3　　　　　　塔河西戈岩画 3 拓片

六、松岭区岩画拓片

古源飞龙山岩画 1-1　　　　古源飞龙山岩画 1-1 拓片

301

古源飞龙山岩画 1-2 　　　　　　　古源飞龙山岩画 1-2 拓片

古源飞龙山岩画 1-3 　　　　　　　古源飞龙山岩画 1-3 拓片

古源飞龙山岩画 1-4 　　　　　　　古源飞龙山岩画 1-4 拓片

古源飞龙山岩画 1-5 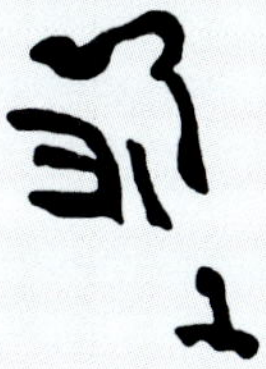　　　　　古源飞龙山岩画 1-5 拓片

古源飞龙山岩画 1-6 　　　　　古源飞龙山岩画 1-6 拓片

古源飞龙山岩画 1-7 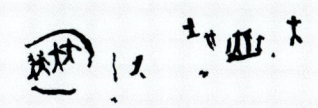　　　　　古源飞龙山岩画 1-7 拓片

下篇　守护遗产　传承根脉

古源飞龙山岩画 1-8 　　　　　　　古源飞龙山岩画 1-8 拓片

古源飞龙山岩画 1-9 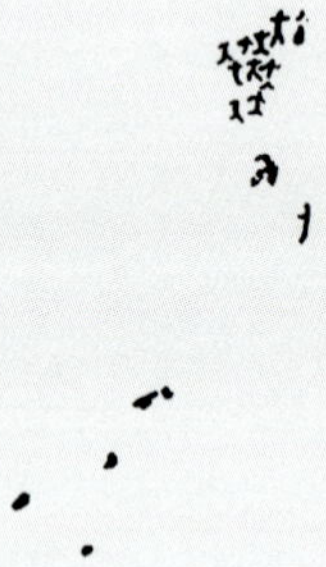　　　　　　　古源飞龙山岩画 1-9 拓片

古源飞龙山岩画 1-10　　　　　　古源飞龙山岩画 1-10 拓片

古源飞龙山岩画 1-11 　　　　　　古源飞龙山岩画 1-11 拓片

古源飞龙山岩画 1-12 　　　　　　古源飞龙山岩画 1-12 拓片

古源飞龙山岩画 1-13　　　　　　古源飞龙山岩画 1-13 拓片

下篇　守护遗产　传承根脉

古源飞龙山岩画 1-14（1）

古源飞龙山岩画 1-14 拓片

古源飞龙山岩画 1-14（2）

古源飞龙山岩画 2 　　　古源飞龙山岩画 2 拓片

古源苗圃岩画 1 　　　　　　　　古源苗圃岩画 1 拓片

古源苗圃岩画 2 　　　　　　　　古源苗圃岩画 2 拓片

古源苗圃岩画 3 　　　　　　　　古源苗圃岩画 3 拓片

下篇　守护遗产　传承根脉

古源苗圃岩画 4 　　　　　　　　古源苗圃岩画 4 拓片

平岚岩画 1　　　　　　　　　　平岚岩画 1 拓片

平岚岩画 2 　　　　　　　　　　平岚岩画 2 拓片

平岚岩画 3　　　　　　　　　平岚岩画 3 拓片

平岚岩画 4　　　　　　　　　平岚岩画 4 拓片

平岚岩画 5　　　　　　　　　平岚岩画 5 拓片

下篇　守护遗产　传承根脉

平岚岩画 6 　　　　　　　　平岚岩画 6 拓片

平岚岩画 7 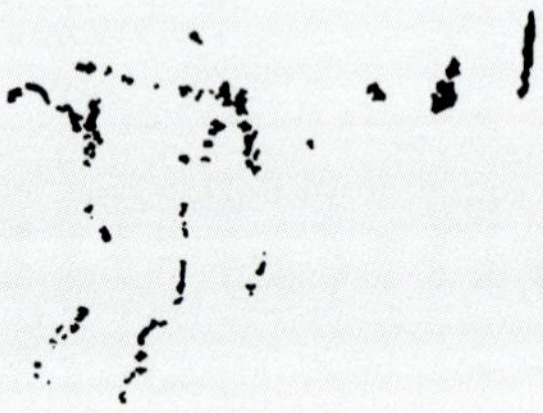　　　　　　　　平岚岩画 7 拓片

平岚岩画 8　　　　　　　　平岚岩画 8 拓片

平岚岩画 9 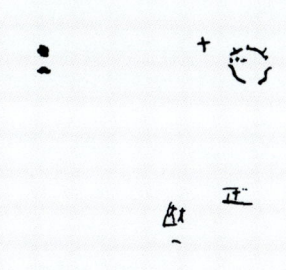　　　　　　　　　平岚岩画 9 拓片

壮志南线石壁岩画 1 　　　　　壮志南线石壁岩画 1 拓片

壮志南线石壁岩画 2-1 　　　　壮志南线石壁岩画 2-1 拓片

下篇　守护遗产　传承根脉

311

壮志南线石壁岩画 2-2 　　　　　　　　壮志南线石壁岩画 2-2 拓片

壮志南线石壁岩画 3-1 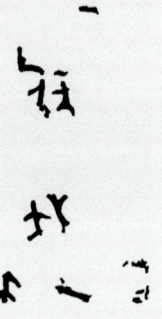　　　　　　　　壮志南线石壁岩画 3-1 拓片

壮志南线石壁岩画 3-2 　　　　　　　　壮志南线石壁岩画 3-2 拓片

壮志南线石壁岩画 4-1（1） 　　壮志南线石壁岩画 4-1（1）拓片

壮志南线石壁岩画 4-1（2） 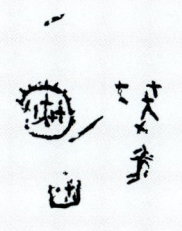 　　壮志南线石壁岩画 4-1（2）拓片

壮志南线石壁岩画 4-1（3） 　　壮志南线石壁岩画 4-1（3）拓片

壮志南线石壁岩画 4-2　　　　壮志南线石壁岩画 4-2 拓片

壮志南线石壁岩画 5　　　　壮志南线石壁岩画 5 拓片

壮志西山岩画 1　　　　壮志西山岩画 1 拓片

壮志西山岩画 2 　　　　　　　　　　壮志西山岩画 2 拓片

壮志西山岩画 3 　　　　　　　　　　壮志西山岩画 3 拓片

壮志西山岩画 4 　　　　　　　　　　壮志西山岩画 4 拓片

下篇　守护遗产　传承根脉

315

壮志西山岩画 5　　　　　　　　壮志西山岩画 5 拓片

七、加格达奇区岩画拓片

白桦岗岩画 1　　　　　　　　白桦岗岩画 1 拓片

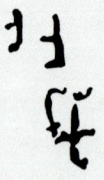

白桦岗岩画 2　　　　　　　　白桦岗岩画 2 拓片

白桦岗岩画 3 　　　　　　　　　白桦岗岩画 3 拓片

白桦岗岩画 4 　　　　　　　　　白桦岗岩画 4 拓片

白桦岗岩画 5-1 　白桦岗岩画 5-2

白桦岗岩画 5-3 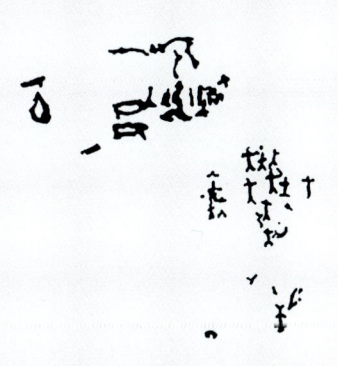　　　　　　　　白桦岗岩画 5 拓片

下篇　守护遗产　传承根脉

白桦岗岩画 6　　　　　　　　　白桦岗岩画 6 拓片

白桦岗岩画 7　　　　　　　　　白桦岗岩画 7 拓片

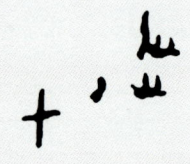

白桦岗岩画 8　　　　　　　　　白桦岗岩画 8 拓片

白桦岗岩画 9　　　　　　　　白桦岗岩画 9 拓片

白桦岗岩画 10　　　　　　　白桦岗岩画 10 拓片

白桦岗岩画 11　　　　　　　白桦岗岩画 11 拓片

下篇　守护遗产　传承根脉

半拉山岩画

半拉山岩画拓片

大子扬山岩画 1

大子扬山岩画 1 拓片

大子扬山岩画 2

大子扬山岩画 2 拓片

老道口岩画 1-1 　　　　　　　　老道口岩画 1-1 拓片

老道口岩画 1-2（1）

老道口岩画 1-2（2） 　　　　　老道口岩画 1-2 拓片

下篇　守护遗产　传承根脉

321

老道口岩画 1-3　　　　　　　　老道口岩画 1-3 拓片

老道口岩画 1-4　　　　　　　　老道口岩画 1-4 拓片

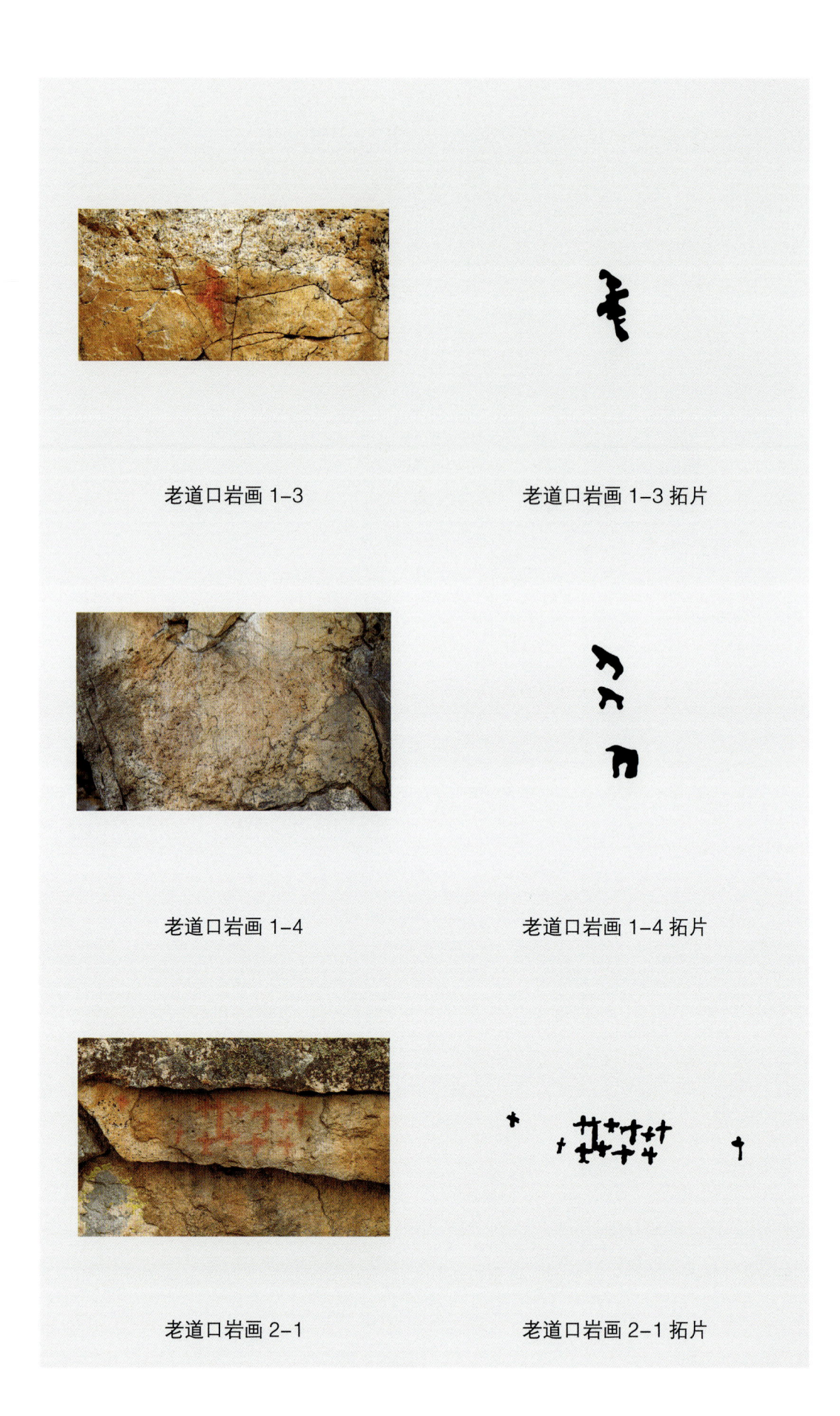

老道口岩画 2-1　　　　　　　　老道口岩画 2-1 拓片

老道口岩画 2-2

老道口岩画 2-2 拓片

讷尔克气岩画

讷尔克气岩画拓片

天台山岩画 1

天台山岩画 1 拓片

下篇　守护遗产　传承根脉

大兴安岭岩画

天台山岩画 2

天台山岩画 2 拓片

大兴安岭岩画
DAXING'ANLING YANHUA

附录

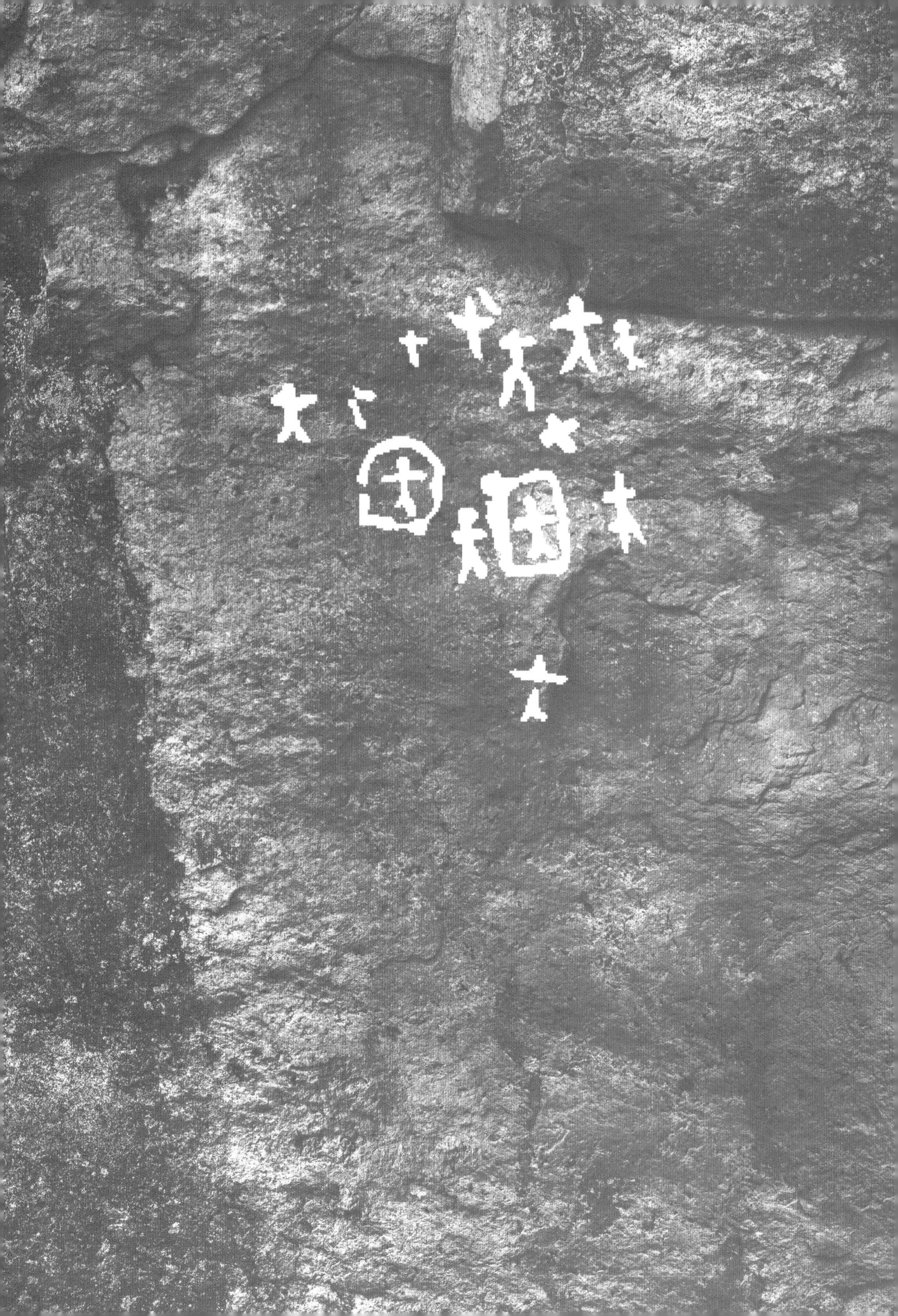

黑龙江流域岩画的研究现状和艺术特色

黑龙江流域岩画的研究具有一定的学术价值。首先，将艺术成就和理论内涵结合起来研究，全面、深入地揭示黑龙江岩画艺术的文化价值、历史价值及艺术价值。其次，通过对黑龙江岩画艺术的深入系统研究，有利于我们对"岩画艺术"地域性文化、民族性特征的挖掘与认识，为后者研究提供了理论依据。再次，对黑龙江流域不同历史时期岩画艺术作画技法、色彩运用、图案纹饰等进行深入研究，具有实际应用价值，对于早期岩画艺术本体的研究做到古为今用，将岩画与壁画、岩彩画、碑刻、图案设计等艺术类型相结合，引发新创意、新思考，从多角度研究黑龙江岩画艺术对研究美术史和学术史研究具有重要的意义。

一、黑龙江流域岩画带分布概况

黑龙江流域包括黑龙江省、吉林省北部东部地区、内蒙古自治区呼伦贝尔盟（今呼伦贝尔市）以及黑龙江北、乌苏里江等地区。黑龙江流域在历史上曾经建立过北魏、辽、金、元、清五大帝国王朝。这些王朝孕育了黑龙江流域独特的地域文化和文明，对于中国北方少数民族社会的形成打下了基础，影响着北方少数民族的发展。

黑龙江流域岩画主要包括：黑龙江海林县群力屯岩画、内蒙古大兴安岭交唠呵道岩画、内蒙古大兴安岭阿娘尼岩画、舍列麦季耶夫岩画、萨卡奇·阿梁岩画等。黑龙江海林县群力屯岩画，其上有石块遮挡，岩画中绘有一只跳跃的鹿形动物，旁边一人牵鹿，左臂指向鹿。左下似为一人或熊，模糊难定。上方似一对男女并坐于席上，上有凉棚。右中为一鹿形动物，其腹稍鼓，疑系母兽。内蒙古大兴安岭交唠呵道岩画，画面处在岩缝间，赭红色涂绘，作画的石面有 2 平方米，高度在 1 米至 2 米之间。由于石壁的顶部略前倾，画面又是处在岩缝间，因而减少了风雨的侵蚀。内蒙古大兴安岭阿娘尼岩画，岩画的崖壁严重风化，有的画面由于石面碎裂而残缺，呈现出血色的线条。舍列麦季耶夫岩画位于乌苏里江边。萨卡奇·阿梁岩画位于俄罗斯的哈巴罗夫斯克市向下80千米处，这里规模最大，内容最丰富，形成了露天的"画廊"，此处岩画占中心地位的是人面图形。除此之外，还有野兽、飞禽和蛇等动物形。头大体阔的四足巨兽特别多，有时还画上清晰可见的长尾巴和四只蹄子。许多画面上有飞禽形象。岩画的题材包括在各种石头上的蛇、鸟等动物和人面图形。在古岩画中还有小舟，小舟是在一块巨大的岩石上凿出来的。画面中部是人的图形，上部为螺旋纹，旁边刻画着小舟。它们呈弧形水平排列，小舟上的人一律用竖线条表示。

二、黑龙江流域岩画艺术的研究现状

黑龙江流域岩画艺术研究的几个方面包括：首先，对黑龙江流域的岩画艺术进行系统性概述，其中对岩画地域分布带情况进行系统整理将作为此部分研究的重点。其次，黑龙江流域岩画艺术本体研究。研究出现不同时期的艺术风格、表现语言、民族性及文化性几个视角对其进行多层次研究，将集中研究地域性与民族性特点，进而审视民族历史变化及地域文化发展，厘清其艺术与历史文化发展变迁的关联。再次，黑龙江流域岩画艺术审美特征研究。岩画创作反映的独特地域性艺术风格特征，运用符号性表现艺术语言，从不同地区岩画艺术创作内容反映地域文化特点、文化交融与演变、社会生活表现等内容进行分析，从而提炼其造型艺术特点与审美文化价值。最后，研究黑龙江流域岩画艺术是对北方文化艺术的理论文献研究，对历史发展和地域文化的传承与保护等各方面进行深入挖掘，总结区域文化、艺术历史价值。

关于黑龙江流域岩画的研究，国内研究主要包括三个方面：

一是对于黑龙江流域岩画考证的相关研究。现有的理论研究文献有庄鸿雁的《大兴安岭岩画的田野考察与文化考论》和《大兴安岭岩画与鲜卑文化渊源考论》、赵振才的《大兴安岭原始森林里的岩画古迹》。这些都是对大兴安岭地区岩画的考察和分析，除此以外还有陶刚的《海林群力崖画再研究》、盖山林的《黑龙江省牡丹江畔群力屯岩画时代新考》、王禹浪的《牡丹江群力岩画地理环境及其年代、族属研究》等。

二是对于黑龙江流域岩画的艺术本体理论研究。岩画是介于绘画和雕刻之间的艺术，因此它具有绘画和雕刻的双重特点，反映了原始民族的审美文化观念。主要的研究文献有栾继生的《大兴安岭岩画中的太阳崇拜与生殖崇拜——大兴安

岭岩画的文化解析之一》《大兴安岭嘎仙洞拓跋摩崖祝文书法艺术初探》、庄鸿雁的《文化结点上的大兴安岭龙形岩画解读》《文化视域中的大兴安岭生殖崇拜岩画图式解读》、张飚的《黑龙江流域原始岩画与鄂伦春族绘画探源》、肖波的《西伯利亚岩画研究论析——历史、成果与方向》等。

三是作为黑龙江流域少数民族文明遗存的理论研究。黑龙江省流域的大兴安岭地区是我国古代鲜卑、室韦、蒙古等多个民族的发祥地和繁衍生息的地方，在历史上同属中华文化传承地区，遗留有丰富的文化遗产。大兴安岭地区北山洞遗址的发掘，确认遗址内至少包含鲜卑时期和新石器时代的两大阶段不同时期的文化遗存。相关理论研究文献有李志敏的《嘎仙洞的发现与拓跋魏发祥地问题》、温玉成的《嘎仙洞遗迹考察》、庄鸿雁的《大兴安岭嘎仙洞岩画与北方民族的狼图腾》、闫沙庆的《论鄂温克族岩画》等。

国外对于黑龙江流域岩画艺术的研究主要集中为近年来俄罗斯阿穆尔州高校学者的相关研究成果，有亚历克斯·奥克拉迪尼柯的《阿穆尔地区古代岩画、雕刻及陶器制造艺术》、安德烈·巴甫洛维奇·扎比亚的《阿穆尔河上游地区的岩画与通古斯、满语族民间文学的关系》、阿·奥克拉德尼科夫的《黑龙江沿岸的古代艺术》、寇博文的《俄罗斯阿穆尔州国立大学安德烈教授——大连大学东北史研究中心并作学术报告》等。

通过国内外相关研究分析发现，黑龙江流域岩画艺术研究尚存在着如下问题：首先，对黑龙江流域岩画绘画理论研究成果数量不多，且显得过于零散，系统性理论研究较少。其次，多集中在考古、考证的文献研究，缺少系统全面的文献资料整理及置于黑龙江美术发展史的归纳研究。第三，缺少对黑龙江流域岩画带的整体研究和艺术文化本体价值研究。通过梳理发现，国内外尚缺少对黑龙江流域岩画艺术方面的系统理论研究。

从黑龙江的古代遗存和古代岩画中我们可以看到北方少数民族人们早期生活的面貌，岩画是黑龙江流域重要的文化遗存，体现出原始人们的审美意识的萌芽，体现出黑龙江流域的少数民族文化艺术和人们独特的生活形态与审美情趣。

黑龙江流域岩画艺术的研究方法包括：文献研究法，对黑龙江流域岩画艺术研究的相关文献进行挖掘、整理、收集，建立完善的理论研究资料库；调查访谈法，以黑龙江流域所涉及的地理范围内的相关岩画遗址进行考察研究，并以此相关资料为基础进行系统梳理，通过走访调查地方历史文化中心、文物考古研究所、地方文管会、博物馆、中俄高校学者及相关研究机构，以获得相关的实证图片及理论文献，形成具有学术价值的资料和结论；实践法，将中外美术史、中外文化史理论教学内容与本课题结合研究，注重结论与现实的关联并解决实际问题。

三、黑龙江流域岩画的艺术特色

岩画作为一种独特的视觉符号，是传播人类文化的物质载体，运用其独特的艺术语言将古代的多个民族相交联，可以说岩画是世界上不同人种的不同民族的共同文化载体，是世界文化的相通符号之一。岩画所包含的内容比较多样，既包括人们的生产生活的状态和物质需要，还是人们精神生活的重要体现，它所体现出来的是一种独特的文化形式。

黑龙江流域是近代鄂伦春、满族、鄂温克等多个少数民族的一个重要民族文化的来源，这些民族的民族文化形成了独特的流域文化和民族艺术。最早的岩画艺术是源于北方的狩猎少数民族，主要表现人们狩猎、农耕或游牧时候的场面。

黑龙江流域的岩画的可贵之处，是它独具特色的形象、沉稳的色调、浓厚的地域特点、多民族相交织的艺术风格，表现出黑龙江流域文明的独特的少数民族文化气息。因此，黑龙江流域的岩画厚重又不失飘逸，现实又适度浪漫，朴拙之中透出生动，反映出黑龙江流域浓郁的地域特色，是生存环境的集中体现。

黑龙江流域所孕育出来包括匈奴、鲜卑、契丹、女真等民族的古代文明，这些古代民族经历了新旧石器时代。随着人们审美意识的产生与增强，岩画在黑龙江流域造型艺术发展史上具有重要的作用，也是人民对民族文化审美意识的外在表现，体现出人对自然界山水的热爱和对天地自然的敬畏，他们用不同的图案和符号表现少数民族的游猎史和民族史，用特色的制作技艺和朴拙的雕刻手法表现"天人合一"的原生态追求和独特审美，黑龙江流域岩画艺术不仅丰富了民族民间造型艺术的宝库，更具有很高的艺术价值。黑龙江流域岩画代表了北方少数民族的文化，是民族文化的标志，也孕育了民族文化的产生和发展，极大地丰富了民族民间文化的深刻内涵。

黑龙江流域岩画艺术有着鲜明的地域文化烙印，有其深刻的文化符号象征意义与历史印记，独特的边疆古代民族历史渊源和地域文化为黑龙江流域岩画的研究建立与完善提供深厚的历史支撑。地域特色、历史文化价值和美术发展溯源是黑龙江流域岩画艺术研究和发展的主要创新支点。运用艺术社会学研究方法，结合地域环境、种族、时代等方面对黑龙江流域岩画艺术生成与发展进行分析，将研究成果、田野调查成果与结合研究，注重理论与实践相结合的研究方法。对黑龙江地区岩画图片、文献资料作以收集和整理，对于研究不同时代沿江、沿海地域艺术风格流变、中原文化与燕辽文化、草原文化融合与发展、满蒙汉文化交汇与发展，对于梳理历史民族关系等提供进一步研究成果资料。

黑龙江流域岩画艺术的研究是北方独特地域性文化的理论文献研究，是对历史发展和地域文化的传承与保护等各方面的挖掘与表现，对于发掘区域文化、艺术历史价值方面起着重要作用，对于我们以后研究岩画发展史、黑龙江流域文化史研究提供先前理论成果及重要的理论资料。依托研究成果资料，对于早期岩画艺术本体的研究做到古为今用，将岩画与壁画、岩彩画、碑刻、图案设计等艺术类型相结合，引发新创意、新思考。提升黑龙江省岩画艺术文化在国内的影响力，增强群众及文化艺术爱好者对岩画遗产的保护意识。

参考文献：

[1]赵振才：《大兴安岭原始森林里的岩画古迹》，《北方文物》1987年第2期。

[2]庄鸿雁：《大兴安岭岩画的田野考察与文化考论》，《黑龙江民族丛刊》2015年第2期。

[3]庄鸿雁、徐万岭：《大兴安岭岩画》，《黑龙江民族丛刊》2015年第2期。

作者张晓丽，黑河学院美术与设计学院副教授、院教学督导组组长，获黑河学院"骨干教师""学术骨干""青年科研拔尖人才"等荣誉称号。文章原载《艺术研究》2019年第1期。

文化结点上的大兴安岭龙形岩画解读[①]

历史上,文明转型所导致的文化嬗变与断裂,经常酿就出困扰人类的千古之谜。中华龙文化历史探讨的深入,也搁浅在了这样一个纷乱的迷阵中。20世纪40年代,闻一多先生在他著名的《伏羲考》一文中关于龙图腾的结论至今不可撼动:"大概图腾未合并之前,所谓龙者只是一种大蛇。这种蛇的名字便叫作'龙'。后来有一个以这种大蛇为图腾的团族兼并吸收了别的形形色色的图腾团族,大蛇这才接受了兽类的四脚,马的头,鬣的尾,鹿的角,狗的爪,鱼的鳞和须……于是便成为我们现在所知道的龙了。"然而,随着近年中国考古文化的大发展,满天星斗形态的中华文明起源模式图阵中,已经陆续呈现出了几十处新石器时期考古文化中的龙形遗迹,急需找到将其发展脉络串联起来的结点。中国东北地区是中国龙的发源地之一,近年随着大兴安岭岩画不断被发现,在大兴安岭岩画中也发现了三幅龙形岩画。本文试图通过对大兴安岭龙形岩画及其图像背后蕴藏的深厚文化内容的勾连与解读,探求大兴安岭岩画作为黑龙江流域文明的一部分在中华文明多元一体体系形成过程中所发挥的作用,进而揭示大兴安岭龙形岩画在整体中华龙文化进程中所发挥的结点功能。

大兴安岭北起黑龙江畔,南至西拉木伦河上游谷地,呈东北西南走向,全长1 200多千米,是内蒙古高原和东北平原的分水岭。在历史上是东胡、鲜卑、室韦、契丹、蒙古等中国古代北方民族的发祥地,现代考古学发现的多处旧石器时代和新石器时代文化遗址证明了这一区域积蕴深厚的文化史进程,大兴安岭岩画就是其中的重要组成部分。

在大兴安岭南端西拉木伦河流域,20世纪七八十年代就已发现岩画,并吸引研究者纷至沓来。但大兴安岭北部自1974年和1975年发现了两处岩画遗存

[①] 本文为国家社科基金一般项目"大兴安岭岩画与环太平洋岩画带研究"(14BZS057)阶段性成果。

之后，直到近几年才有新的岩画被发现。迄今为止，已发现岩画点40多处，单幅岩画3 000多幅，其中黑龙江境内29处、内蒙古境内15处。本课题组在2012年下半年即开始对大兴安岭岩画进行了多次田野考察，目前发现的大兴安岭北部地区的岩画基本为红色岩绘，内容极为丰富，龙形岩画就是其中富有文化深层意蕴的图式。

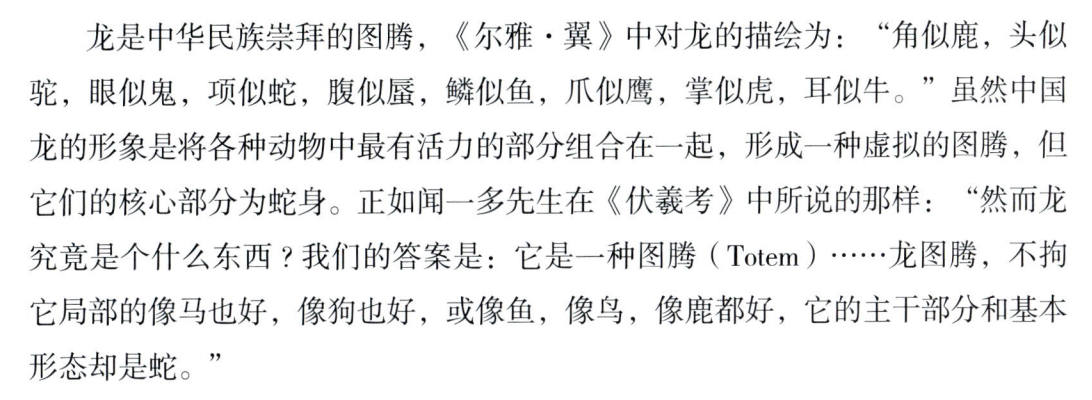

龙是中华民族崇拜的图腾，《尔雅·翼》中对龙的描绘为："角似鹿，头似驼，眼似鬼，项似蛇，腹似蜃，鳞似鱼，爪似鹰，掌似虎，耳似牛。"虽然中国龙的形象是将各种动物中最有活力的部分组合在一起，形成一种虚拟的图腾，但它们的核心部分为蛇身。正如闻一多先生在《伏羲考》中所说的那样："然而龙究竟是个什么东西？我们的答案是：它是一种图腾（Totem）……龙图腾，不拘它局部的像马也好，像狗也好，或像鱼，像鸟，像鹿都好，它的主干部分和基本形态却是蛇。"

在大兴安岭岩画中，目前发现了三处类似的龙形象的岩画，分别为大兴安岭加格达奇白灰窑岩画点的"S"形鹿角龙、新林区翠岗岩画点的"C"形鹿角龙和加格达奇翠峰林场的"C"形龙（更确切地说是"C"形腾飞的蛇）。前两处岩画中"龙"的形象还仅仅停留在鹿角蛇身的龙的初始阶段。

"S"形鹿角龙岩画位于加格达奇白灰窑岩画点。该岩画点位于加格达奇区白桦乡白灰窑附近，共有10处岩画，单幅近750余幅，为红色岩绘，是大兴安岭近年发现的内容最为丰富的岩画点之一，"S"形鹿角龙就是其中的一幅。

根据大兴安岭地委宣传部岩画考古队对该岩画点的考察和描述，"第一处，上面有3个人形岩画；下方为一个硕大的'V'形图案，图案下面有一道长横线，此处颜色偏重、笔画略粗，表现为鹿角状头饰或是鹰图腾，为该处岩画主体；下方依次为5个人形，呈平行排列，右侧一人持一巨大弓，弓的比例为人形的2倍以上……下方依次有一人形图案。人形图案经仔细辨别有生殖器出现，岩画方向朝南。第五处岩画为3个羽毛状头饰的人，月亮、星星……第六处岩画为圣像壁，主体岩画为一大萨满，横向10厘米，纵向14厘米，左侧手持一法器，下面有一巨大生殖器，抑或是萨满服饰；大萨满左侧有2个人形图案，其余均已漫漶；大萨满右侧为一"十"字图案；下方依次为5个人形图案，其中左侧第二个、第三个人形图案有生殖器；下方三个人形图案均有生殖器，中间人形表现出浑圆丰满翘臀半蹲姿势，疑为女性……该处岩画横向38厘米，纵向31厘米。第七处岩画为'S'形鹿角龙，岩画纵向20厘米，方向朝南，龙的头部朝东，岩画身形为'S'形，弯曲如云朵，线条优美，身躯无爪，头部使用了极具美感的鹿角代替，夸张而又稚拙，古朴中渗透着动感……第八处岩画点的上方是7个手臂平行略微上举，且手臂紧紧连接的人形图案，腿部也呈连接状，长14.5厘米，人物高5厘米，人物下方为5个底部相连的直立竖组成的王冠图案或鹿角……"[1]

由此可见，"S形鹿角龙"岩画不是孤立存在的，它是与周围岩画组合中的有机的一部分。通过对这处岩画点岩画的分析，得知这是一处古先民进行祭祀等活动的场所。

"C"形鹿角龙岩画所在的新林区翠岗岩画点位于新林区翠岗镇五支线30千米处，共有8处岩画点，也是一处单幅岩画众多的大型岩画点，为先民举行祭祀等活动的场所。'C'形鹿角龙岩画位于一处6米高的石面平整的岩壁上。岩画为10余个双手上举直立人、平躺人和半蹲人，这些人物呈舞蹈状；在其右侧，为一个'C'形鹿角龙，其头部为3个枝杈的鹿角，中间和末梢绘有2只脚状图案，'C'内侧绘有人字纹和十字纹图形，龙与人形纹、十字纹呈环形排列。在这个岩画点，还发现有带光芒状的太阳图案以及犬科动物和多幅人形图案。"[2]

在加格达奇翠峰林场施业区的一处岩石上还有一处岩画，笔者认为也是"C"形龙岩画。岩画的左上方为2个十字纹符号，中间为1个开口向右的C形纹和11个人形纹，C形位于从左至右的第二位，C形大小为人形的2倍。人形双臂上举，双腿叉开，其中7个人形图像清晰，4个人形被7个人形叠压，模糊不清。有研究者认为此岩画为日月星云天体崇拜图，但随着研究的深入，这个C形图像是与翁牛特旗三星他拉出土的C形玉龙一样的C形龙或者一条腾飞的C形巨蛇，仔细观察，这个C形龙或腾飞的C形巨蛇也有像三星他拉C形玉龙一样的长鬃。因此，这是一处表现龙蛇崇拜的岩画。

从对这三处龙图形岩画及周围的岩画图形综合分析，这三处龙形岩画图像，更确切地表述应为"S"形鹿角蛇身图像、"C"形鹿角蛇身图像和"C"形腾飞的蛇图像。如果说是龙，这个龙也尚处于龙形成过程中的初始阶段。它们处所的位置均在大型祭祀活动场所的高大且较平整的岩壁上。周围均有描绘祭祀活动场景的或舞蹈或朝拜的多人图像，还有太阳以及作为祭牲的动物图像。因此，龙形图像岩画或可作为当时人们崇拜的对象或图腾之一。在这里，人们有意识地将蛇

---

[1] 王利文等：《大兴安岭岩画》，加格达奇：中共大兴安岭地委宣传部（内部资料），2014年，第19—20页。

[2] 同上。

与鹿两种动物结合，将蛇与鹿两种生命功能叠加，再加之太阳图形的组合，体现了先民超越生命的原始宇宙意识。

龙最重要的鲜明特征就是其善于飞翔游动且变幻莫测，但无论龙的形态如何变化，其主干部分都是蛇身。《韩非子·难势》引（慎子）云："飞龙乘云，腾蛇游雾。"《荀子·劝学》："腾蛇无足而飞。"《淮南子·说林》："腾蛇游雾而殆于蝍蛆。"《说苑·杂言》："腾蛇游于雾露，乘于风雨而行，非千里不止。"腾蛇即飞腾的蛇。印第安人崇拜的羽蛇也是一种会飞的蛇。先民对蛇的崇拜源自对蛇生物特征的观察及联想，并衍生、升华为精神文化的层面。从蛇的生活习性及显示的个体特征看，首先源自蛇神秘的生命机能和旺盛的生命力。蛇具有蜕皮自新、冬眠春出的特点，这易使人联想到生命死而再生，因此，蛇的这种习性成为生命与灵魂永恒不灭的象征。其次，蛇的交媾时间可延续10小时以上，蛇的头部外形酷似男根，因此，蛇被视为旺盛生命力和性能量的源泉，具有生殖崇拜的特点。在中华文化史上最能体现蛇生殖崇拜文化特征的莫过于伏羲与女娲人首蛇身交尾图（存在于神话、画像砖、帛画等），伏羲、女娲人首蛇身交尾，象征着天地交、阴阳交、日月交、男女交，雄雌构精，生化万物，生命穿越文化之网，创造了人类，创造了世界，伏羲、女娲遂成为中华始祖。傅道彬先生在其《中国生殖文化论》中总结："从一般的蛇到腾蛇的象征是龙在形成过程中的一次带有根本性的升华。一条腾飞的蛇在漫长的形成过程中融汇了鹿、牛、虎、驼、鱼等动物特征，终于形成了龙的图腾崇拜。"[1]从蛇到龙的漫长发展过程中，其精神与文化内核已超越了生殖崇拜而升华为一种生生不息的民族精神和超越地域的文化认同，并表现出中华文化发展连续性中的神权与王权的统一、天文与人文的结合的文明早熟性特征。

黑龙江流域文明是中华文明的一部分，黑龙江流域及中国东北地区也是中国龙的发源地之一。早在《山海经》中就有关于黑龙江流域有龙的记载。《山海经·大荒北经》载："大荒之中，有山，名曰不咸。有肃慎氏之国。有蜚蛭，四翼。有虫，兽首蛇身，名曰琴虫。"迄今为止，大量的考古发现更证明了这一点。从大兴安岭山脉南端红山文化区域内翁牛特旗三星他拉出土的被称为中华第一龙的"C"形玉龙，到红山文化区域发现的大量玉猪龙；从到松花江流域左家山石猪龙，再到黑龙江入海口处出土的蛇龙纹陶器，如今大兴安岭北部又发现鹿角蛇身龙形图

---

[1] 傅道彬：《中国生殖崇拜文化论》，武汉：湖北人民出版社，1990年，第177页。

式岩画，足见黑龙江流域乃至东北广大地区是中华龙的发源地之一。从龙的初始形象的形成看，大兴安岭岩画中的鹿角龙是将鹿角与蛇身融合在一起，而红山文化的玉猪龙和松花江流域左家山石猪龙则是将猪首与蛇身融合在一起，而有中华第一龙之称的三星他拉出土的"C"形玉龙，则介于两者之间。

在大兴安岭南端的尽头内蒙古敖汉旗赵宝沟文化小山遗址出土的一件距今7 200—6 800年的陶尊上则同时刻有鹿龙、猪龙和凤鸟三种图案。"器表施猪形首、鹿形首和鸟首等灵物图像。施纹时首先压出轮廓线，然后填上细密规整的风格……猪形首灵物细眼，长吻前突，鼻端上翘，獠牙长而略弯，蛇身躯体作卷曲状……鹿形首灵物生扁菱形眼，长角分叉，桃形耳，前肢有偶蹄。三种灵物图像都向左，绕器一周，颇有宇宙无穷任巡游的宏大气魄。"[①]

在这件距今7 000年左右的陶尊上同时出现了代表狩猎文化的"蛇身鹿"和代表农耕文化的"蛇身猪"，而鸟形首则代表太阳崇拜，这不正是大兴安岭岩画蛇身鹿角龙与代表红山文化的玉猪龙在这里的碰撞与融合吗？而中华第一龙则是介于两者之间过渡的产物。这也正体现出它们不同的文化形态，大兴安岭岩画的"C"形或"S"形蛇身鹿角龙代表着狩猎文化崇拜，红山文化玉猪龙则代表着农耕文化崇拜。参照赵宝沟陶尊的年代，大兴安岭"C"形蛇身鹿角龙和"S"形蛇身鹿角龙岩画的年代至少应不晚于赵宝沟文化的年代。

在俄罗斯境内的黑龙江下游，也出土有类似赵宝沟陶尊的蛇龙纹浮雕的陶器。这个蛇龙纹浮雕出土于黑龙江口右岸旧称庙街附近的塔赫达遗址。蛇形纹浮雕是作为附加堆纹压印在器表上的。器胎为磨光红陶，蛇身为浅褐色，全身突起，布满连续压印网格纹，弯曲缠绕器表一周。头部高昂，嘴尖，前伸，两眼斜吊。雕刻的神态活灵活现，惟妙惟肖。发掘者认定为距今约5 000年。[②]

黑龙江流域先民对龙蛇的崇拜在满—通古斯语族中得到了延续。清代吴振臣《宁古塔纪略》云："萨满，大凡大小家中立木一根，刻蛇像以祀。"在满—通古斯语族的萨满文化中，蛇被视为太阳神，祭祀的蛇神神偶通常是长条形木雕，蛇的主要造型为双蛇对视交尾。满族的《蛇桥》的故事说，在洪水中，是两条大

---

① 中国社会科学院考古研究所内蒙古工作队：《内蒙古敖汉旗小山遗址》，《考古》，1987年第6期。

② 董万仑：《黑龙江流域岩画碑刻研究》，哈尔滨：黑龙江教育出版社，1998年，第39页。

蛇化身为两座大桥，解救了祖先。鄂温克人也有祖先"舍卧刻"神来自头上长着两只犄角的5米长的大蛇的传说。在通古斯诸民族萨满的传统祭神图案及神服装饰上，也有以龙蛇崇拜占据着主神的地位。"通古斯诸民族的萨满服饰图案，一般分为上、中、下三层，那乃人萨满服饰图的上界是蛇和四足蛇的天界，中界是大蛇和狩猎动物的地界，下层则是龟鳖的水界，并画有水波纹；双蛇纹是赫哲族萨满神鼓普遍的纹饰；在俄罗斯境内黑龙江流域霍尔河真嘎村的乌德赫人的萨满服饰上，也绘有三界图。在一个由两条大蛇围起来的方框中，上界为对称的神鸟、太阳和天兔，中界为七个神人，下界为一条龙形巨蛇。"[1]

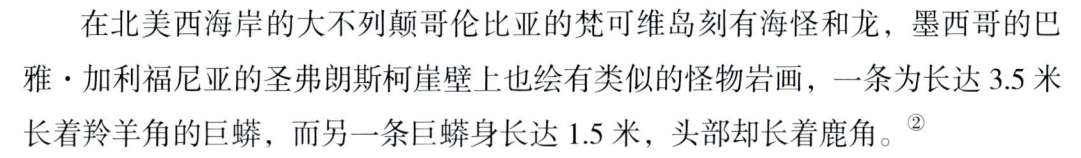

在北美西海岸的大不列颠哥伦比亚的梵可维岛刻有海怪和龙，墨西哥的巴雅·加利福尼亚的圣弗朗斯柯崖壁上也绘有类似的怪物岩画，一条为长达3.5米长着羚羊角的巨蟒，而另一条巨蟒身长达1.5米，头部却长着鹿角。[2]

加拿大密西西比河沿岸的崖壁上，也经常绘有水怪的形象。"水怪长着动物的四条腿，却用鸟爪代替蹄子，背部有锯齿状的芒刺，头上有犄角，尾巴卷曲上翘，集多种猛兽与猛禽于一身，赋予其强悍的力量。至今一些印第安人仍然崇拜它，我们时常还会见到在岩画的水怪形象前，供奉着祈祷者的圣杖、衣服和烟叶之类的物品。"[3]

根据陈兆复先生对这一地区岩画的考察与描述，我们发现，在北美地区的岩绘中，不论是长着羚羊角和鹿角的巨蟒，还是长着犄角和鸟爪、背部带有锯齿状芒刺的水怪，都与中国的龙在形成过程中的初始形象相类似。

从北美大不列颠哥伦比亚、密西西比河和墨西哥下加利福尼亚的长着鹿角的巨蟒和头上长角、背部有锯齿和鸟爪的水怪，都是在蛇崇拜的基础上形成的虚拟动物，与中国龙的形成过程如出一辙。在美洲印第安人和玛雅人的神话中确有许多崇拜羽蛇的故事。中美洲文明神话中的羽蛇神是一种会飞的蛇神，是阿兹特克神话中重要的神祇之一，它带给人类玉米和丰收，是主宰星辰，发明了书籍、立法，还代表着死亡和重生，是祭司们的保护神。在玛雅古城就有一座以羽蛇神库库尔坎命名的金字塔。羽蛇神的形象在玛雅遗址的著名的博南帕克厅的屋顶和祭司所持权杖上都有雕刻。其牛头鹿角、蛇身鱼鳞、虎爪长须的形象与腾飞的中国

---

[1] 孙运来：《黑龙江流域民族的造型艺术》，天津：天津古籍出版社，1990年。
[2] 陈兆复、邢琏：《世界岩画·欧美大洋洲卷》，北京：文物出版社，2011年，第133页。
[3] 同上，第143页。

龙非常相似。这虽然是否为从中国大陆跨越白令海峡陆桥来到北美的印第安先民的杰作还有待进一步考证，但从大兴安岭"C"形、"S"形蛇身鹿角龙岩画、赵宝沟文化的中华第一龙和蛇身鹿形首、蛇身猪形首陶尊，到俄罗斯境内黑龙江入海口处的蛇形浮雕陶器，再到北美洲大不列颠哥伦比亚、密西西比河和墨西哥下加利福尼亚的长着鹿角的巨蟒和头上长角、背部的锯齿和鸟爪的水怪，都是以蛇身为核心，融合了鹿角、背部锯齿、鸟爪等其他动物的精华形成的，并最终形成了类似中国龙的图腾。从大兴安岭南端的赵宝沟文化到大兴安岭及黑龙江流域再到北美和中美，这恰与史前亚洲先民穿越白令海峡陆桥进入北美并沿着北美西海岸一路向南迁徙的路线相吻合，绝非偶然。

作为记述黑龙江流域早期文明的活化石，大兴安岭岩画中的龙形图像不是孤立的，从大兴安岭岩画中龙形图像表现出的中华龙图腾的初始形态以及与东北地区其他龙形图像及造型的内在联系，是否可以得出这样的结论，龙形岩画作为黑龙江流域文明的一部分，参与了中华龙图腾漫长的形成与发展过程，并构成了中华文明多元一体体系的一部分。同时，还参与了黑龙江流域文明在环太平洋文化带中的传播，在考古文化学和文化人类学中具有联结亚美文化圈结点的作用。

作者庄鸿雁，黑龙江省社会科学院文学研究所研究员，省级领军人才梯队带头人，省高端智库专家。文章原载《学习与探索》2015年第7期。

文化视域中的大兴安岭生殖崇拜岩画图式解读[1]

生殖崇拜不仅是人类自身繁衍壮大的根本方式，也是人类文化与审美永恒的主题，尤其是在生产力极其低下的洪荒远古，如果没有对生殖崇拜的执着，很难想象人类怎样走出蛮荒，走向文明。因此，作为产生于旧石器时代的原始艺术——岩画，生殖崇拜题材占有相当的比重。

中国是岩画艺术分布较广的国家之一，从天山一路向东，经黑山、贺兰山、阴山到大兴安岭，岩画贯穿中国北方草原森林文化带。在中国北方岩画中，生殖崇拜岩画最为著名的当属世界罕见的天山呼图壁生殖崇拜岩画群，这组深藏于天山深处的大型岩画，构成了一组原始先民神秘庄严、生命激荡的交响乐章。近年随着大兴安岭岩画的不断发现，更将中国北方岩画带连接起来。大兴安岭岩画还以其丰富的内容、多样的表现形式，以及与阴山、贺兰山等其他北方地区岩画不同的制作方法，形成了大兴安岭岩画的区域性特点。同时，大兴安岭岩画与周边地区、特别是黑龙江流域左岸地区岩画又有着千丝万缕的联系。

直观型——生殖崇拜舞蹈纹

舞蹈在原始艺术中是最古老的艺术形式，舞蹈艺术在史前阶段早已走向成熟，在文明破晓之际，已达到一种完美的程度，尽管"有人认为人类舞蹈艺术的起源之早几乎是无法进行考证的"[2]，但在旧石器时代的岩画上却留下了众多的图像，法国学者雅克·沙耶"曾把法国三兄弟洞穴的鹿角巫师岩画明确看作最古老的舞

---

[1] 本文为国家社科基金一般项目"大兴安岭岩画与环太平洋岩画带研究"（14BZS057）、黑龙江省社科基金重点项目"中国北方民族历史文化概论"（13A006）阶段性成果。

[2] 朱狄：《艺术的起源》，武汉：武汉大学出版社，2007年，第191页。

蹈形象"[①]。

原始舞蹈常常是与狩猎等生产活动和祭祀、巫术等宗教活动联系在一起的，原始人认为通过舞蹈可与神灵沟通、与大自然和解。舞蹈纹岩画则是对原始先民舞蹈活动的再现或通过舞蹈纹产生的交感巫术的力量，达到更高层次更为永久的祈愿的目的。生殖崇拜舞蹈纹岩画就是这样一种形式。在大兴安岭已发现的40余处岩画点中，神指峰、天书岭、白灰窑等岩画点都有生殖崇拜舞蹈纹岩画，在此，仅以神指峰、白灰窑岩画点两幅较为典型的岩画为例，加以解读还原。

神指峰岩画位于内蒙古鄂伦春自治旗阿里河镇西南托敏乡90千米处。岩画绘制在近山顶的一个孤立的第四纪冰川石柱上。石柱长约9米，宽约5米，高20多米。在石柱约5米以下四个方位的岩壁上，有近300幅单体淡红色彩绘岩画，有人形纹、动物纹、十字纹、X形纹、V形纹等符号，由于时间久远，许多岩画的颜色已浸入到岩石体内，漫漶程度很深，还有许多岩画图像有叠压，表明这些岩画不是同一时期绘制，还有的岩画被人为涂鸦。在神指峰众多模糊不清的岩画中，一组人形舞蹈纹岩画颇引人注目。

这组淡红色的岩画由彼此相连的图像构成，中间为双臂略平伸、双腿屈膝下蹲呈马步形的女性形象，与女性右侧手臂相连的是一个侧身站立的头上有角饰且似有夸张勃起的男根的人形，这个人形一手与女性手臂相连，另一手握一物体（或石斧或权杖）；与女性左手臂相连的是两个略小的人形，小人形旁边还有其他分辨不清的物体。在这组岩画的下面，还绘有多个人形纹。

这是一组较直观的生殖崇拜岩画，岩画图像语言传达出男女交媾并传承后代的意象，且从图像中的男性形象头上的角饰和手中的器物分析，该男性或为已经掌握了氏族权力的萨满，女性则为氏族的始祖母，在满—通古斯语族中角饰是萨满普遍的头饰，且角权的多少决定了萨满的等级。而与神指峰岩画相类似的头上戴有角饰且带有夸张男根与女性产妇形象的岩画图像，在俄罗斯境内雅库特托科河岩画中大量存在，这一类型岩画被俄罗斯学者认定为生殖崇拜岩画，并断代为新石器时代中晚期作品。[②]

综合神指峰岩画所在的山丘形体及岩画的十字纹、斜形十字纹、V形纹、圆中十字纹和人形纹等图像分析，神指峰岩画所在地应为一处原始先民的祭祀场所，这些岩

[①] 朱狄：《艺术的起源》，武汉：武汉大学出版社，2007年，第191页。
[②] [俄]扎比雅科·安德烈·帕夫洛维奇、王健霖：《中国东北岩画》，布拉戈维申斯克，2015年，第264页。

画不仅反映了先民对氏族繁衍的生殖崇拜的诉求，还有对氏族祖先和图腾的崇拜。

与神指峰相距不足200千米的加格达奇区白桦乡白灰窑岩画点也有一组红色彩绘的生殖崇拜舞蹈岩画。据大兴安岭地委宣传部资料《大兴安岭岩画》一书描述："该岩画点共10处岩画，单幅750余幅，是大兴安岭近年发现的内容最为丰富的岩画点之一。第六处岩点为圣像壁，主体岩画为一大萨满，横向10厘米，纵向14厘米，左侧手臂持一法器，下面有一巨大生殖器抑或是萨满服饰；大萨满左侧有2个人形图案可以分别，其余均已漫漶；大萨满右侧为一十字图案；下方依次为5个人形图案，其中左侧第二个、第三个人形图案有生殖器；下方三个人形图案均有生殖器，中间人形表现出浑圆丰满翘臀半蹲姿势，疑为女性，但其两腿间有一生殖器，具体内容有待进一步分析解读。该处岩画横向38厘米，纵向31厘米，未包括左侧人形及其漫漶处，圣像壁表现内容为对故去萨满的尊敬，当作圣人来供奉。"[1]

通观圣像壁岩画，共有9个人形图像，最上面的为大萨满，也是整个岩画中图像最大的，它的高度相当于下面第三排人像的2倍。在这9个人像中，均双臂向两侧平伸，双腿向两侧叉立，其中包括大萨满在内有6个人像两腿间有一物体，这种图式普遍存在于原始艺术中，从青海大通上孙家寨出土的舞蹈彩陶盆到岩画，但对其解读却存在两种观点，一种以李泽厚先生为代表，认为其为尾饰"下体带有尾巴似的饰物，不就是'操牛尾'和'干戚羽旄'之类"[2]，盖山林先生、张碧波先生等均持此观点。且盖山林先生还认为，在这类舞蹈纹岩画中，其判断男女之别的依据就在于是否有尾饰。[3]另一种观点则认为，这个物体非尾饰，而是男性生殖器的象征。靳之林先生认为："青海彩陶盆'舞人纹'下体的突出物不大可能是衣角或兽尾，而是父系社会男阳崇拜的象征。"[4]傅道彬先生通过对中国上古神话三足乌太阳鸟为男根的象征到弗洛伊德在《释梦》中引意大利西西里岛"杜里士克勒斯"三足徽章印证了"青海大通舞蹈人纹中那个与足相差无几的'侧道'正是夸张的男性生殖器的象征"。[5]笔者认同靳之林、傅道彬先生的观点，

---

[1] 王利文等：《大兴安岭岩画》，加格达奇：大兴安岭地委宣传部（内部资料），2014年，第19页。

[2] 李泽厚：《美的历程》，北京：中国社会科学出版社，1984年，第15页。

[3] 盖山林：《内蒙古岩画的文化解读》，北京：北京图书馆出版社，2002年，第317页。

[4] 《靳之林破译一批原始文化符号》，《人民日报》1988年6月10日。

[5] 傅道彬：《中国生殖崇拜文化论》，武汉：湖北人民出版社，1990年，第27页。

认为普遍存在于岩画舞蹈纹图像中的人形两腿间的物体为夸张男根的象征，此类舞蹈不仅仅是为祈求狩猎成功而举行的"操牛尾"或"百兽率舞"，更深层意义则是表达生殖崇拜主题，是对父系社会男性超凡生殖力的崇拜。

但上述引文中"下方三个人形图案均有生殖器，中间人形表现出浑圆丰满翘臀半蹲姿势，疑为女性，但其两腿间有一生殖器"的解读，却自相矛盾，只好"具体内容有待进一步分析解读"。从圣像壁岩画图像看，引文描述的疑似女性图像的身高矮于其他图像，身形要宽于其他图像，与其他带男根图像双腿叉立姿势不同，其双腿半蹲、大腿与身体平行，呈马步状，两腿间也有一类似生殖器的物体。这个图像与描述看似自相矛盾，实则这是原始岩画中一种普遍的产妇或女祖的图式，两腿间的物体与夸张的男根不同，略短，是胎儿或生产的象征。苏联学者A.奥克拉德尼克夫、A.马津认为："这种人像姿势十分常见。此类图像遍布世界，像在岩画中（撒哈拉、罗得西亚南部），在古代雕像中（新几内亚、所罗门群岛、北美），在木雕上（刚果），在织物上（北美），在印制物（印度），在面制和刺绣上（刚果、婆罗洲）。世界各地妇女被绘制成似举双臂蹲坐状，这常作为女性性特征，有时则表示腹中胎儿或胎头位于两腿间。独特的身姿及细节表明这些图像反映了不同时刻的产妇。"[1]按照两位苏联学者的观点，白灰窑圣像壁疑似女性岩画的自相矛盾处便迎刃而解，白灰窑圣像壁岩画生殖崇拜主题不言自明。这不是一处对故去的大萨满的祭祀供奉图，而是一处生殖崇拜舞蹈图，或许传达着这样一组信息——上面（第一排）：大萨满施加生殖巫术魔法，与神灵沟通；中间（第二排）：青年男女跳着祈求、祝福生育的舞蹈；下面（第三排）：孕育的妇女胎儿降生，从而氏族人丁兴旺，代代传承。

原始岩画舞蹈纹图像就其生成的原生形态来说，并不具有现代意义的"艺术"含义，而是一种巫史——萨满文化形态，是为原始宗教信仰服务的一种工具——通过简化的舞蹈动作营造一种巫术氛围，给人们以无限的遐想空间，以达到与神灵沟通、与天地沟通的目的，最后达到"大乐与天地同和"[2]。

---

[1] A.奥克拉德尼克夫、A.N.马津：《奥廖克马河和阿穆尔河流域上游岩画》，新西伯利亚：科学出版社，1976年，第84页。

[2] 《礼记·乐记》。

隐喻型——弓箭纹

弓箭作为一种狩猎的工具和冷兵器时代的武器，在中国境内早在3万多年前的旧石器时代就已产生，大兴安岭北部哈克文化遗址曾出土的大量石镞证明，大兴安岭先民最晚在距今七八千年前的细石器时代已大量使用弓箭。弓箭作为一种艺术符号亦普遍存在于世界各地的原始艺术尤其是岩画中，虽然在迄今发现的大兴安岭岩画中并不多见，但在白灰窑岩画中还是有一幅，且具有非常典型的生殖崇拜意义。

弓形岩画及其组图也是白灰窑岩画点众多岩画中的一部分。弓形岩画组图为："上面有3个人形岩画；下方为一个硕大的'V'形图案，图案下面有一道长横线，此处颜色偏重、笔画略粗，表现为鹿角状头饰或是鹰图腾，为该处岩画主体；下方依次为5个人形，呈平行状排列，右侧一人持一巨大弓，弓的比例为人形的2倍以上。……下方依次有一人形图案。人形图案仔细辨别有生殖器出现，岩画方向朝南。"[1]如前文所述，白灰窑岩画点岩画图像众多，但这幅持巨弓的人形图像显得格外醒目。其中，弓箭图像又具有怎样的文化符号意义？

陈兆复先生在《古代岩画》一书中指出："在原始艺术中弓箭具有双层的含义，它们经常出现在狩猎和战争的岩画中。但人们往往忽略了弓箭作用的另外一层寓意，即生殖崇拜的意义。弓箭作为生殖崇拜的符号出现时，弓与箭各自扮演不同的角色，弓象征女阴，箭象征男根。执弓搭箭就意味着两性交媾。如果施加巫术的魔力，弓箭图像就有了增强生殖力的作用。"[2]魏勒在《性崇拜》中说："男性生殖器还被象征为箭，箭的两羽意味着睾丸"，"爱神丘比特通常被表现为拿着一张弓和一支箭或一盒箭，这些都是在合法的夫妻生活中激发的关于男性生殖器的象征"。姜亮夫先生曾在《屈原赋校注》中就后羿射日的神话指出："古以射状男女之合，则射日（月）犹言射精而得月也。"这种对弓箭的崇拜形式已成为一种跨民族、跨地域性的文化现象，起源于大兴安岭的蒙古族、锡伯族还有满族等在生子时于门外悬挂弓箭的习俗，满族射柳（叶）习俗等就是这种原始文化

---

[1] 王利文等：《大兴安岭岩画》，加格达奇：大兴安岭地委宣传部（内部资料），2014年，第19页。

[2] 陈兆复：《古代岩画》，北京：文物出版社，2002年，第183页。

的承袭和延续。

在中国北方阴山、贺兰山表现狩猎和游牧内容的岩画中，张弓搭箭图像较为多见，亦有持无箭巨弓的图像，最为典型的当属阴山几公海勒斯太沟岩画中那幅生殖神岩画。岩画中的猎人体格健壮、双腿屈膝，夸张勃起的巨大男根指向手中的象征女阴的巨弓。孙新周先生将这幅岩画隐含的文化语义整合为"他不但是位杰出的猎手，而且伟岸的身躯充满了男性的生殖伟力。男女交媾，阴阳合气，福及子孙繁衍，吉及万物繁育。这就是民族英雄和祖先的合一"。[1]大兴安岭白灰窑弓形岩画与这幅阴山岩画颇为相似，均为人形手持巨弓，无箭，不同之处在于，白灰窑岩画的人形呈双腿叉开站立状，且由于漫漶太深，已看不清是否绘有男根。但在其下面的人形图像，经仔细辨别，则绘有男根。这说明，白灰窑岩画这组狩猎舞蹈图也具有双重意义，且生殖崇拜的象征意味似更为浓烈。

综合白灰窑岩画点其他生殖舞蹈纹岩画可知，白灰窑岩画点为当地先民为祈求族群人丁兴旺、繁衍生生不息而举行祭祀仪式的地方，先民通过岩画本身的交感巫术的力量获得生殖力，达到与天地和、阴阳和、社会和的目的，这是原逻辑思维"一种同时被想象和被感觉的特殊的互渗"[2]，在这组由男性组成的舞蹈图中，巨弓符号则成为女性或女阴的隐喻和象征，整组岩画无疑为一组典型的生殖崇拜图。

互变型——蛙形人纹

在大兴安岭阿龙山林业局境内的阿娘尼河岩画中有三幅蛙形人岩画，均为淡红色彩绘。其中两幅为单线条绘制，一幅为双线条勾勒，单线条绘制的蛙形人一个有三趾，一个无趾，双线条绘制的蛙形人有趾。新林翠岗也发现一幅单线条绘制的蛙形人岩画，但漫漶程度很高，已不甚清晰。

阿娘尼这两幅单线条绘制的蛙形人岩画用红色颜料绘制而成，非常相似，图形简练，均双腿直立，长着略尖顶的圆头和浑圆的肚子，似身怀六甲的孕妇，双臂向两侧平伸，其中一幅手上长着三趾，另一幅无趾。双线条绘制的蛙形人图像与单线条绘制的蛙形人图像相似。

---

[1] 孙新周：《中国原始艺术符号的文化破译》，北京：中央民族大学出版社，1998年。

[2] [法]列维·布留尔：《原始思维》，北京：商务印书馆，1996年，第315页。

这种图式的岩画在俄罗斯被称为三趾类人形图像，其广泛分布于贝加尔湖及黑龙江左岸广大地区，如阿穆尔州的格特坎和奥鸟恩、外贝加尔的巴音－哈拉、雅库特的伊玛雷赫，美洲的佩尹基特－克罗斯和阿里佐纳的岩画中也有类似的形象。

"格特坎河岩画上的所有人物都有动作：有些在追逐动物，有些手牵手在跳舞，有些在举行巫术仪式。其中有许多形象简直不是人，而是神，他们用自己的舞蹈和祷告为人们祈福。他们都长有三个指头，手臂伸向两侧，圆形脑袋为一些短线条所环绕，并标有生殖器。"[1]俄罗斯境内黑龙江左岸格特坎河这些有着"三个指头、手臂伸向两侧、圆形脑袋"图像的岩画与阿娘尼的蛙形人岩画颇为相似。根据俄罗斯学者对格特坎河岩画地下文化遗存的判断，认为"格特坎河岩画以及发现于岩画下祭地文化层的刮削器，统统断代为公元前3千纪"。[2]通过与格特坎河岩画的比较分析，可对大兴安岭蛙形人岩画的断代提供参考。

阿娘尼蛙形人岩画又体现了怎样的文化学意义？

俄罗斯学者奥克拉德尼科娃将这种图像与鸟形象及其他飞禽形体做对比，扎比雅科·安德烈·帕洛维奇则认为"阿娘尼三趾类人图形是自身兼有蛙或蜥蜴的类人特征图像"。[3]阿娘尼岩画中的蛙形人是蛙人互变、蛙人合一、蛙神合一的形象，它体现了一种生殖崇拜观念。因为，在原始先民的心中，蛙因其腹大子多、繁殖力极强，具有导致人类繁衍的神秘功能，被奉为生殖神；同时，在早期萨满文化观念中，因为蛙从幼体到成年，体态经历了多次变化，使古人相信，蛙有一种变幻无穷、死后再生的巫术功能。因此，阿娘尼岩画表现的或许在某种祭祀仪式上，萨满巫师扮作蛙形，伸展着双臂请蛙附体，以便对自然和人施加影响，达到通神的目的，再通过交感巫术的力量祈求生育，祈求族群繁衍兴旺。俄罗斯岩画学者扎比雅科·安德烈·帕夫洛维奇教授在刚刚出版的新著《中国东北岩画》中指出："认同庄鸿雁对该蛙形图像的解读。她认为，该图像表现了象征反映生殖观念的形象。"[4]

---

[1] 张碧波：《中国北方民族文化史·专题文化卷》，哈尔滨：黑龙江人民出版社，1995年，第1266页。

[2] 同上。

[3] ［俄］扎比雅科·安德烈·帕夫洛维奇、王健霖：《中国东北岩画》，布拉格维申斯克，2015年，第252页。

[4] 同上。

类似阿娘尼岩画蛙人合一、蛙神合一的形象不是孤立的，在阴山岩画、贺兰山岩画、花山岩画、北美西海岸岩画以及马家窑彩陶中均有出现。在广西花山岩画中有1 300多个蛙形人形象，而甘肃马家窑、青海柳弯、陕西姜寨的彩陶中的变形蛙纹虽非写实，而是已经抽象为一种美学图案，但其原始意义则是对青蛙图腾的生殖崇拜。

在满族民间至今还流传着一则《蛤蟆儿子》的神话故事。这个故事讲述了一对祈求生育的老夫妻，祈祷的结果不是生了一个儿子，而是一只青蛙，但他们仍像对待婴儿一样爱他、养育他。后来青蛙长大了，最终变成了一个帅气的小伙子。这个蛙人互变的神话正反映着蛙与人之间的生殖联系。汉族许多地区称孩子为娃子，也是由此引申而来。在动物为蛙，在人为娃。

大兴安岭蛙形人岩画是黑龙江流域原始先民从观察青蛙与孕妇在形象上的相似，进一步认识到蛙旺盛的繁殖能力，有意识地通过两栖动物蛙的变化，把蛙强大的生殖能力与超越死亡、死后再生的功能附加在人的身上，以达到心理和精神上的结合。于是，人们从自身的生殖崇拜，转移到生殖崇拜象征物青蛙的崇拜，再通过巫术的力量对族群产生影响，这也是一种超越生命的宇宙意识的体现。

《易·系辞》："天地纲缊，万物化醇；男女构精，万物化生。"人类的生殖崇拜一经进入文化的视野，就变成了"有意味的形式"，并上升为宇宙哲学。大兴安岭岩画作为原始先民创造的史前艺术，其生殖崇拜主题表现形式的多样性与丰富性告诉我们，大兴安岭及黑龙江流域先民对生命本源的崇拜与探索，激励着一代又一代后世子孙，使他们战胜严酷的自然环境，繁衍、生存、壮大，并最终融入中华民族的大家庭之中，为中华民族与中华文明的形成与发展做出了贡献。

作者庄鸿雁，黑龙江省社会科学院文学研究所研究员，省级领军人才梯队带头人、省高端智库专家。文章原载《文艺争鸣》2015年第7期。

萨满文化视域下的大兴安岭飞龙山岩画解读

大兴安岭松岭飞龙山岩画点位于大兴安岭松岭林业局古源林场施业区，距松岭（劲松镇）30千米。飞龙山地貌属第四季冰川时代地质运动形成的冰蚀长城景观，因形似一条横卧于原始森林之中的巨龙而得名。绘于飞龙山岩壁上的岩画因长期深藏于人迹罕至的密林之中，岩画保存较完好。飞龙山岩画数量众多，内容丰富，是迄今为止大兴安岭发现的数量最多、面积最大、完存最完好的岩画点之一。2018年10月下旬，2019年4月、5月，课题组对飞龙山岩画点进行了三次田野考察。

① 本文为国家社科基金项目"大兴安岭岩画与环太平洋岩画带研究"（14BZS057）阶段性成果。

一、飞龙山岩画的空间分布

第一处岩画所在的岩石表面位于飞龙山一处形似坐着的巨熊的身体右肋的巨石上，这座熊山熊头的岩石呈黑色，熊肋呈灰白色，巨石岩面平整，高六七米，且有岩棚遮蔽。

第一组，也就是最高处的一组。这组岩画位于岩石的右上方，距离地面约5米，岩画漫漶程度较高，但依稀可见一个椭圆形，椭圆中有上下两排"十"字纹和人形，亦或许都是人形。在椭圆的下方有多个行走状的人形，右边2个较清晰，左边的较模糊。

第二组岩画在第一组岩画的左下方，由3幅岩画构成。右上方为一个边框为方形的图案，在方形当中上下排列着4排人形，上面一排为3个人形，第二排为五六个人形，第三排为3个人形，最下面一排为四五个人形，由于岩面的龟裂和人形图像的叠压，颜色亦深浅不一，有的看上去像十字形纹。在方形的左下方为上下错落的两幅岩画，上幅岩画为4个张开双臂的人形，在4个人形的下面为一条开口向上的弧线，其中左侧的两个人形的脚没有与弧线接触，右边的两个人形则叉开双腿站在弧线上，即类似站在一条小船上。紧挨着船上右侧人形还有一个体态较敦厚的动物图形，与熊类似。在这幅岩画的左下方紧接着是一幅4个手臂相连的人形，4人双腿均站在弧线上（船上）。在这组岩画的正上方的岩石上有大面积浅红色，但由于被岩石析出的白色物质覆盖很难辨认是岩画还是岩石本身的色彩。

第三组岩画位于第二组岩画的下面约1米左右，单幅岩画七八幅。有人形、动物形、"十"字纹符号等，较清晰的为左上部的两三个人形和人形上面的类似于头朝上的侧身动物形，右边的岩画则较模糊，难以辨认。在这些岩画的下面还有几幅人形，但由于岩石析出物的影响，也不甚清晰。

第四组岩画在第三组的下方，单幅岩画十余幅，但由于岩石的脱落，使几幅岩画残缺。其余可辨认的岩画则为人形或"十"字纹，还有两条倾斜的平行线段。

第五组岩画这面大岩壁的左下方，距地面大约1.5米左右。为一个大人形率领的众多小人形组成。大人形的大小约是小人形的两倍多，大人形身躯很长，双腿叉立，双臂向身体两侧平伸，在双臂的下面似乎还戴着羽翼。在大人形的右侧腰部开始向右有一排人形或十字纹，脚下也有一排人形，大约有11个，正下方1个，左下3个，右下七八个，紧挨着大人形的稍大2个的人形较清晰，其余的因腿部不明显，与十字形难以区分。在这排人形的下方还有两排人形或其他图像，因被岩石的灰白色析出物覆盖，难以辨认具体图像。这组岩画或许是萨满在举行某种祭祀活动。

第六组岩画位于第五组的右上方，由9个单幅图像组成。在1根底部带钩的立柱（或许为立柱的阴影）的左侧后方一个人形，在立柱的右后方为两行7个人形，7个人形围成了半个椭圆，8个人形皆双臂向身体两侧平伸，似行走状。似乎在举行某种活动。

古源（飞龙山）第二处岩画点位于飞龙山的西侧，距第一处岩画点30多米，有单幅岩画数十幅，特点为：

1.这是较为清晰的一组岩画，由人形和十字形组成（或均为人形）的组图，其中位于上排正中的人形较明显，双臂向两侧平伸，腿部能分辨出双腿，但较短。在其左边有一人形，右边有3个人形，下面两排人形或十字形，第一排4个，第二排4个或5个，2个较清晰。从构图上看，下面两排的十字形与上面的人形在构图上较一致，可能因岩面脱落或被岩石析出的黑色物质遮挡，看上去像笔画较粗的十字形。在这组图形的上面约40厘米处，还有一组岩画，因岩石龟裂和岩石析出物的遮挡，图像不甚清晰，或为被椭圆形包围的几个人形。

2. 这组岩画内容类似第一组岩画图像，也是由人形与十字形组成，人形处于最上端，这组图形构图倾斜，从人形的腿部开始下面为三四排人形或十字形，第一排为人形的左边3个，右边1个；第二排为3至4个；第三排2至3个；图像面积为人形的二分之一。由于这些图像漫漶较严重，难以分辨是人形还是笔画较粗的十字形。

3. 这组岩画在一处岩棚的下面，为一排人形，人形为双臂向身体两侧平伸，双腿叉开，似行走或奔跑状，动感十足，人形从右往左依次渐小，3个人形图像较清晰，第四个人形不甚清晰，在人形的上面从右向左为一弧，或许为一椭圆，但只能分辨半个椭圆，人形脚下的线已模糊不清，或许不存在。

4. 这组岩画亦在一岩棚下，比较阴暗，岩石析出的黑色物和菌斑覆盖住了岩画的上部，这组岩画也似乎为一排直立的竖线，或为人形，但在人形的脚下有一横线，将人形连接在一起，在其左侧略上还有一人形。

5. 这组人形岩画位于一块非常平整的岩面的下部，人形排列整齐，人形身材颀长，似行走状，右侧2个较清晰，左侧的已漫漶不清。

二、飞龙山岩画地点的选择

许多岩画点是自然环境的产物。纵观大兴安岭岩画，我们发现，岩画在空间分布上有一个共同特点，即岩画点均选择在一些突兀的石砬子处，岩画则绘在这些石砬子带有岩棚的较平整的岩壁或独立高耸的大石柱上。这些岩石，有的鬼斧神工，如天台山、仙人洞等；有的钟灵毓秀，如神指峰、苍山石林等；有的雄奇壮美，如飞龙山、天书岭等。同时，在这些岩画点的周围还有较平坦的空地，这似乎传递出一个信息，先民对岩画地点的选择不是随意的，而是有意味的。正如以色列的哈姆库姆是史前的祭祀重地，被认为与《圣经》中西奈山是同一个地方，是著名的圣山；非洲的马拉维岩画的洞穴，被尼雅乌人认为是"古代神灵"驻足的圣地。笔者认为，先民岩画地的选择不仅如盖山林先生指出的是氏族部落祭祀祖先举行重大仪式的场所，更是中国北方族群萨满借此沟通天地的场所，它不仅体现着北方先民对自然界的认知，更蕴含着北方先民的精神信仰。飞龙山岩画地点的选择正体现了这一点。

北方先民岩画地的选择首先体现了先民对圣山的崇拜，萨满通过神山、圣山——宇宙之山沟通天地。

"萨满"一词源于通古斯语，萨满文化已由北亚及西伯利亚通古斯人的原始宗教信仰扩展到"萨满教作为世界普遍存在之现象"，得到了美洲、非洲、中亚、东南亚太平洋岛国等地的民族学和考古学资料的支持。"萨满"也成为西方学术界通行的学术术语。

萨满文化作为普遍流行于东北亚、西伯利亚、欧洲北极地区及北美洲和南美洲的文化观念，首要特征是它的宇宙三界观。萨满文化认为，宇宙由上、中、下三个层次组成。上层为天界，居住着至高神及日月星辰、神性动物等神灵。中层世界即人类所居住的世界，同时也居住着一些神灵和鬼魂。下层世界居住着兽形动物和怪物，常常对人类充满恶意。萨满不同于常人之处的技能是：他可以依靠灵魂出游等技术手段自由出入三界之间，以帮助族人祈福、治病、预测等。

美国学者米尔怡·伊利亚德在《萨满教——古老的入迷术》一作中强调，萨满教的三层宇宙通过一个"地轴"（axismundi）连接。萨满可以通过这个柱子，自由出入不同层次的世界。萨满教地轴在不同文化中有不同的象征物，如在中亚和北亚文化中是宇宙山或宇宙树[①]。张光直先生据此推断，中国的《山海经》中提到的昆仑之山、玉山、长留之山、青要之山、登葆山、灵山、肇山等均与巫师升天或神居有关，因此这些神山应是连接宇宙的天梯或天柱。如张光直先生所言，中国许多北方民族都有自己的神山、圣山，这些神山、圣山是这些族群的发祥地，如大兴安岭（大鲜卑山）之于鲜卑人、木叶山之于契丹人、肯特山之于蒙古人、于都斤山之于突厥人等，故这些圣山也是其民族或族群的祭祀朝觐之所。而岩画又是绘制在圣山的灵石上，"山常为神居之所"，是古代巫师或萨满的"众帝自所上下"的天柱或天梯，巫师或萨满通过圣山、宇宙山与天地沟通。大兴安岭原始先民在选择岩画的作画地点时，就是把这些奇异的山峰作为连接宇宙三届的地轴或天柱，萨满通过它穿行于三界之间，与天地进行沟通。

岩画点的选择还体现了原始先民对岩石——灵石的崇拜。岩画——不论是岩刻，还是岩绘，都是以岩石为载体而存在，而且许多岩画图形的叠压关系亦说明

[①]［美］米尔怡·伊利亚德：《萨满教——古老的入迷术》，段满福译，北京：社会科学文献出版社，2018年，第259—269、358页。

这些岩画不是一次绘就，而是在同一岩石上经过长时间的多次绘就。这表明，先民相信这一岩石具有某种灵性和神性，人们通过它能达到对自然界的某种召唤和诉求，因此，这些岩石不仅成为沟通天地的媒介，也同时成为被崇拜的对象。俄罗斯学者阿尼西莫夫在《西伯利亚埃文克人的原始宗教》中通过对埃文克人的民族学调查认为："这些带着神圣动物画像的岩石，正如埃文克人的氏族圣地——岩石'布嘎得'一样，是生活于新石器中期的勒拿河古代居民的崇拜对象和仪式中心。"①"埃文克人举行'吉尔库木基'仪式（为增殖幼兽目的举行的仪式）时氏族亲属集中至氏族圣地——'神圣的大石头'（科蒙金山上），给氏族神带来了表示谢意的牺牲之后，即开始进行仪式，包括进行为萨满建造仙人柱，并按照萨满的指示，用木料做萨满的众神偶像，并有秩序地布置在仙人柱的四周……在这些偶像附近，萨满和亲属进行巫术舞蹈吉尔库，这种舞蹈具有明显的色情性质（特别是萨满）。按照全部情况来看，这是一种哑剧舞蹈，模仿公鹿追母鹿的意向，其余的是表现兽群生活方面的特征。"②

其次，飞龙山岩画地点的选择还体现着大兴安岭先民对熊的崇拜，因为，在飞龙山石林诸多岩峰中，最大面积岩画所在的岩体极似一尊蹲坐着的高大的巨熊。岩画就绘在熊的右肋腹部，其中还有一幅熊的图像与主体船形图像相连，内容为一条弧线形的小船载着三个人形，右侧的人形旁边则为一头憨态可掬的熊。

这或许与大兴安岭及黑龙江流域满—通古斯语族先民的熊崇拜有关，抑或是这里的"熊"在萨满祭祀中成为萨满沟通天地的动物助手。正如俄罗斯学者苏科洛娃所说的那样："居住在欧洲、西伯利亚、北美大森林和冻原地带的居民对熊

---

① [苏]阿尼西莫夫：《西伯利亚埃文克人的原始宗教》，于锦秀译，北京：中国社会科学出版社，2016年，第37、34、113—114、259、58页。

② 同上，第34页。

有着特殊的感情。在西伯利亚许多民族的族源神话中，都有熊为祖先神的传说。"乌德人认为，他们是妇女与熊结婚所生，因此认为熊是自己的始祖。奥罗克人认为，熊不仅是神圣的动物，而且是'祖先——始祖'。"[1]

希腊神话中关于大小熊星座的产生也源于熊图腾的祖先崇拜。

在华夏文化圈的夏商周三代创生神话中都把熊视为祖先神。不论黄帝号有熊、伏羲号黄熊，还是鲧、禹、启死后化为黄熊，抑或周人女祖姜嫄履熊迹而生后稷，熊都是其氏族图腾。

在中国东北，熊崇拜也普遍存在于满—通古斯语族之中。生活在大兴安岭的鄂伦春人和鄂温克人也把熊视为祖先神，至今仍保留着崇熊、祭熊的习俗，并由此在日常生活中衍生出许多关于熊的禁忌，如不能直呼熊，鄂伦春人称雄熊为"雅亚"（祖父）、阿玛哈（舅舅）或额替堪（老头），称雌熊为太贴（祖母）或额聂替（伯母）；鄂温克人则称雄熊为"合克"（对父系最高辈的称呼），雌熊为恶我（对母系最高辈的称呼）；猎杀熊后要像死了亲人一样哭泣，还要举行庄重的祭熊仪式，并对熊骨举行风葬。生活在黑龙江下游的赫哲人也有关于熊的氏族创生神话，在史前时代的欧亚大陆的先民中之所以普遍存在着熊崇拜，甚至将熊视为祖先神，是由狩猎文化时代熊的自然特性和萨满文化的万物有灵观念决定的。叶舒宪先生认为："神熊崇拜的起源和人化熊叙事的由来，均溯源于亚欧大陆史前大传统的萨满经验。化熊的寓意在于获得再生能量的萨满教信仰和实践。熊随着季节变化而周期性地冬眠与复苏，熊也因此被初民的想象加以神话化。"[2]

西伯利亚的埃文克人的观念中，"熊是萨满的助手，称之为'满给'。在'满给'的观念中，此神被描写成半兽半人性质的双重性生灵，并被视作'祖先神''下层世界之主''祖先的灵魂'，并且在'满给'此词词义上也标志出来同时是'熊'又是'祖先神'。在萨满神话中，'熊——祖先''满给'在起源上与图腾神相同，面貌与萨满相同"[3]。距今6 000年前后的俄罗斯黑龙江下游孔东遗址曾出土有两件打制的石熊像，其中10号房址中出土的石熊像，小头，头上有耳，身体肥壮，

---

[1] ［俄］苏科洛娃：《熊崇拜》，郭孟秀译，《满语研究》2001年第1期。

[2] 叶舒宪：《熊图腾——中华祖先神话探源》，上海：上海文艺出版总社，2007年。

[3] ［苏］阿尼西莫夫：《西伯利亚埃文克人的原始宗教》，于锦秀译，北京：中国社会科学出版社，2016年，第113—114页。

用穿孔表示出卷曲的身体和前肢。5号房址出土的石熊像，比10号房址的石熊像粗简一些。这些石熊像，同样反映出6 000年前新石器时代当地居民对熊的崇拜。

无论大兴安岭远古先民，还是今天的满—通古斯语族后裔，在原始信仰上同属于萨满文化圈，他们的自然观、宇宙观和文化观，都有着亲缘关系。飞龙山岩画地点的选择即体现了这种宇宙观和文化观。而岩画中的载人船形图像，意味着逝者之船。船头的那只熊，则充当了萨满的动物助手，引导萨满将逝者的亡灵运送到逝者祖先居住的地方——船形图像右上方的方框围栏中去。在这里，熊可能充当了萨满的助手，它帮助萨满往来于宇宙三界。

三、飞龙山船形岩画与萨满宇宙观

飞龙山岩画从最下面的一组看，或可理解为萨满带领下的人群或族群在举行一场祭祀活动。在这组图像中，萨满的人形位于图像的最上端，其比例明显大于其他人形，在萨满人形的平伸的双臂处还有类似羽翼的装饰。在这组图像往右上方，则是围成半圆圈的一组人形，其中一人在前面引领，围着一根柱子行进或舞蹈。这组图像或可理解为萨满引领下的人群（族群）围绕着宇宙柱或氏族图腾柱在举行祭祀活动。"萨满教的

三层宇宙通过一个'地轴'（axismundi）连接。萨满可以通过这个柱子，自由出入不同层次的世界。"①再往上，则是一组倒立的动物，或可理解为供奉的牺牲。再往右上方，则是那两条载着人和动物的小船组成的第二组岩画。这是飞龙山岩画的主体。笔者认为，萨满在这里乘上小船，载着逝者的灵魂——小鸟，借助助手熊的帮助，将逝者的灵魂送到冥界——逝者已经逝去的亲人那里或"逝者祖先出发的家乡"——方框围成的栅栏。

船形岩画在东南亚马来半岛，加里曼丹及中国东南沿海和广西左江流域岩画中比较多见，如加里曼丹尼亚河畔一个高达300米的洞穴遗址发现船棺及洞穴赭石岩画，岩画的内容为一艘船和伸开手脚作舞蹈状的人物图像，图像内容被认为是一种"死者之舟"场面的宗教仪式②；在马来西亚东部的沙拉瓦克也发现了用红色颜料涂绘的有船队的岩画，同时，在洞窟中还发现了史前的船只，年代被确认为新石器时代。这些船被认为是葬礼船，岩画中的船只被认为是"死亡之舟"或"灵魂之舟"。当地人相信，通过这种葬礼和岩画中的"灵魂之舟"可以把死者的亡灵送到彼世③。

在东南亚的马来西亚和印度尼西亚等地，岩画上面的船被称为"逝者之船"，"这艘船会带着死者的灵鬼回到祖先最初出发的家乡"。"坐船在空中穿行的观念只是萨满教升天技艺在印度尼西亚的一个应用，船在萨满进入冥界的癫狂之旅（逝者之地或神灵之地）中发挥着重要的作用，这些癫狂之旅的目的是护送逝者去往地下世界，或者寻找被恶魔或神灵绑架的病人灵魂，逐渐地，甚至萨满在恍惚中自己升天也使用这艘船。"④

船形岩画在中国北方岩画中不多见。与大兴安岭毗邻的俄罗斯远东地区发现有船形岩画，其西伯利亚奥廖克马河中纽克扎遗址有3幅船形岩画，船为直线，船上站着前后排列成一行的八九个人形，人形为侧身，身体微屈，双臂前伸，头上戴有角饰或动物面具，在船的四周绘有带有放射状光芒的太阳、鹿等图像。这

---

① ［苏］阿尼西莫夫：《西伯利亚埃文克人的原始宗教》，于锦秀译，北京：中国社会科学出版社，2016年，第259页。

② 郑德坤：《从沙捞越考古发现谈中国与东南亚地区古代文化交流》，《东亚文化》1987年第2期。

③ 盖山林：《世界岩画的文化阐释》，北京：北京图书出版社，2001年，第155页。

④ ［美］米尔恰·伊利亚德：《萨满教——古老的入迷术》，段满福译，北京：社会科学文献出版社，2018年，第358页。

组岩画应与西伯利亚的神话传说有关，在新石器时代岩画中，鹿的形象遍布西伯利亚，成为当时人们精神信仰的中心。根据西伯利亚传说，鹿角能承载着太阳周游于太空，从日出到日落驰骋不息，唯有在夜幕降临时，太阳才沉落到地下王国中去，直到第二天早晨又搭乘着鹿角再去奔驰，周而复始，循环不止。这则神话传说，也体现了当时人们的时间观念和对天体的认识。

俄罗斯滨海边疆区阿穆尔河下游的萨卡奇——阿连岩画中有3幅磨刻的船形岩画，其中2条船上有9人，一条船有8人；乌苏里江支流结雅河则有红色彩绘船形岩画，船上有7人。日本学者大冢和义这样描绘这三处岩画："在富戈佩、萨卡奇·阿梁（又译为阿连）和结雅河三处遗址中，船的主体均描绘为横位状态。船体为弧形，乘船者则以纵向排列的线段来表现，船和人物往往融为一体"①。

日本学者大冢和义认为："描绘这些船的地点，多在河川和近海的地方。从以上几点分析，不得不认为这种有众多的人乘坐的大船，是出自能够操纵这类船只——这种情况下以从事捕捞生产为基础的部落的产物。即这些船的主题，可以看作是集体进行捕捞活动的场面的真实写照。然而，因为描绘的船和人物等，已采取了非常抽象化、概念化的构图，所以，将其看作宗教性的表象则更为稳妥些……这些船和埃及神话中的太阳崇拜有关。埃及神话中说，白天，太阳乘着安切特大船沿着尼罗河上空运行；傍晚，在进入地下世界的门前，换乘夜间运行的美斯库代特大船……在尼罗河岸边形成的天的观念，一直传播到遥远的北方诸部族中。"②

日本学者大冢和义的观点虽然不无道理，但笔者认为，俄罗斯西伯利亚、远东地区和中国大兴安岭同时出现的船形岩画更多的是与该地区人群信奉的萨满文化紧密相连。船在萨满文化中是一个重要的文化符号和有意味的形式，它不仅是萨满沟通宇宙三

---

① ［日］大冢和义：《雕刻船形——富戈佩洞穴船形岩画的历史背景》，魏坚译，《内蒙古文物考古》1997年第2期。

② 同上。

界的重要媒介,也是与东南亚地区的"逝者之船""灵魂之舟"一样,是运送死者亡灵前往逝者祖先所在地和灵魂飞升天界的载体,可超越不同的空间界限,它体现了萨满文化的天上地下王国观念。"在西伯利亚人的观念中,河流的上游与出生、成长、温暖和光明联系在一起,而河流的下游与死亡、寒冷和世界末日有关。根据古代信仰,西伯利亚人的灵魂死后即随河而下,流下死亡的王国。"[1] 同样信奉萨满教的斯堪的纳维亚北部文化中,有一首关于死亡之舟的诗:"我穿越了神圣的海和深深的山谷,我听到水声,看到神秘物,它们从地下流过,我在天空飞驰,我看到了神圣的天国。"[2] 这首诗说明,船不仅仅是逝者肉体的载体,更是灵魂飞升之旅中通向再生的交通工具。

二十世纪初,苏联学者阿尼西莫夫对西伯利亚通古斯语族之一埃文克人的民族学调查中,在记述了埃文克人的葬俗时对此有详细而深入的分析。"埃文克人在人死之后尸体放在坟墓上的板台上(在泰加森林的僻静角落里),并在送死者走上'遥远的道路'的时候,供给死者在阴间彼世继续谋生的一切必需品。男子死了,要随葬猎人所需要的一切;女人死了,则随葬以妇女生产工具,以及家务劳动所必需的一切。坟墓木板台被理解为在当时情况下死者的木筏或小船。埃文克人认为,就在这小船上,死者沿着神话的氏族河,飘向氏族的死亡亲属的居地。但是,往那里去并不是一下子就能到达目的地。当尸体还没有腐烂、骨骼还没有洁净的时候,按照埃文克人的看法,'伯恩'还要居住在死者的体内。仅仅经过一定的时间,当'伯恩'渐渐地分离了,并完全离开骨头之后,才认为可以举行'安葬'——领死者身体魂进入'死人世界'(阴间)的萨满仪式。这一仪式的意义可归结如下:萨满领着离开的人体的灵魂'伯恩',乘坐'木板—木筏—木船',往'迈乃恩'——氏族的死亡亲属居地而去。'迈乃恩'这一居留

---

[1] 陈兆复:《世界岩画·亚非卷》,北京:文物出版社,2010年,第97页。
[2] 黄亚琪:《广西左江蹲踞式人形岩画研究》,北京:科学出版社,2018年,第194页。

地，埃文克人认为位于'下层世界'——'海尔古·布嘎'的氏族河河口上。然后，萨满再返回到生人的土地上，即'中层世界''都庐·布嘎'（人间）。而从一个世界到另一个世界的入口处（大门）则被特殊的由萨满看守神组成的栅栏挡住。"[1]在东北亚，道尔干人、尼夫赫人、那乃人和埃文克人也有这样的习俗。

飞龙山岩画中牵着熊的载人小船，不正是萨满在助手熊的引导下，带着逝者的灵魂乘着灵魂之舟，沿着氏族河将其送往萨满三界的下层世界氏族河的河口吗？而那个方框围栏即为萨满返回到中界（人间）"入口处由特殊的萨满看守神组成的栅栏"。在象征着栅栏方框形岩画的右上方，还有一些人形和中间带着两行十字形纹的椭圆形组成的岩画。这组岩画处在最高处，它或许反映的是萨满宇宙三界的上界——天界。天圆地方，椭圆象征着天，圆中的十字符号象征着日月星辰。萨满借助着小船和熊的帮助，往来于宇宙的三界之中。

萨满文化地下王国和天上王国观念中小船还有一种表现形式，即船棺葬。船形棺用独木将内部刳空成船状，做成船形棺。因独木为神灵栖息之所，故又称"灵槎"或"仙人舟"。槎为竹筏、木筏。灵槎，即仙人所乘之舟。刳木为船棺，是凭借独木的灵气，渡过天上的银河，以升天界。"愿借灵槎上九天"就是借船棺死后飞升天界之意。这也许就是船棺葬的文化内涵。

船棺葬多出现在东南亚及我国东南沿海和四川等地区，但在中国北方，从新疆罗布泊的小河墓地到蒙元成吉思汗子孙的船棺葬，再到契丹人和女真人的"刳木为盘，如舟状"的祭盘仪式，借"小船—神舟"以飞升天界的观念延续了几千年，直到近代东北地区在鄂伦春人、赫哲人中仍传承着这一习俗。

---

[1] [苏]阿尼西莫夫：《西伯利亚埃文克人的原始宗教》，于锦秀译，北京：中国社会科学出版社，2016年，第58页。

2005年，在新疆罗布泊孔雀河小河墓地发掘出大量船棺葬，这些远离海洋的内陆沙漠地区出土的船棺葬，令人惊奇。曾主持小河墓地发掘工作的新疆文物考古研究所的前所长、研究员伊第利斯说："（小河墓地）这个墓葬在国内独一无二，在世界上也没有任何墓葬与之类似。小河墓地平面图，确系'像一条船'揭去棺盖板，棺木是船形。"[1]小河人的船形棺不是独木棺，而是做成独木船形。且在男性墓地前立有船桨形木柱，象征女阴；女性墓前则立有上粗下细多棱形木柱，象征男根。这些在沙漠中树起的密密麻麻的高高的胡杨柱，形成了一道生殖崇拜的文化景观。

在中国东北古代民族中，蒙古族也有船棺葬的习俗。波斯史学家拉施特在《史集》中记载了成吉思汗逝世前的一件事："有一次成吉思汗出去打猎，突然在一棵孤树下下了马。他心情喜悦地说道：'这个地方做我的墓地倒挺合适！在这里做上个记号吧！'"一棵孤树为何引起成吉思汗如此大的兴趣？这是因为蒙古族有树崇拜文化观念，并认为这棵孤树是神树，是神灵栖息之地，是通天的天梯或天柱，因此有说他正是用这棵孤树做了一幅独木船形棺，并以这个地方为装殓墓地。在成吉思汗子孙中，儿子拖雷以及孙子蒙哥合罕和忽必烈合罕死后也葬在这里。叶子奇著《草木子》卷三记载："元朝官裹，用梡木二片，凿空其中，类人形大小合为棺，置遗体其中，加髹漆毕，则以黄金为圈三圈定，送至其直北园寝之地，深埋之。则用万马蹴平，俟草青方解严。"

成吉思汗及蒙古族的树崇拜观念源于萨满文化的连接宇宙三界的"地轴"象征物——宇宙树的崇拜。萨满文化认为，逝者死后借神树——宇宙树升天，独木棺即为宇宙树的载体。这种观念与4 000多年前罗布泊小河人构筑的船形墓地、船形棺一样，都反映了中国北方民族和一种生命意识和一种从地下王国到天上王国的文化观念。

赫哲族也有这种葬俗。凌纯声先生在《松花江下游的赫哲族》中有这样的记载："赫哲族人打围死在山中时，即取大树干一段，先将树的一面斫平，再挖成槽形以作棺，上面亦覆一槽形之树作棺盖，尸纳木中，用树皮紧扎棺盖……"[2]在北方民族的萨满教祭祀中，契丹人和女真人将"灵槎"简化抽象为祭木盘仪式。

---

[1] 伊弟利斯、李文瑛、胡兴军：《新疆罗布泊小河墓地2003年发掘简报》，《文物》2007年第10期。

[2] 凌纯声：《松花江下游的赫哲族》，北京：民族出版社，2012年，第232页。

《金史·礼志八》记载："金因辽旧俗，以重五、中元、重九日行拜天之礼。其制一刬木为盘，如舟状，赤为质，画云鹤文。为架高五六尺，置盘其上，荐食物其中，聚宗族拜之。若至尊则于常武殿筑台为拜天所。"契丹人和女真人习俗中的这个做成舟船状、涂成赤红色的祭天木盘应为祭天之船、宇宙之船，它带着生命的张力飞向天宇。在这里如舟状的祭盘和独木舟形的船棺，二者之间显然存在着内在的文化关联和相同的文化密码。

总之，古老的大兴安岭岩画作为中国北方先民的文化遗产，它不仅反映了先民的物质生活，更反映了先民的精神生活和原始宗教信仰，后世中国北方民族的文化元素都在大兴安岭岩画中找到母题。

作者庄鸿雁，黑龙江省社会科学院文学研究所研究员，省级领军人才梯队带头人、高端智库专家。文章原载《黑龙江民族丛刊》2020年第3期。

大兴安岭岩画
DAXING'ANLING YANHUA

参考文献

参考文献

［1］苗霖霖、赵儒军：《建设鲜卑历史文化博物馆的可行性与创新性研究》，《清代黑龙江驿路文化保护与旅游开发学术研讨会论文集》，黑龙江历史文化研究院、大兴安岭地委（内部资料），2019年。

［2］米大伟：《东北历史——黑、吉、辽及东蒙通览》，哈尔滨：黑龙江人民出版社，2009年。

［3］米大伟：《黑龙江历史——附哈尔滨城市史》，哈尔滨：黑龙江人民出版社，2012年。

［4］李学军：《时空岁月——贺兰山的根与魂》，银川：宁夏人民出版社，2017年。

［5］王长明：《大兴安岭呼中北山洞遗址考古发掘的新收获与认识》，《现代交际》2017年第8期。

［6］王长明：《黑龙江大兴安岭呼中北山洞遗址2016年发掘简报》，《北方文物》2020年第1期。

［7］庄鸿雁：《文化结点上的大兴安岭龙形岩画解读》，《学习与探索》2015年第7期。

［8］庄鸿雁：《文化视域中的大兴安岭生殖崇拜岩画图式解读》，《文艺争鸣》2015年第7期。

［9］庄鸿雁：《萨满文化视域下的大兴安岭飞龙山岩画解读》，《黑龙江民族丛刊》2020年第3期。

［10］《大兴安岭岩画》，加格达奇：中共大兴安岭地委宣传部（内部资料），2016年。

［11］《二十五史·魏书》，上海：上海古籍出版社，1986年。

［12］大兴安岭地区史志鉴编纂委员会：《大兴安岭年鉴·2007》，哈尔滨：黑龙江人民出版社，2007年。

［13］大兴安岭地区地方志编纂委员会：《大兴安岭地区志》，北京：中华书局，2019年。

［14］赵晓辉：《走进兴安》，加格达奇：中国大兴安岭地委史志研究室、大兴安岭地区档案馆（内部资料），2020年。

［15］赵评春：《大兴安岭呼中北山洞的新发现》，《瞭望》2015年第5期。

［16］马朝林：《大兴安岭岩画有待破译的森林文明史密码》，《黑龙江经济报》2019年2月26日。

后记

按照大兴安岭地委统一安排，由政协大兴安岭地区工作委员会编写的《大兴安岭岩画》一书于2021年6月定稿，编委会的同志将《大兴安岭岩画》摆放在桌前请我写后记。在编委会副主任、副主编白永清的精心组织下，经过全体同志的勤奋工作，《大兴安岭岩画》一书即将问世，这是一部鲜活的地方文化书籍，经过编委会半年的潜心磨砺，即将成为又一部地方文化力作。

《大兴安岭岩画》编撰工作已结束，但还有许多文化遗存和岩画点由于时间关系和条件所限没有调查收录。

大兴安岭岩画因其庞大的数量、罕见的集中度、显著的代表性和较高的艺术性，自2011年发现，2012年开始研究，并被纳入黑龙江省八个考古重大成果之一，被国家文物局确定为2014年度全国重点考古项目。2014年8月20日开始对碧水北山洞进行发掘，随着新闻媒体的报道，大兴安岭岩画的国内、国际影响力不断扩大。2015—2016年，"大兴安岭岩画环太平洋岩画研究"项目先后被列为国家社科专项基金项目和黑龙江省社科专项基金项目。大兴安岭岩画的保护研究、学术交流和文化艺术传承的工作都走在了全省的前列，国际岩画组织及岩画业界都给予了高度关注和充分肯定。

编委会自成立以来，先后深入全区各县区岩画点现场考察调研，赴宁夏银川考察贺兰山岩画，在各县区政府的支持下和岩画爱好者的帮助下，通过编委会全体同志的积极努力、群策群力、集思广益、默默耕耘，经过六个月的日夜劳作，《大兴安岭岩画》如期展现在读者面前，成为黑龙江省首部、大兴安岭地区第一部岩画类书籍。编辑部的同志废寝忘食地努力工作，使该书顺利出版，付出的艰辛和努力可想而知。

《大兴安岭岩画》的问世，从不同角度、不同深度对黑龙江岩画和大兴安岭岩画进行了全方位的研究和诠释，既是大兴安岭岩画工作者多年来殚精竭虑、长期研究、不懈努力的结果，又是大兴安岭乃至黑龙江省人文社会科学领域近年来涌现的重要成果。这是黑龙江乃至中国和世界岩画保护业界一件大喜事，同时也是大兴安岭人为中国共产党建党100周年献上的一份文化厚礼。

大兴安岭悠久的历史和深厚的文化积淀来源于大兴安岭各民族人民的生活实践，它既是人们的生活习惯、伦理道德、人文理念、文化艺术、行为规范的具体体现，也是社会进步和人类文明不断发展的真实见证，反映了大兴安岭地区的历史文化特色，是中华民族文化宝库中的重要组成部分。这一宝贵的文化遗产，我们不仅要珍惜、保护和利用，而且还要世代相传、发扬光大，使其在人类社会发展的历程中发挥重要作用，大放异彩。

在此对《大兴安岭岩画》一书的出版表示诚挚的祝贺，大兴安岭岩画工作取得了阶段性成果，除了大兴安岭地委宣传部的同志、政协大兴安岭地区工作委员会的领导和民族宗教文史处的同志，基层各县区党委、政府、政协和宣传部门的积极工作以及岩画爱好者所付出的艰辛努力之外，离不开中国岩画协会领导、专家的指导，离不开宁夏银川市政协、银川市岩画管理处和石嘴山市岩画博物馆的大力帮助，离不开中共黑龙江省委宣传部、黑龙江省文化和旅游厅、黑龙江省文物考古研究所及大兴安岭地委、行署领导对岩画历史文化价值的远见卓识和岩画研究保护工作的大力支持。同时，向《大兴安岭岩画》编委会同志及黑龙江人民出版社表示谢意，是他们的共同努力让该书得以面世。还要感谢世界岩画联合会执行主席、联合国教科文组织岩画委员会主席罗伯特·贝德纳里克及印度岩画协会副主席库玛尔，感谢岩画研究专家汤惠生、魏坚、崔剑锋、夏正楷、张亚莎、乔梁、李学军和省内岩画研究专家张伟、赵永军、赵评春、王长明、庄鸿雁、张晓丽、赵晓辉、牟海军等同志对大兴安岭地区岩画相关工作无私的指导、支持和帮助，感谢黑龙江省文物考古研究所的专家学者。向加格达奇林业局党委宣传部、漠河市委宣传部、呼中区委宣传部、松岭区委宣传部、新林区委宣传部、武汉市数文科技有限公司及有关技术人员和各界人士致以衷心的感谢，向参与书籍编撰的专家学者和为《大兴安岭岩画》提供图片及资料的摄影爱好者马翠芳、刘琪、石玉海、孙善辉、崔健、宋祀波、博宇、张培森、金跃、王平、郭庆喜、佟超、张万和、曹国志表示感谢，向长期辛勤工作在大兴安岭岩画保护与研究一线的工作者们送上亲切的问候！

钟志林

2021年6月于加格达奇